Mario Radinger

SOUL JOURNEYS

Band 1

Mario Radinger

SOUL JOURNEYS

AUF SEELENREISE MIT DEM ÜBERBEWUSSTSEIN

BAND 1

Impressum

Umschlaggestaltung: Liesbeth Radinger
Lektorat/Korrektorat: Konstantin Pagonas
Weitere Mitwirkende: Khi Robertson

Herstellung: Bookmundo, Niederlande
Gedruckt in Deutschland

ISBN: 978–9–4036–0951–5

Bibliografische Information der Deutschen Nationalbibliothek: Die Deutsche Nationalbibliothek verzeichnet diese Publikation in der Deutschen Nationalbibliografie; detaillierte bibliografische Daten sind im Internet über http://dnb.dnb.de abrufbar.

For Khi,

my dearest friend and soulmate.

Für Kosta,

meine Stütze und Inspiration.

Für Liesbeth,

mein Herz und Sonnenschein.

Jegliche medizinischen Informationen in diesem Buch sind ausschließlich informativer Natur und kein Ersatz für die Diagnose oder die Behandlung durch einen ausgebildeten Psychotherapeuten oder einen Arzt. Der Autor kann weder persönlich noch rechtlich oder finanziell haftbar gemacht werden für jegliche Handlungen, die auf Grundlage des Materials durchgeführt werden.

Um die Anonymität der Klientinnen und Klienten und der ihnen nahestehenden Menschen zu wahren, sind alle genannten Namen geändert bzw. unkenntlich gemacht worden. Zugunsten einer besseren Lesbarkeit des ursprünglich gesprochenen Materials können Sätze in ihrer Struktur angepasst worden sein, ohne deren Sinn oder Aussage zu verändern. Aus demselben Grund sind irrelevante Dialogteile, wie zum Beispiel Nachfragen bei akustischen Verständigungsproblemen und daraus resultierende Wiederholungen im Dialog durch Auslassungszeichen »[…]« ersetzt worden. Letzteres gilt auch für private bzw. persönliche Informationen.

Inhaltsverzeichnis

Vorwort

Leidenschaftliche Leseratten kennen das Gefühl, das einen ergreift, sobald man eine majestätische Bibliothek oder einen beeindruckenden Buchladen betritt. Es fühlt sich fast so an, als würde man nach Hause kommen, aber es ist noch so viel mehr als das. Die Buchrücken mit den Fingerspitzen leicht berührend geht man durch die Gänge und kann die Energie, die grenzenlosen Möglichkeiten und die Abenteuer, die auf einen warten, förmlich spüren. Vielleicht sticht einem ein bestimmtes Buch ins Auge. Vielleicht springt es einem sogar aus dem Regal vor die Füße. Fasziniert schlägt man es auf, fängt an zu lesen und findet sich plötzlich wie gefesselt im Schneidersitz auf dem Boden wieder, tief versunken in anderen Welten. Jede Seite macht einen hungrig auf mehr, und wenn man aufschaut, ist eine Stunde oder mehr vergangen. So fühlt es sich an, wenn man *Soul Journeys* liest.

Mario Radinger gestattet uns einen Einblick in eine sorgfältig zusammengestellte Auswahl magischer Geschichten über die Reisen und Abenteuer der Lebensessenz mehrerer Personen, mit denen er als Bewusstseinsforscher auf dem Gebiet der Quantenhypnose zusammengearbeitet hat. Seine Klientinnen und Klienten offenbaren – und finden zugleich – ihr tiefstes Selbst auf diesen Entdeckungsreisen in ihre vergangenen Leben, die oft in fernen Ländern und längst vergangenen Zeiten spielen. Kapitel für Kapitel werden fremde und unbekannte Orte zum Leben erweckt und erforscht, dies aber stets mit ein und demselben Ziel: Heilung. Auf diese Weise verwebt Mario seine elegante Art zu Schreiben mit seiner scheinbar mühelosen Fähigkeit, ein Reisebegleiter für die Seele zu sein.

Mario und ich waren beide Schüler der großen Dolores Cannon, die die Quantenhypnose und das damit verbundene Studium von Bewusstsein und menschlicher Existenz mit ihrer unnachahmlich mütterlichen Art »geboren« hat. Im ersten internationalen Online-Forum für Praktizierende ihrer Methode, das ich 2008 für Dolores gründete und dem Mario 2014 beitrat, hatten wir das erste Mal als Kollegen miteinander zu tun und wurden sehr bald gute Freunde. Drei Jahre später trafen wir uns schließlich persönlich, als Mario mir half, den ersten offiziellen Kongress der europäischen Praktizierenden zu organisieren. Bei diesem Treffen erweiterten sich mein Respekt und meine Zuneigung ihm gegenüber um eine tiefe Wertschätzung für seine kreativen Ansichten und seinen fürsorglichen Umgang mit Klientinnen und Klienten. Unsere Gespräche innerhalb und außerhalb der kollegialen Gemeinschaft begannen sich ebenfalls auszuweiten – durch Zeit und Raum und sogar darüber hinaus. Bereits bei unserer ersten Begegnung hatten wir beide das Gefühl, dass wir uns schon sehr lange kennen.

Dolores sprach gelegentlich von einem ihrer eigenen bedeutenden vergangenen Leben zur Zeit der Großen Bibliothek von Alexandria: »Ich war dort, kurz bevor sie zerstört wurde. Ich war eine Hüterin der Schriftrollen.« Das gewaltige Feuer, das die Bibliothek schließlich auf so tragische Weise verzehrte, verwandelte nicht nur die kostbaren Schriftrollen und das in ihnen gesammelte Wissen in Asche, sondern beendete auch das damalige Leben von Dolores als deren Hüterin. »Ich kam zurück auf die Erde«, sagte sie, »um meine Aufgabe fortzusetzen.« Mario und ich fühlen uns beide, als wären wir mit Dolores in dieser Bibliothek gewesen. Auch wir teilen eine ähnliche Bestimmung. Und wir haben beide gelernt, dass die Erinnerungen an vergangene Leben in unseren Genen versteckt sind und somit unsere Vorlieben, Abneigungen und Erfahrungen erklären können. Wir teilen beide eine Faszination für Bibliotheken, und die Liebe zu Büchern und Heilung, die uns auch mit vielen unserer Kolleginnen und Kollegen verbindet, mag auch ein Grund dafür sein, dass sich das Wirken der Quantenheilung durch uns als Praktizierende und Autoren im gesamten Quantenuniversum stetig vergrößert.

In *Soul Journeys* fügt Mario seine eigene Perspektive und Weisheit dem wachsenden Verständnis und der Akzeptanz des Studiums vergangener Leben und deren Einfluss auf unser gegenwärtiges Selbst hinzu. Seine Liebe zur Forschung ist offensichtlich und seine intellektuelle Neugier ansteckend. Die Erforschung des menschlichen Bewusstseins und der Erinnerungen, die in unseren Zellen verborgen sind, kommt nicht nur den Klientinnen und Klienten zugute, sondern manchmal auch den Leserinnen und Lesern dieser Geschichten. Ja! Das Lesen dieses Buches kann eine Tür zu Verständnis und auch Heilung im eigenen Leben öffnen.

Dolores sagte ihren Schülern stets, dass sie nicht einfach von ihr lernen, sondern ihre Technik nehmen und »diese zu ihrer eigenen machen« sollten. Mario hat genau das getan und reiht sich somit in eine große Sammlung von Heilern, Forschern und Geschichtenerzählern ein. Nachdem ich diesen ersten Band von *Soul Journeys* gelesen habe, kann ich es kaum erwarten, den nächsten in meinen Händen zu halten!

Candace Craw-Goldman
Gründerin von Beyond Quantum Healing
QuantumHealers.com

Eine Einladung

Ich bin weder Prophet noch Hellseher, kein Medium und auch nicht Schamane. Ich habe nie Psychologie studiert und selbst eine Lizenz als Heilpraktiker besitze ich nicht. Mein Arbeitsgebiet und meine Leidenschaft ist die Hypnose, genauer gesagt die Quantenhypnose. Mit ihr assistiere ich meinen Klientinnen und Klienten dabei, Wissen über sich und ihr Leben an die Oberfläche zu befördern, das oft sehr lange in den unendlichen Tiefen ihres Selbst versteckt gelegen hat. Die Erkenntnisse, die in derartigen Sitzungen gewonnen werden, schaffen ein völlig neues Verständnis von Umständen und Herausforderungen und können dramatische Veränderungen im Leben der jeweiligen Person hervorrufen. Zudem ermöglichen sie dem neugierigen Forscher in mir, in die verborgenen Mechanismen menschlicher Existenz vorzudringen.

Der Weg dorthin führt durch Konzepte, die für viele Menschen noch außerhalb ihrer akzeptierten Realität liegen: Reinkarnation, Lebenspläne, Seelenverträge, körperliche Leiden, Karma und schließlich auch nicht-menschliche, nicht-körperliche sowie nicht-irdische Existenz. Alle diese Konzepte tauchen in den Sitzungen mit meinen Klientinnen und Klienten auf. Sie tauchen ebenfalls in den Sitzungen meiner ständig wachsenden Zahl von Kolleginnen und Kollegen auf, die über den ganzen Erdball verstreut sind. Immer und immer wieder, detailliert erläutert von den sich in Trance befindlichen Persönlichkeiten, die sich häufig zuvor noch nie mit derartiger Materie beschäftigt haben. Die Vermutung liegt nahe: Existieren da etwa bestimmte Spielregeln menschlichen Lebens, denen wir auf diesem Planeten alle folgen – ganz unberührt davon, ob man sich ihrer bewusst ist oder nicht?

Dass die allgemein akzeptierte Version von Realität nicht viel mit ihren tatsächlichen Eigenschaften zu tun haben muss, beweist die Menschheit erfolgreich seit Jahrtausenden. Man denke allein an die bahnbrechenden und profunden Erkenntnisse der diversen Wissenschaften, die den jeweils vorherrschenden Status quo kontinuierlich herausfordern und letztendlich immer über ihn triumphieren. Das heliozentrische Weltbild des Kopernikus, Isaac Newtons Entdeckung der Schwerkraft oder auch Sigmund Freuds und Carl Jungs Erkenntnisse über die menschliche Psyche sind nur einige Beispiele aus der Vergangenheit, die das zur jeweiligen Zeit etablierte Weltverständnis bereichert oder auch schlichtweg korrigiert haben. Dabei gilt: Die »neuen« Aspekte waren auch vorher schon gültig gewesen, sie waren nur noch nicht offiziell entdeckt und allgemein akzeptiert worden.

Wissenschaftlerinnen und Wissenschaftler beschäftigen sich zunehmend mit den aufstrebenden Bereichen der Meta- und Quantenphysik sowie mit den Eigenschaften menschlichen Bewusstseins und dessen Auswirkung auf die Wahrnehmung und Gestaltung von Realität. Damit nähern sie sich immer mehr Themenwelten an, die traditionell den Randbereichen Spiritualität und Esoterik zugeschrieben werden. Die berühmte Frage nach einem Leben nach dem Tod, die Untersuchung »übersinnlicher« Phänomene wie Astralreisen oder *Remote Viewing* (Fernwahrnehmung) sowie Theorien, die sich mit der Existenz paralleler Universen beschäftigen, gehören beispielsweise dazu. Ich bin überzeugt davon, dass sie sich über kurz oder lang im globalen Selbst- und Weltverständnis unserer Spezies etablieren werden. Ein derartiger kollektiver Quantensprung erfordert jedoch zunächst ein Heranführen der breiten Masse an Konzepte, die in unserer westlichen Kultur oft noch als mysteriös oder sogar obskur betrachtet werden.

Es ist ein Ziel dieses Buches, hierzu einen Beitrag zu leisten, indem es einen Einblick in das hauptsächlich noch unbekannte Potenzial des menschlichen Bewusstseins bietet. Man sagt, dass der überwältigende Großteil der Ozeane auf unserem Planeten noch unerforscht ist. Dies trifft ebenso auf unser Bewusstsein zu. Aus diesem Grund möchte ich meine Leserinnen und Leser dazu einladen, gemeinsam mit mir einen kleinen Ausflug in die Tiefen des menschlichen Selbst zu wagen und im Zuge dessen mutig unbekanntes Gelände zu betreten. Dabei werden wir einen Schritt weiter gehen als die konventionelle Psychologie. Dort wo sie sich nicht mehr weiterwagt, beginnt unsere Reise, denn wir werden uns dem »göttlichen« Teil des Selbst annähern; dem Teil, der die direkte Verbindung zur Seele darstellt. Dieser Teil hat viele Namen – das Innere Selbst, das Höhere Selbst, die innere Stimme, die Intuition etc. – und agiert auf einer anderen Ebene als Wach- und Unterbewusstsein, die vielen Menschen vertrauter sind.

Es existiert bereits eine Vielzahl an Büchern, die einem erklären können, wie man die Verbindung zu seinem Höheren Selbst entwickeln und stärken kann. Das Ihnen vorliegende Buch zeigt, was für Informationen und Weisheit dieser allwissende Teil jedes Menschen für uns parat hält und was er konkret zu sagen hat, wenn er physische Sprechorgane zur Verfügung gestellt bekommt. Woher ich das weiß? Ich spreche regelmäßig mit ihm. Wie das möglich ist? Mit Quantenhypnose.

Offene Türen

Was genau ist Quantenhypnose? Und worin liegt der Unterschied zur klassischen Hypnose? Ganz einfach in der Intention der Beteiligten. Konventionelle Hypnoseanwendungen verfolgen zumeist die Absicht, bei der hypnotisierten Person etwa Entspannung zu erzeugen, ungewünschte Verhaltensmuster zu lösen oder auch Leistung zu fördern. Diese Effekte sind bei den meisten Menschen erzielbar, wenn sie deren Wünschen entsprechen, denn es ist die Intention der Beteiligten, die festlegt, was mit Hypnose möglich ist. Wenn jemand, der auf diese Art und Weise an sich selbst arbeiten möchte, nun noch die Offenheit mitbringt, die Multidimensionalität des Selbst in Betracht zu ziehen, sowie die Absicht, eine Verbindung zu dessen feinstofflichen Ebenen herzustellen, dann öffnet sich die Tür zum Potenzial von Quantenhypnose. Wie bereits im Namen zum Ausdruck kommt, können wir uns mit ihrer Hilfe über die Begrenzungen von Zeit, Raum und physischer Materie hinwegsetzen und begeben uns in den Bereich von Energie und Schwingungen. Wenn wir die Effekte hochschwingender Frequenzen nutzen, indem wir uns mental und emotional in sie einstimmen, erlangen wir Zugang zur Perspektive unserer unsterblichen Seele und bergen so den Schatz an universellem Wissen und Weisheit, der in uns allen verborgen liegt.

In Settings wie Coaching, Psychotherapie oder auch im Operationssaal zielt der Einsatz von Hypnose in der Regel darauf ab, mit dem Unterbewusstsein einer Person zu arbeiten, um bestimmte Blockaden zu lösen, Erinnerungen anzuzapfen oder Effekte wie Schmerzunempfindlichkeit zu erzielen. Die Intention von Quantenhypnose ist es dagegen, Menschen dabei zu assistieren, sich in den Aspekt ihres Selbst einzutunen, der alles über sie weiß und ihnen daher weitreichende Klarheit und Heilung in sämtlichen Lebensbereichen ermöglichen kann. Diese Kompetenzeinheit bezeichne ich daher nicht als das Unterbewusstsein, sondern das Überbewusstsein.

Obwohl sich mit Hypnose also eine Menge unterschiedlicher Ziele erreichen lassen, ist der grundlegende Mechanismus dabei stets der gleiche. Durch die Bündelung ihres mentalen Fokus begeben sich Hypnotisierte in einen subjektiv veränderten Bewusstseinszustand, der von ihnen zuweilen als Trance wahrgenommen wird und in dem die Arbeit mit den diversen Teilen ihrer Psyche möglich ist. Auch hier gibt es viele hervorragende Bücher, die Interessierten den Prozess und die Wirkungsweise von Hypnose im Detail erklären können. Für uns ist an dieser Stelle wichtig: Die Intention entscheidet, wie man eine hypnotische Trance nutzt und mit welchem Aspekt des Selbst man arbeiten möchte.

Die Intention meiner Klientinnen und Klienten ist es in der Regel, Antworten auf Fragen zu erhalten, die ihnen in der Vergangenheit weder ihr Verstand noch die Außenwelt liefern konnten. Das Spektrum ihrer Themen kennt dabei keine Grenzen: Es reicht von Blockaden und Konflikten in den Bereichen Familie, Partnerschaft, Arbeit und Finanzen über unerklärliche Ängste, Phobien, Angewohnheiten, Ticks, Talente und Schwächen bis hin zu den unterschiedlichsten körperlichen Beschwerden, Krankheiten und sogar Unfällen. Diese Menschen sind nach meist langer und ergebnisloser Suche im Außen an einen Punkt gekommen, an dem sie den Entschluss gefasst haben, sich nach innen zu wenden, um ihre Antworten und Lösungen in sich selbst zu finden. Allein dieser Fokuswechsel ist oft bereits der wichtigste Schritt. Durch ihn würdigt und bestärkt man die natürliche Integrität des Selbst und öffnet Türen, die einem verschlossen bleiben, solange man die Verantwortung für das eigene Wohlbefinden und Glück auf andere überträgt. Für nahezu alle Menschen, mit denen ich arbeite, ist es ein sehr bedeutender Aspekt ihrer Seelenreise, dass sie sich ihre Antworten genau genommen selbst geben. Obwohl das Überbewusstsein gelegentlich durchaus wie eine andere, übergeordnete Instanz wirken kann, ist es eindeutig ein Teil des Selbst und somit keine externe Informationsquelle. Bis heute kenne ich nichts, das den Selbstwert und das Selbstbewusstsein eines Menschen effizienter stärkt als die Erfahrung, in der Lage gewesen zu sein, alle seine Probleme selbst lösen zu können. Es ist das ultimative *Empowerment*.

Die in den folgenden Kapiteln präsentierten Informationen entstammen also nicht mir, sondern meinen Klientinnen und Klienten; einer großen Vielfalt von Menschen verschiedenen Alters, Geschlechts und Bildungsgrads sowie unterschiedlicher ethnischer Herkunft, Philosophien und Glaubenssysteme. Genauer gesagt entspringen sie einer Quelle in ihrem Inneren, vor der ich den allerhöchsten Respekt habe, weil sie meiner Erfahrung nach universelle Kompetenz besitzt: dem Überbewusstsein (kurz: ÜB). Ich werde es im übernächsten Kapitel näher vorstellen.

Aber zunächst zu der Person, die die Arbeit mit diesem Aspekt des Selbst begründet hat und der Grund dafür ist, dass ich bereits seit über sechs Jahren Menschen mithilfe von Quantenhypnose auf ihren Seelenreisen begleiten darf: Dolores Cannon.

Pionierarbeit

Während konventioneller Hypnosesitzungen in den 1960/70er Jahren machte die 2014 im Alter von 83 Jahren verstorbene US–Amerikanerin Dolores Cannon zwei Entdeckungen, die das Potenzial von Hypnosearbeit für immer verändern würden.

Eine Klientin, die Cannons Dienste eigentlich für die Veränderung ihrer Essgewohnheiten in Anspruch genommen hatte, landete während einer Versuchssitzung im Jahre 1968 überraschend in einem ihrer anderen Leben. Die Frau erwies sich als ein so hervorragendes Hypnose- und williges Forschungssubjekt, dass Cannon mit ihr letztendlich mehrere verschiedene Inkarnationen untersuchen sollte. Eine Schilderung dieser ersten Schritte auf dem bis dahin noch unbekannten Terrain der Rückführungshypnose, für die Cannon im Laufe ihres Lebens eine der international renommiertesten Koryphäen überhaupt werden würde, findet sich in ihrem äußerst empfehlenswerten Buch *Five Lives Remembered* (2009), das mittlerweile auch auf Deutsch unter dem Titel *Fünf Leben gelebt* (2019) erhältlich ist.

Der nächste große Meilenstein bestand aus dem Kontakt mit einem Teil des Bewusstseins ihrer Klientinnen und Klienten, der auffällig mehr zu wissen schien als die Facetten der Psyche, mit denen Cannon zuvor in Sitzungen zu tun gehabt hatte. Nach einigen Jahren, in denen dieser allwissende Teil eher sporadisch und subtil in Erscheinung getreten war, begann Cannon die gezielte Zusammenarbeit. In Ermangelung bestehender psychologischer Konzepte bezeichnete sie ihn pragmatisch als das *Subconscious* (auf Deutsch: Unterbewusstsein), denn er schien definitiv unterhalb bzw. außerhalb des Wachbewusstseins ihrer Klientinnen und Klienten zu agieren. Diesen Begriff behielt sie stets bei, und unter ihren Schülerinnen und Schülern weltweit ist die Kurzform »SC« auch heute noch die geläufige Bezeichnung.

Um diesen Teil jedoch vom Unterbewusstsein der Psychologie abzugrenzen und seiner erweiterten Perspektive Ausdruck zu verleihen, arbeite ich lieber mit dem Begriff »Überbewusstsein«.

Dolores Cannon erkannte das enorme Potenzial ihrer Entdeckungen und entwickelte über Jahrzehnte hinweg eine eigene Hypnosemodalität mit dem Namen *Quantum Healing Hypnosis Technique* (QHHT®), die darauf ausgerichtet ist, Menschen in ihre anderen Leben eintauchen zu lassen und mit dem Teil des Selbst zusammenzuarbeiten, der alle ihre Fragen beantworten kann.

Ende 2013 stieß ich gemeinsam mit meinem engen Freund und Kollegen Khi Robertson scheinbar zufällig auf ein YouTube-Interview mit Cannon. Innerhalb weniger Minuten waren wir vollkommen gefangen von der enormen Bodenständigkeit ihrer Person sowie dem beeindruckenden Potenzial ihrer Technik und entschieden sofort, diese selbst zu erlernen. Kurze Zeit später hielten wir unsere Zertifikate als QHHT®-Praktiker in den Händen und begannen mit viel Enthusiasmus und großer Leidenschaft, in der Tradition dieser mutigen Pionierin zu praktizieren, von der viele Menschen trotz ihrer zahlreichen veröffentlichten, spektakulären Bücher noch nie gehört haben. Der Reichtum an wiederentdecktem Wissen über die Geschichte der Menschheit, der Erde und des Universums, den sie mithilfe Tausender von Klientinnen und Klienten auf der ganzen Welt an die Oberfläche befördert hat, ist schlichtweg atemberaubend. Interessierten Leserinnen und Lesern möchte ich besonders ihre Bücherserie *Convoluted Universe* ans Herz legen. Sie bietet einen Einblick in Cannons Verdienste und erlaubt dem Verstand, sich von den darin enthaltenen Informationen – wie sie selbst stets zu sagen pflegte – »wie eine Brezel verbiegen zu lassen«.

Mein Kollege und ich begannen schließlich, Cannons Technik mithilfe von Experimenten, Erkenntnissen und in Sitzungen erhaltenen Informationen in einen eigenen Prozess weiterzuentwickeln, den wir *Soul Journey* (auf Deutsch: Seelenreise) nennen. Wir bieten unseren Klientinnen und Klienten damit eine frische, progressive Alternative zur klassischen und seit Dolores

Cannons Tod unveränderten QHHT®, die wir allerdings immer noch sehr gerne praktizieren – nicht zuletzt aufgrund des besonderen Platzes, den sie für immer in unseren Herzen haben wird. Beide Modalitäten tragen dieselbe Intention, liefern vollkommen gleichwertige Ergebnisse und haben zu gleichen Teilen das in diesem Buch enthaltene Material produziert.

Mithilfe dieses Materials möchte ich meine Leserinnen und Leser dazu ermutigen, den eigenen Horizont zu erweitern. Vorsicht: Einige Informationen könnten Ihr bestehendes Glaubenssystem herausfordern! Ich empfehle Ihnen daher, das Buch mit einem offenen Geist und vor allem mit einem offenen Herzen zu lesen, denn es ist bekanntermaßen das Herz, das in der Wahrnehmung der Welt rein und unverfälscht ist.

Mit einigen Menschen wird das Gelesene resonieren, mit anderen vielleicht nicht. Ich beanspruche keinesfalls das Siegel absoluter Wahrheit für das vorliegende Material. Das wäre ein törichtes Unterfangen, da es so viele Versionen der Wahrheit gibt wie Menschen auf der Erde. Nehmen Sie sich aus den Informationen also das mit, was Sie anspricht, und lassen Sie den Rest einfach zurück. Ich kann Ihnen allerdings versichern, dass Ihr Lebensweg Sie nicht zufällig an diesen Punkt geführt hat. Sie halten dieses Buch in Ihren Händen, weil Sie bereit sind für mehr – mehr als das, was Sie bisher zu wissen glaubten. Weil Sie spüren, dass menschliche Existenz mehr beinhaltet als das, was die konservativen Wissenschaften uns bisher zeigen konnten. Weil ein Teil von Ihnen bereits all das weiß, was ich Ihnen mit diesem Buch näherbringen möchte, und es nie vergessen hat. Es ist nun an der Zeit, sich bewusst zu erinnern! Und es ist mir eine große Ehre, Sie auf diesem Weg ein Stück weit begleiten zu dürfen.

Vor allem jedoch möchte ich auf einen Teil des menschlichen Bewusstseins aufmerksam machen, der das Potenzial besitzt, jeder und jedem Einzelnen von uns den Weg zu Erfüllung, Ausgeglichenheit und Wohlbefinden zu weisen, und dessen Zuneigung, Loyalität und Weisheit in unserer Dimension ihresgleichen suchen. Ladys und Gentlemen, darf ich vorstellen?

Das Überbewusstsein

Stellen Sie sich vor, Sie wollen ein Labyrinth begehen. Dieses Labyrinth ist sehr komplex gestaltet und in seinen Gängen sind zahlreiche Schätze versteckt, die gefunden und mitgenommen werden möchten. Allerdings wissen Sie, dass es dort auch eine Vielzahl von Sackgassen und Fallen gibt, in die man geraten kann. Das schreckt Sie jedoch nicht ab. Das Labyrinth ist aufgrund seiner brillanten Konstruktion und seines hohen Schwierigkeitsgrades sehr anspruchsvoll, und so dürfen Sie sich – ähnlich wie Forscher vor einer Expedition – gründlich auf das Labyrinth vorbereiten. Sie wissen: Es gibt neben zahlreichen verschiedenen Eintrittspunkten auch mehrere mögliche Ausgänge, die unterschiedlich schwer bzw. schnell zu erreichen sind.

Sie entscheiden sich also für einen Eingang und wählen abhängig von der Größe Ihrer Abenteuerlust einen Ausgang, der Ihnen neben einer Mindestspieldauer auch einen bestimmten Schwierigkeitsgrad garantiert. Dadurch ergibt sich eine auf Ihre ganz persönlichen Bedürfnisse zugeschnittene, ideale Route, und Ihre Intention ist es, möglichst genau entlang dieser Route zu reisen. Für alle Fälle haben Sie sich jedoch Alternativstrecken überlegt, die zwar Umwege bedeuten, Sie aber letztendlich auch an Ihr gewünschtes Ziel führen. So weit, so gut. Es kann losgehen.

Nun gelten in diesem Labyrinth gewisse Spielregeln, die dessen besonderen Reiz ausmachen und mitunter der Grund dafür sind, dass viele Teilnehmer von sehr weit her anreisen, um sich an ihm zu versuchen. Wer sich für dieses besondere Erlebnis entscheidet, willigt beispielsweise ein, sich beim Einstieg einer Zwangsamnesie zu unterziehen, die einen seine gesamte Planung vergessen lässt. Start, Ziel, Routen, das Wissen um Belohnungen und Gefahren – alles ist weg! Und damit hört es nicht auf: Sie müssen ebenfalls vergessen, dass Sie sich überhaupt in einem Spiel befinden, worum es dabei geht, und vor allem, dass Sie es sich selbst ausgesucht haben. Ebenso wird jegliche bewusste Erinnerung an die Welt außerhalb des Labyrinths aus Ihrem Gedächtnis gelöscht. Wer diese erschwerenden Bedingungen als extrem empfindet, kann sich vorstellen, wie bemerkenswert eine Teilnahme ist. Nicht jeder wagt ein derartiges Unterfangen! Wer dies jedoch tut, macht eine einzigartige Erfahrung, die enorm bereichert und die eigene Entwicklung einen großen Sprung nach vorne bringt.

Damit es unter diesen mehr als schwierigen Umständen nicht komplett unmöglich wird, das Labyrinth zu meistern, dürfen Sie die Hilfe eines Teams in Anspruch nehmen, welches das gesamte Gelände von einem Helikopter aus überblickt und stets über eine Art Funkgerät mit Ihnen verbunden ist. Dieses Team darf Ihnen Hinweise und Empfehlungen geben, um Ihnen dabei zu helfen, so gut wie möglich auf Ihrer zuvor geplanten Idealroute zu bleiben. Sie haben es wahrscheinlich schon erraten: Ja, die Existenz von Team und Funkgerät müssen Sie auch vergessen. Wahrnehmen können Sie sie allerdings jederzeit! Wann Sie zuhören, ob sie die Hilfe annehmen und wie Sie diese interpretieren, ist Ihnen jedoch komplett selbst überlassen. Neben der Amnesie bei Beginn gibt es nämlich noch eine zweite große Spielregel in diesem Labyrinth: den freien Willen.

Weder die Erschaffer und Betreiber des Labyrinths noch die Teams dürfen Spieler zu etwas zwingen oder ungefragt in den Verlauf der Reise eingreifen, um diesen zu verändern. Die alleinige Entscheidungsgewalt über Ihre Bewegungen liegt bei Ihnen. Sie können das Funkgerät also theoretisch auch ausschalten und komplett auf sich alleine gestellt durch das Labyrinth irren – was von außen betrachtet absurd erscheinen mag, tatsächlich aber viel mehr Spielerinnen und Spieler tun, als man denkt.

Die Begehung eines derartigen Labyrinths kann als der Versuch einer Analogie für ein menschliches Leben auf der Erde betrachtet werden. Jedes einzelne beginnt freiwillig. Jedem liegt ein komplexer Plan zugrunde. Geburtskoordinaten, Familienkonstellation, Talente, Schwächen, Hindernisse,

Lektionen, Etappenziele, mögliche Todeszeitpunkte – alles wird im Vorfeld gewählt und einkalkuliert. Die Spielregeln sind zuvor bekannt. Jede Persönlichkeit inkarniert mit einem Überbewusstsein als begleitendes Team, welches neben Träumen, Eingebungen, Emotionen und Impulsen vor allem die Intuition als Kommunikationsmittel verwendet, um dem Wachbewusstsein Informationen über den nächsten angemessenen Schritt zukommen zu lassen. Auf der Basis dieses Intels kann die inkarnierte Persönlichkeit dann mit ihrem freien Willen Entscheidungen treffen, die idealerweise eine effektive Entwicklung entlang der zuvor gesteckten Ziele ermöglichen, in jedem Fall jedoch wertvolle Erfahrungen schaffen. Diese Ziele sind höchst persönlich und individuell gewählt und können bzw. sollten daher niemals mit denen anderer Persönlichkeiten verglichen werden.

Doch wer könnte das Überbewusstsein besser vorstellen als es sich selbst? Im Folgenden finden Sie Auszüge aus verschiedenen Quantenhypnosesitzungen, in denen ich das Überbewusstsein der jeweiligen Person gebeten habe, sich selbst zu beschreiben (*»Erklärt bitte in euren eigenen Worten, wer ihr seid und mit wem ich hier und heute gesprochen habe.«)*. Dabei wird deutlich: So individuell, wie wir Menschen als Persönlichkeiten kommunizieren, so drückt es sich auch auf seiner Ebene durchaus unterschiedlich aus. Dabei spielt natürlich auch eine Rolle, dass das Überbewusstsein in seinem Ausdruck an den Wortschatz der jeweiligen Persönlichkeit gebunden ist, durch die es spricht. Und doch ist es möglich, einen roten Faden zu erkennen, der sich durch die Erklärungen zieht: Das Überbewusstsein ist direkt und untrennbar mit uns verbunden und seine Aufgabe ist es unter anderem, uns im Leben zu begleiten, zu unterstützen und zu beraten.

ÜB: Wir sind der Teil, der immer da ist. Wir sind der Teil, der euch unterstützt in allem, was ihr machen wollt. Wir sind voller Liebe für euch und es gibt kein Versagen auf dem Weg, den ihr einschlagen wollt. Ihr habt die Freiheit, zu wählen, wohin ihr gehen wollt. Wir werden euch vor großen Dummheiten bewahren – vor Dingen, die dem wahren Plan, den ihr habt, nicht entsprechen. Seid euch dessen bewusst und sicher! Wir sind hier, um euch zu unterstützen. (Lächelt.) Und wir sind immer froh, wenn wir so wie jetzt gerade die Möglichkeit bekommen, sprechen zu dürfen.

ÜB: Wer wir sind? Eine lustige Frage stellst du. Wir sind die Bewusstseinseinheit, die zu diesem Menschen gehört. Zu K_____. Du hast ja auch bemerkt, dass wir in der Mehrzahl reden. Wir sind also mehr als nur ein Bewusstsein und haben uns zu einem größeren Bewusstsein vereinigt.

ÜB: Wir sind die Wegbegleiter oder auch, grob gesagt, die Bodyguards von D_____. Wir schauen danach, dass er einhält, was er sich vorgenommen hat. Wir schauen auch danach, dass er in seiner Balance bleibt und nach – für ihn – negativen Erfahrungen wieder aufsteht und in seine Harmonie kommt.

ÜB: Ich bin A_____s Verbindung zum vollen Aspekt von dem, was sie wirklich ist, und das nicht nur auf der irdischen Ebene. Die

Verbindung zu ihrer vollständigen Essenz. Eine Abbildung oder Spiegelung von dem, was ihr Gott nennt.

ÜB: Wir sind jede einzelne Zelle in S_____s Körper. Wir sind gleichzeitig aber auch mehr als jede einzelne Zelle. Wir sind Energie und wir sind Körper. Wir sind Erfahrung. Wir sind Zukunft und wir sind das Jetzt. Wir sind alles das, was ihn ausmacht. [...] Er soll niemals die Verbindung zu seiner Essenz verlieren und immer in Verbindung mit seiner Intuition bleiben. Wir sind seine Intuition. Wir sind seine Essenz.

ÜB: Wir sind überall – so wie der Zucker im Kuchen. Du siehst ihn nicht, aber er ist überall. Du weißt, wie Zucker aussieht, aber du kannst ihn nicht sehen. Er ist zwar süß, aber du könntest nicht sagen, du isst jetzt Zucker, denn da ist vielleicht auch noch Vanille drin und andere Sachen. Wir sind überall. Es gibt Momente, in denen wir den Drang verspüren, einzugreifen. Aber mehr als helfen können wir nicht.

ÜB: Wir sind verbunden mit der Quelle. Wir sind Bindeglied zwischen den Menschen in der Materie – der Verkörperung – und der Quelle. Unsere Aufgabe ist es, die Energie der Liebe hier am Inkarnationsort unserer Seelenanteile zu halten; die Energie, die Liebe und das Licht bereitzustellen, auf das die Menschen in der dichten Materie oft keinen Zugriff haben.

ÜB: Wir sind der unzerstörbare Wesenskern von A_____, der mit der Quelle verbunden ist, ihren Plan kennt und immer gegenwärtig ist in ihrem Leben. Der Teil des Funkens aus der Quelle, der auf dieser Seite geblieben ist und die Verbindung zu ihr hält. Wir sind Zeugen und Bewahrer, manchmal Ratgeber. Wir sind immer hier. [...] Wir dürfen nur agieren, uns zeigen und uns äußern, wenn wir gefragt werden – unaufgefordert nur in Extremsituationen. [...] Vor allem dann, wenn mit dem freien Willen Intention im Spiel ist, ist keine Einmischung von unserer Seite aus vorgesehen.

ÜB: B_____, ich bin dein Überbewusstsein, dein Höheres Selbst, deine Seele, die egal, was auch passiert, immer auf dich aufpasst. Ich bin der, der auf liebevolle Weise beobachtet, Impulse sendet, mitschreibt, was er sieht, und dann – so wie jetzt – Tipps geben kann. (Pause.) Wir agieren auch. Aber manchmal wird uns nicht zugehört. Wenn ihr so vor euch hin lebt, ist ja alles gut. Aber manchmal wird uns nicht zugehört, wenn ihr wirklich Hilfe braucht.

ÜB: Wir sind K_____s Höheres Selbst. Ihre Seele. Wir sind immer für euch da. Ihr schneidet euch nur manchmal von uns ab. Viele gehen gerade den Schritt, mit uns mehr verbunden zu sein. Das ist ein ziemlicher Umbruch; die Welt ist sehr unruhig. Viele merken das und kommen von sich aus zu uns.

ÜB: Wir sind das Eins. Wir sind das Selbst. Wir sind der Nicht-Anfang und das Nicht-Ende. Wir können alles, jedes und nichts sein. Wir sind, was auch immer du uns nennen möchtest. Wir sind Energie, die sich selbst manipuliert, um alles zu erschaffen. Wir können die Wahl treffen, uns in verschiedene Formen zu manipulieren, und Teile von uns aussenden. Wir können ebenso Teile unseres Bewusstseins aussenden, damit sie mit dir sprechen und dir Informationen geben können – wie es auch gerade erfolgt. Der Teil, der gerade spricht, ist natürlich nicht unsere gesamte Energie. Du sprichst also mit einem Teil unserer Energie, der wir sind, der wir jedoch nicht komplett sind. Wir sind ein Teil von dem, was ihr Gott nennt, die Quelle, das Unendliche oder das Universum. Wir haben viele, viele Namen. Und es ist schwierig, das mit eurem Vokabular zu beschreiben. Wir sind. Wir sind Energie ohne Anfang und ohne Ende und können uns so manipulieren, wie wir es wollen – egal, ob physisch oder nicht-physisch. Wir können alles sein, was du dir nur vorstellen kannst – und sogar darüber hinaus. Wir können alle Namen tragen, die du uns geben möchtest. Es spielt keine Rolle für uns. Und als wir euren Ruf gehört haben, entschieden wir, euch den Teil unseres Bewusstseins zu senden, der der bestmögliche Botschafter für euch sein würde, der bestmögliche Helfer für E_____.

ÜB: Wir sind der momentane Fokus von Allem-was-ist in L_____. Wir lieben alles, was sie macht oder auch nicht macht. Wir freuen uns, wenn wir mit ihr interagieren. Wir sind immer da. Wir sind immer verbunden. Sie blockiert uns manchmal im Sinne des Spiels, aber wir sind überall.

ÜB: Wir sind ein Band aus Licht, flimmernder Materie, Energie – nicht zu greifen und doch zu spüren. Die Stimme des Herzens und doch so viel mehr.

ÜB: Ich bin das Ich. Ich bin die Liebe. Ich bin das Licht. Ich, du, ihr, wir, sie – alles. Es gibt dafür keine Worte.

ÜB: Wir sind all die, die sich um M_____ kümmern. All die positiven Energien, die immer für sie da sind. Die man nicht sehen, aber trotzdem fühlen kann.

ÜB: Wir beschützen. Wir sehen. Wir begleiten. Wir freuen uns. Wir sind wichtig. Wir führen.

ÜB: G_____ und wir sind eins. Sein Name wurde ihm von seinen Eltern gegeben, und er ist wichtig für die Gesellschaft, in der er lebt, aber wir haben keinen Namen. Wir sind ein anderer Ausdruck der Wesenheit, die du G_____ nennst. […] Wir sind die Stimmen, die Intuition. Wir führen ihn auf viele verschiedene Weisen, um ihm in dieser Erfahrung zu helfen.

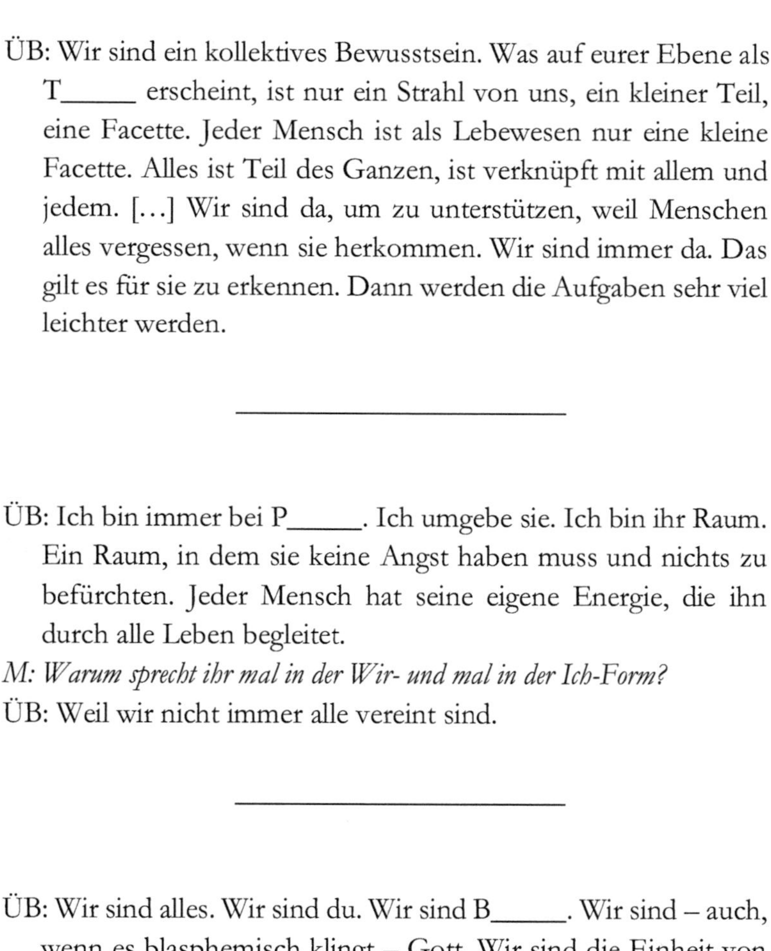

ÜB: Wir sind ein kollektives Bewusstsein. Was auf eurer Ebene als T_____ erscheint, ist nur ein Strahl von uns, ein kleiner Teil, eine Facette. Jeder Mensch ist als Lebewesen nur eine kleine Facette. Alles ist Teil des Ganzen, ist verknüpft mit allem und jedem. […] Wir sind da, um zu unterstützen, weil Menschen alles vergessen, wenn sie herkommen. Wir sind immer da. Das gilt es für sie zu erkennen. Dann werden die Aufgaben sehr viel leichter werden.

ÜB: Ich bin immer bei P_____. Ich umgebe sie. Ich bin ihr Raum. Ein Raum, in dem sie keine Angst haben muss und nichts zu befürchten. Jeder Mensch hat seine eigene Energie, die ihn durch alle Leben begleitet.

M: Warum sprecht ihr mal in der Wir- und mal in der Ich-Form?

ÜB: Weil wir nicht immer alle vereint sind.

ÜB: Wir sind alles. Wir sind du. Wir sind B_____. Wir sind – auch, wenn es blasphemisch klingt – Gott. Wir sind die Einheit von allem. Wir freuen uns, wenn wir angerufen werden, weil es bedeutet, dass es einen willigen Gesprächspartner gibt. Wir sind sehr neugierig, alles zu beobachten. Einerseits fühlen wir so, als wärt ihr unsere Kinder, andererseits sind wir aber auch eure Kinder. Es ist alles eins. Alles, was wir euch sagen, haben wir euch bereits bei eurer Geburt eingegeben, und es wird nun von euch wiederentdeckt. Ihr lernt quasi nichts Neues, sondern erinnert euch einfach wieder.

ÜB: Wir sind um E_____ herum und gleichzeitig aus dem gesamten Universum kommend. Wir tragen die gesamte Weisheit der Weltenseele. E_____ hat jederzeit Zugriff darauf, wenn sie möchte. Wir sind im Wind, im Wasser, die Stimme in ihr, die Stimmen im Außen. Wir sind überall.

ÜB: Wir sind nicht greifbar und auch nicht definierbar. Wir haben keinen Körper. Wir ermahnen B_____ dazu, uns zurate zu ziehen, wenn er Probleme hat. [...] Wir beschützen ihn, leiten ihn und stellen ihn vor Prüfungen, damit er für das nächste Leben gewappnet ist.

Metaphysische Konzepte

Um die in den Seelenreisen enthaltenen Informationen besser einordnen zu können, ist es zunächst empfehlenswert, sich mit einigen der grundlegenden metaphysischen Konzepte vertraut zu machen, die Einfluss auf den Verlauf unserer irdischen Leben ausüben. Dabei scheint es keine Rolle zu spielen, ob man sich ihrer bewusst ist oder nicht; sie wirken quasi wie Naturgesetze. Dies lässt sich daran erkennen, dass sie auch vom Überbewusstsein jener Klientinnen und Klienten verwendet werden, die sich noch nie mit ihnen beschäftigt haben. Insbesondere sind es die Konzepte Reinkarnation, Seelenverbindungen, Lebensplanung, körperliche Leiden und Karma, die ich an dieser Stelle beleuchten möchte. Jedes einzelne Konzept könnte aufgrund seiner Komplexität leicht mehrere Bücher füllen, weshalb an dieser Stelle kurze Einführungen genügen müssen. Deren Inhalt basiert auf den Informationen, die im Laufe der Jahre in den Sitzungen mit meinen Klientinnen und Klienten gegeben worden sind. Die Erklärungen beanspruchen dabei keinesfalls die Siegel absoluter Wahrheit und Vollständigkeit, sondern spiegeln lediglich den Grad meines Verständnisses zum Zeitpunkt der Anfertigung dieses Manuskriptes wider.

Allein die Lektüre der Kapitel ermöglicht jedoch bereits eine erweiterte Sicht auf Aspekte des eigenen Lebens, denn die Metaphysik lehrt uns, dass es im Universum keine abgeschlossenen Systeme gibt. Gedanken, Aktionen, Entscheidungen, Erlebnisse – alles beeinflusst alles andere. Eine Betrachtung der nachfolgend dargestellten Mechanismen kann also bewirken, dass man seine eigenen, persönlichen Themen auf einmal in einem neuen Licht sieht und auf diese Weise potenzielle Lösungsansätze erkennt, die vorher nicht im selbstgesteckten Bereich des Möglichen lagen.

Eventuell sind Ihnen einige Konzepte bereits vertraut. Möglicherweise akzeptieren Sie das eine oder andere auch schon als Teil Ihrer Realität. Vielleicht betreten Sie hier komplettes Neuland. In jedem Fall bereiten Sie die nächsten fünf Kapitel optimal auf die anschließenden Seelenreisen vor.

Reinkarnation

Es gibt Menschen, die an Reinkarnation glauben, und solche, die es nicht tun. Es gibt Weltreligionen, deren Lehren das Konzept von Wiedergeburt beinhalten, und solche, bei denen das nicht der Fall ist. Die Vorstellung, nicht nur ein Leben zu haben und nach dem Tod in einer neuen Form wiedergeboren zu werden, existiert zweifellos im kollektiven Bewusstsein und schwebt durch Kunst und Kultur; eine allgemein akzeptierte Annahme ist sie jedoch (noch) nicht. Ich habe dieses uralte Konzept stets als faszinierend empfunden, wobei ich bis zum Zeitpunkt meiner Hypnoseausbildung keine konkreten Berührungspunkte damit gehabt hatte.

Über Reportagen, Artikel und Bücher verbreiten sich seit Jahren immer mehr Erfahrungsberichte, in denen sich sowohl Kinder als auch Erwachsene in Trance, Träumen oder auch spontan beim Besuch bestimmter Orte an ihre vergangenen Leben erinnern. Die Zahl der Hypnosetherapeuten, die Rückführungen anbieten, wächst, und einige von ihnen – wie auch ich – spezialisieren sich sogar auf diesen Arbeitsbereich. Film, Fernsehen und Literatur bedienen sich zunehmend des Themas, wenn auch bisher meist in den Genres Fantasy, Horror und Science-Fiction. Mit dem aktuellen Vormarsch metaphysischer Themen auf den Bildschirmen und Buchseiten dieser Welt erlangt das Konzept Wiedergeburt immer mehr Aufmerksamkeit.

Die von mir verwendete Quantenhypnosemodalität stellt keine reine Rückführung dar, wobei die meisten Klientinnen und Klienten in ihrer Sitzung in der Regel eines oder sogar mehrere ihrer anderen Leben erforschen. Warum passiert das? Falls einschneidende Erfahrungen in anderen Leben mit aktuellen Konflikten, Ängsten, Blockaden, Verhaltensmustern oder auch körperlichen Leiden in Verbindung stehen, gewährt das

Überbewusstsein Einblick in die Erinnerung. Das Aufdecken solcher Verbindungen ermöglicht die Integration noch unverarbeiteten Traumas.

Einblicke in andere Leben erfolgen also nicht zufällig, sondern werden vom Überbewusstsein sorgfältig aus dem Inkarnationsarchiv der Seele ausgewählt, um die Entwicklung der Persönlichkeit in ihrem aktuellen Leben zu unterstützen. Dies kann natürlich auch völlig eigenständig in Träumen oder Meditationen erfolgen, wenn man dafür offen ist und diese Intention kultiviert. Im Alltag sind es oft die Kanäle der Intuition, Gefühle und Eingebungen, über die das Überbewusstsein versucht, Informationen zu vermitteln. Unglücklicherweise werden derartige Botschaften vom analytischen Verstand gewöhnlich nur schwer akzeptiert, was dazu führt, dass Gelegenheiten für Entwicklung häufig vergeben werden. Das Überbewusstsein lässt sich glücklicherweise nicht davon entmutigen. Es nutzt jede Gelegenheit, um dem Wachbewusstsein Informationen zukommen zu lassen, die für die Persönlichkeit zum aktuellen Zeitpunkt wichtig sind.

Das wird beispielsweise immer dann deutlich, wenn Klientinnen und Klienten nach ihren Sitzungen bemerken, dass Bilder oder Informationen, die ihnen auf ihrer Seelenreise begegnet sind, bereits Jahre zuvor in einer Meditation, einer Vision oder in Träumen aufgeflackert waren. Ihr Überbewusstsein hatte schon früher versucht, ihnen Informationen zu vermitteln, der Verstand hat diese damals jedoch zur Seite geschoben.

Manchmal ist es leichter, über die Erfahrungen anderer Menschen in ein neues Thema einzusteigen. Aus diesem Grund möchte ich Ihnen anhand echter Sitzungsauszüge von Klientinnen und Klienten zeigen, wie die Verknüpfungen zwischen den verschiedenen Leben eines Menschen aussehen können. Mein Ziel ist es dabei nicht, das Konzept Reinkarnation zu beweisen, geschweige denn, irgendjemanden davon zu überzeugen. Diese Entscheidung überlasse ich Ihnen selbst. Vielmehr bitte ich Sie darum, sich anhand des präsentierten Materials Ihre eigene

Meinung zu bilden. Es wird allerdings die Vermutung nahelegen, dass viele der Dinge, die uns als Menschen ausmachen – unsere Eigenschaften, Fähigkeiten, Emotionen, Stärken, Schwächen, Talente, Neigungen, Ängste sowie unser Verhalten –, von mehr beeinflusst werden, als wir bisher geglaubt haben. Auch körperliche Leiden gehören hier dazu.

In diesem Zusammenhang möchte ich betonen, dass niemand jemals ein machtloses Opfer traumatischer Erfahrungen aus anderen Leben ist. Deren Echo ist nur dann hörbar, wenn sie seitdem noch nicht verarbeitet worden sind und deshalb im aktuellen Leben von einer ähnlichen Situation getriggert werden. Dies stellt weder eine Bestrafung noch ein Zeichen von Versagen dar. Es wird so vielmehr eine neue Gelegenheit geschaffen, die noch ausstehende Integration des Traumas zu meistern. Wäre es bereits verarbeitet, würde man davon nicht getriggert werden. Die Kraft zur Veränderung liegt also immer im Hier und Jetzt, im aktuellen Leben und im aktuellen Moment. Das Wissen um den Ursprung eines Traumas ist bei dessen Verarbeitung jedoch extrem hilfreich. Es befriedigt die Teile der Psyche, die auf Verständnis und Logik angewiesen sind. Wenn die Persönlichkeit dann ihren freien Willen verwendet, um die Entscheidung zu treffen, die Last der Vergangenheit abzuwerfen, entsteht in Verbindung mit der unglaublichen Macht von Mitgefühl, Vergebung und Liebe gegenüber sich selbst und allen Beteiligten, eine kreative Energie, die alles verändern kann.

Das Überbewusstsein hat den Überblick über alle Inkarnationen der Seele der Persönlichkeit und kann somit Verbindungen aufzeigen, Zusammenhänge erklären und – sehr wichtig! – konkrete Empfehlungen geben, wie die gewonnenen Erkenntnisse im aktuellen Leben möglichst effizient angewandt werden können.

Seelenverbindungen

Im Leben eines jeden von uns gibt es Personen, zu denen eine außergewöhnliche Bindung besteht; Menschen, die eine einschneidende Rolle auf dem eigenen Lebensweg spielen oder in der Vergangenheit gespielt haben. Das können offensichtlich Familienangehörige, Freunde und Bekannte, aber ebenso gut auch scheinbar Fremde oder sogar Gegenspieler und Feinde sein. Wenn man das Leben auf der Erde als eine Art gigantisches Theaterstück betrachtet, dessen Handlung in Kooperation mit allen Zeitgenossen geschrieben, produziert und aufgeführt wird, erkennt man, dass Seelen in ihren Inkarnationen bestimmte Rollen für andere übernehmen, um sich gegenseitig dabei zu helfen, bestimmte Erfahrungen zu machen und Lektionen zu lernen. Das leuchtet sofort ein, wenn man sich vor Augen hält, dass die Begegnungen und Erlebnisse mit seinen Mitmenschen zweifelsfrei die Macht besitzen, die eigenen Perspektiven zu verändern, Glaubenssätze auszuwechseln sowie Überzeugungen neu zu organisieren. Sie können den Verlauf eines Lebens bisweilen dramatisch ändern, und wir alle können auf solche schicksalshaften Momente in unserem Leben zurückblicken.

Das Wissen um Seelenverbindungen existiert in der Regel nur auf unterbewusster Ebene, damit die Echtheit der damit verbundenen Lernherausforderungen gewahrt bleibt. Die eigenen Gefühle dienen hier jedoch als ein hervorragender Kompass. Starke Emotionen gegenüber einer anderen Person – sowohl positive als auch negative – können ein Hinweis auf das Vorhandensein einer Seelenverbindung sein. Stellt man sich einmal die Fragen »Wer sticht in meinem Leben heraus?« oder »Mit wem habe ich hier noch etwas zu regeln?«, erhält man in der Regel sofort eine innere Antwort, ein intuitives Wissen. Hier möchte ich empfehlen, nicht zu grübeln oder zu versuchen, die Frage mit dem analytischen Verstand zu beantworten. Herz und Bauch wissen immer mehr in solchen Angelegenheiten. So können bereits auf wachbewusster Ebene überraschende Erkenntnisse ans Licht gelangen, die man so nicht unbedingt vermutet hätte.

Wichtig sind in unseren Leben nämlich, wie bereits angedeutet, nicht nur die positiven Verbindungen, sondern vor allem auch die scheinbar negativen. Da in unserer Dimension die Bearbeitung von Konflikten sehr großes Potenzial für Weiterentwicklung bietet, erweisen uns die Personen, die uns »das Leben schwermachen«, oft einen immensen Dienst. Sie zwicken uns dort, wo es unangenehm ist, und schaffen so gemeinsam mit uns Gelegenheiten, bei denen wir lernen können, über unseren eigenen Schatten zu springen und unser Ego zu überwinden. Das passt immer auch in den Lebensplan der jeweils anderen Beteiligten. Auch sie profitieren davon und entwickeln sich so weiter. Man kann hier also von einem sehr effektiven System der Symbiose zwischen allen Akteuren sprechen.

Die Personen, die uns während unserer Inkarnation lieb und teuer sind, übernehmen in der Regel die dankbarere Aufgabe, uns bei der Bewältigung unserer Lektionen mental und emotional zu unterstützen. Natürlich können Rollen – wie auch in Theaterstücken – komplex sein und sich scheinbar fixe Verbindungen im Laufe der Handlung drastisch verändern. Dies erfolgt jedoch in der Regel immer aus einem guten Grund, auch wenn es an der Oberfläche nicht immer so wirkt.

Den Informationen des Überbewusstseins zufolge gibt es unter den Seelen, mit denen man agiert, für jeden von uns einige, mit denen man besonders gut und gerne zusammenarbeitet. Gemeinsam mit ihnen werden oft mehrere Inkarnationen begangen, in denen man sich gegenseitig bei der Entwicklung unterstützt. Die Konstellation der Persönlichkeiten kann dabei von Inkarnation zu Inkarnation wechseln: Eltern und Kind, Held und Bösewicht, Herrscher und Bedienstete, Lebenspartner und Widersacher etc. In jedem Stück nehmen die Darsteller andere Rollen an und vergrößern dadurch ihr Erfahrungsspektrum –

ähnlich einer Theatergruppe, die in jeder Spielzeit eine neue Produktion inszeniert.

Das Material wird zeigen, wie Seelenverbindungen als ein Grundpfeiler des Inkarnationssystems unser Leben beeinflussen. Zudem erhält man einen kleinen Einblick in mögliche Gründe, aus denen sich Seelen für eine Zusammenarbeit entscheiden. Sie haben erheblichen Einfluss auf Art und Eigenschaften der Beziehung, in der die inkarnierten Persönlichkeiten dann im Leben zueinander stehen. Falls beispielsweise die gemeinsame Bearbeitung von Karma im Fokus steht, ist die Wahrscheinlichkeit groß, dass die Beteiligten in einem anderen Leben traumatische Erfahrungen miteinander gemacht haben. Dies kann chronische, unter der Oberfläche brodelnde Spannungen zwischen Menschen erklären, die intellektuell erst einmal nicht nachvollziehbar sind.

Dabei ist zu beachten, dass Seelen nicht dazu gezwungen werden, miteinander zu inkarnieren. Jede Inkarnation ist eine eigenständige Entscheidung, die aus privaten Gründen und mit dem Ziel der Erweiterung des eigenen Erfahrungsschatzes getroffen wird. Das Gleiche gilt übrigens für die Anhäufung von Karma. Ein Beispiel: Eine Seele, die das Thema Mord als eine Todesvariante in seiner Ganzheit erfahren möchte, wird mindestens einmal als jemand inkarnieren, der einen Mord begeht, und einmal als jemand, der ermordet wird. In diesem Fall würde das Ermordet-Werden aber keine Strafe für das Morden darstellen, sondern einfach ein Erleben der Thematik aus der anderen Perspektive. Aus demselben Grund könnte das Mordopfer des ersten Lebens dann im zweiten Leben den Mörder spielen.

Wer diese Konzepte verstehen will, sollte hier nicht gewohnte menschliche Gefühlsmaßstäbe ansetzen. Eine aus unserer Perspektive unangenehme und wenig wünschenswerte Erfahrung kann für die beteiligten Seelen eine großartige Gelegenheit zur Weiterentwicklung darstellen. Sie wissen, dass sie unsterblich sind und worum es im Kern bei allem geht: Erfahrung und Entwicklung. Und das funktioniert auf sämtlichen Ebenen gemeinsam viel effektiver als alleine.

Lebensplanung

Wer oder was bestimmt, was für ein Leben wir führen? Suchen wir es uns aus? Wählen wir beispielsweise unsere Eltern? Unsere Umstände? Unsere Lebensaufgaben? Haben wir Einfluss auf sie? Spielt Bestimmung oder göttliche Fügung eine Rolle? Ist alles von vorneherein festgelegt? Sind wir vielleicht Schachfiguren, die von einer höheren Macht bewegt werden, oder folgt alles tatsächlich nur dem berühmten Zufall? Ist es womöglich einfach nur Glück oder Pech, wo und in welchen historischen Kontext, in welches soziale Umfeld und in welche Familie man hineingeboren wird?

Den Informationen des Überbewusstseins nach sind wir alle die Urheber und Ingenieure unserer eigenen physischen Erfahrung. Vor jeder Geburt wird mithilfe eines ganzen Teams ein komplexer Lebensplan erstellt, der es ermöglicht, die selbstgesteckten Entwicklungsziele für die bevorstehende Inkarnation zu erreichen. Dieser Plan legt Eckdaten wie die anfänglichen Lebensumstände (Epoche, Region, Kultur etc.) sowie die Familienkonstellation (Eltern, Geschwister und weitere Verwandte) fest. Man verabredet sich dafür mit anderen Seelen, deren Wünsche und Vorstellungen für ihre nächste Inkarnation zu den eigenen passen. Diese höchst detaillierte Organisation beinhaltet zudem einschneidende Ereignisse, Begegnungen, Konflikte, Hindernisse sowie – sehr wichtig! – Alternativen. Denn obwohl sich jeder einen idealen Plan zurechtgeschneidert hat, muss diesem niemand zwingend folgen. Hier existieren zwei Grundbedingungen – man könnte sie auch Spielregeln nennen –, die für jede irdische Inkarnation gelten.

Die erste ist das bereits erwähnte, notwendige Vergessen seines eigenen Plans. Jegliche Erinnerungen an die sich vorgenommenen Herausforderungen und Lektionen werden bei der Geburt aus dem menschlichen Wachbewusstsein gelöscht. Warum muss das so sein? Nach Aussage des Überbewusstseins, »weil das Bestehen einer Prüfung keinen Wert hätte, wenn man die Lösung schon vorher kennt«. Sie sagen: »Dann würde das Leben in dieser Form keinen Sinn mehr machen.«

Die zweite Grundbedingung ist der freie Wille, mit dem jede inkarnierte Persönlichkeit ausgestattet ist. Dieser erlaubt es ihr – innerhalb eines gewissen, vom eigenen Kernwesen und Höheren Selbst gesteckten Rahmens –, zu tun und zu lassen, was sie möchte. Dies beinhaltet natürlich auch die Möglichkeit, durch getroffene Entscheidungen vom geplanten Weg abzukommen. Und genau hier wird deutlich, worin die besondere Herausforderung einer Inkarnation auf der Erde besteht: Löse das Rätsel, ohne zu wissen, dass es überhaupt ein Rätsel zu lösen gibt, geschweige denn, dass du es selbst warst, der das Rätsel gewählt und gestaltet hat. Ein zweifellos anspruchsvolles Unterfangen!

An dieser Stelle sei noch einmal darauf hingewiesen, dass die für ein Leben gewählten Schwierigkeiten aus der Sicht der inkarnierten Persönlichkeit durchaus unangenehm sein können, für die Seele jedoch genau aus diesem Grund einen großen Erfahrungswert bieten. Konfliktreiche Leben sind in der Regel ungemütlicher, bieten aber gleichzeitig auch deutlich mehr Potenzial für Weiterentwicklung als bequeme, reibungslose Inkarnationen, die oft der Erholung der Seele dienen. Das Wissen um das gegebene Einverständnis für solche Erfahrungen befindet sich dabei notwendigerweise außerhalb des Wachbewusstseins, damit das Leben mit all seinen Konflikten eine echt wirkende Erfahrung ist, die man ernst nimmt.

Das bedeutet nicht, dass man alles Unangenehme im Leben als freiwillig gewählt tolerieren muss, ohne etwas daran zu ändern, oder etwa tatenlos dabei zusehen soll, wenn andere leiden. Keineswegs! Letztendlich führt die Reise jeder Seele zu universeller Einheit mit Allem-was-ist zurück, was sie unaufhaltbar mit den Schwingungsebenen von Großzügigkeit, Mitgefühl und bedingungsloser Liebe verbindet. Jede Entscheidung, die von einer inkarnierten Persönlichkeit in Resonanz mit diesen Werten getroffen wird, bringt ihre Entwicklung also ein gutes Stück voran.

Im Kontext der Zusammenarbeit mit dem Überbewusstsein geht es darum, dass einem das Wissen um Ursache und Funktion von Erfahrungen dabei helfen kann, ein ganzheitliches Verständnis des eigenen Lebens zu entwickeln. Mit diesem ermöglicht man sich und seiner Umwelt Weiterentwicklung und Wohlbefinden. Zudem wächst dadurch die Fähigkeit, sich in seine Mitmenschen hineinzuversetzen und zu erkennen, wie man sie in ihrer Entwicklung unterstützen kann. Menschen mit einer stark ausgeprägten Empathiefähigkeit haben in der Regel schon zahlreiche Existenzen auf der Erde gehabt und dadurch enorm viele unterschiedliche Situationen erlebt. Dieser reiche Erfahrungsschatz ermöglicht es ihnen, sich leicht in andere hineinzuversetzen. Sie wissen genau, wie man sich fühlt, weil sie die Erfahrung selbst schon einmal gemacht haben.

Die in diesem Buch enthaltenen Sitzungsausschnitte zeigen, dass einer menschlichen Existenz auf der Erde intensive Planung zugrunde liegt. Zudem vermitteln sie einen kleinen Eindruck davon, wie diese Planung die diversen Lebensbereiche beeinflusst. Das Überbewusstsein fungiert hier als kompetente Informationsquelle, da es nicht von der Amnesie bei der Geburt betroffen ist.

Körperliche Leiden

Viele Menschen, die eine Seelenreise erleben möchten, sind davon motiviert, ihren körperlichen Leiden auf den Grund zu gehen und diese im Idealfall hinter sich zu lassen. Oft haben im Vorfeld schulmedizinische Therapien nicht den erwünschten Heilungseffekt bewirkt, weshalb nun alternative Strategien in Erwägung gezogen werden. Andere interessieren sich mehr für Antworten auf ihre Lebensfragen, nutzen allerdings die Gelegenheit, um auch physische Probleme zu thematisieren. Und so kommt es, dass sich im Laufe der Jahre die unterschiedlichsten Krankheiten, Störungen, Verletzungen, Unfälle und auch Behinderungen auf den Fragelisten meiner Klienten wiederfinden, um von ihrem Überbewusstsein erklärt und ggf. korrigiert zu werden.

Die Informationen, die von jener Ebene des Selbst zur Physis gegeben werden, ermöglichen es, bestimmte Mechanismen zu identifizieren, die zum Auftreten körperlicher Leiden zu führen scheinen. Jedes Symptom fällt demnach in der Regel in mindestens eine der folgenden vier Kategorien:

1. Ein Warnsignal für das Wachbewusstsein, dass die Persönlichkeit in einem Lebensbereich ineffektiv agiert.

Der physische Körper dient hier als ein direkter Spiegel innerer Zustände – meistens sind das emotionale und mentale Blockaden oder Widerstände, die mit Emotionen wie Ärger, Wut, Trauer und Angst verbunden sind. Der Symbolgehalt der diversen Leiden ist dabei bemerkenswert. Gelenkprobleme etwa symbolisieren oftmals ein Verharren in alten Denkmustern oder mangelnden Fortschritt in der eigenen Entwicklung, Rückenleiden dagegen Traumata oder emotionalen Ballast, den man mit sich herumträgt.

Probleme mit den Sinnesorganen stehen für Defizite oder Vermeidung in der Wahrnehmung von Situationen, Leiden am Herz und an inneren Organen für emotionalen Schmerz oder eine fehlende Verarbeitung von Erlebtem. Die physische Analogie ist häufig so treffend, dass es zuweilen absurd erscheinen mag, dass man nicht bereits früher den Zusammenhang erkannt hat. Ein erweitertes Verständnis ermöglicht uns hier, die Warnsignale unseres Körpers korrekt zu übersetzen: als externe Hinweise auf interne Zustände. Unser Äußeres, zu dem auch der physische Apparat gehört, ist also ein Spiegel unseres Inneren. Ein körperliches Symptom signalisiert, dass es einen inneren Konflikt zu bearbeiten bzw. etwas zu lernen gibt. Das Abklingen des Symptoms ist somit mit dem Auflösen des Konflikts bzw. dem Lernen der Lektion verbunden, was unter Umständen sehr schnell und manchmal sogar augenblicklich erfolgen kann. Das Überbewusstsein einer Persönlichkeit weiß, womit das Symptom zusammenhängt, und kann erklären, was sich im Denken, Glauben und Handeln ändern muss, damit es nicht mehr nötig ist.

2. Eine Kondition, die mit einem traumatischen Erlebnis in einem anderen Leben verbunden ist. Sie wird von einem Trigger in der aktuellen Inkarnation aktiviert.

Hierfür gilt es zu verstehen, dass alle Inkarnationen einer Seele tatsächlich parallel ablaufen und nicht etwa chronologisch, wie es uns das allgemein akzeptierte Zeitkonzept nahelegt. Den Informationen des Überbewusstseins nach ist lineare Zeit ein künstliches Konstrukt, das nur in bestimmten Dimensionen existiert. Welchen Zweck erfüllt lineare Zeit? Das Wahrnehmen einer zeitlichen Abfolge ermöglicht die Illusion von Ursache und Wirkung, mit deren Hilfe wir lernen, Energie effizient zu manipulieren und physisch zu manifestieren. Mit anderen Worten: Die Konsequenzen, die auf unsere Gedanken und Taten folgen, helfen uns dabei, verantwortungsvolle Schöpfer zu werden.

Da alle Inkarnationen einer Seele jedoch in Wirklichkeit gleichzeitig ablaufen und in einer Art allumfassenden, geräumigen Gegenwart miteinander verbunden sind, kann ein einschneidendes Erlebnis einer Persönlichkeit der Seele Einfluss auf den Zustand aller anderen haben. Es tropft dann quasi in die anderen Existenzen hinein wie Wasser in die angrenzenden Räume bei einem Rohrbruch. Der entscheidende Faktor dafür ist die emotionale Stärke der ursprünglichen Erfahrung. Sie muss eine gewisse energetische Intensität besitzen, um andere Existenzen beeinflussen zu können. Traumatische Erlebnisse erfüllen in der Regel dieses Kriterium. Zudem muss im aktuellen Leben ein Element vorhanden sein, das mit der emotionalen Energie der Ursprungserfahrung in Resonanz steht, denn alles in unserem Universum ist Schwingung bzw. Frequenz und gleiche Frequenzen resonieren miteinander. Zeit und Raum sind dabei kein Hindernis, denn sie sind letztlich nur Illusion.

Im Falle eines »durchgetropften« Symptoms erklärt das Überbewusstsein dessen Ursprung und ist in der Regel sehr kooperativ bei der Auflösung – vorausgesetzt, dass sich für die aktuelle Persönlichkeit keine wichtige Lektion dahinter verbirgt, die noch nicht abgeschlossen ist.

3. Eine Kondition, die vor der Inkarnation bewusst gewählt wurde, um sich und seinem Umfeld eine bestimmte Erfahrung bzw. Herausforderung zu ermöglichen.

Dies ist oft der Fall, wenn körperliche Zustände, die wir in unserer Gesellschaft als Behinderung, Beeinträchtigung oder Störungen ansehen, bereits von Geburt an bestehen oder sehr früh auftreten. Fehlende Gliedmaßen, Organleiden, Blindheit, Taubheit, Autismus, Down-Syndrom und viele andere pathologisierte Nuancen körperlicher Existenz können hier als Beispiele dienen. Die Persönlichkeit macht durch sie nicht nur selbst eine höchst spezifische Erfahrung, sondern bietet so auch ihrem gesamten Umfeld eine Gelegenheit, angesichts der

Herausforderung zu lernen und zu wachsen. Die Mitmenschen solcher Persönlichkeiten können bestätigen, wie stark der Umgang mit ihnen das eigene Glauben, Denken und Fühlen verändert. Bereits eine flüchtige Begegnung im Alltag kann ausreichen, um die eigenen Wert- und Weltvorstellungen zu hinterfragen und neu zu ordnen.

Natürlich können drastische körperliche Veränderungen auch erst später im Leben auftreten. In solchen Fällen spielt kollektives Timing eine Rolle. Der Zeitpunkt wird immer so gewählt werden, dass er die Lebenspläne aller Beteiligten unterstützt. Da das Überbewusstsein Zugriff auf die Pläne und Vereinbarungen hat, kann es den Hintergrund der jeweiligen Kondition erläutern.

4. Die Konsequenz einer nachlässigen Einstellung gegenüber dem Zustand des eigenen Körpers.

Die vierte Kategorie erscheint gegenüber den anderen fast schon banal. Manchmal ist jedoch tatsächlich einfach das Vernachlässigen der Bedürfnisse des Körpers der Grund für ein auftretendes Leiden. Faktoren wie Lebensgewohnheiten, Stress, Hygiene und Ernährung haben einen offensichtlichen, direkten Einfluss auf den physischen Organismus – vor allem in Kombination mit schädlichen Glaubenssätzen. Ein Beispiel: Das Phänomen, dass der regelmäßige Konsum von bestimmten Substanzen (z. B. Nikotin, Alkohol, Zucker etc.) bei manchen Personen ein langfristiges Leiden hervorruft und bei anderen nicht, hat unter anderem mit den Glaubenssätzen zu tun, die im Hinblick auf die Substanz und den Konsum aktiv sind.

In Fällen dieser vierten Kategorie genügt gewöhnlich die betreffende Information, gefolgt von einer entsprechenden Verhaltensänderung, um Linderung bzw. Korrektur zu erlangen. Das Überbewusstsein ist hier in der Regel sehr hilfsbereit und assistiert sehr gerne beim Loslassen von schädlichen Angewohnheiten, wenn man um Unterstützung dafür bittet.

Ein weiteres Ziel des folgenden Materials soll es also sein, das Verständnis meiner Leserinnen und Leser bezüglich körperlicher Beschwerden zu erweitern. Sich seines Einflusses auf die eigene Gesundheit – und damit seiner Verantwortung für sie – bewusst zu werden, ist hier der Schlüssel, um die Verbindung zwischen den inneren und äußeren Ebenen des Selbst verstehen zu können. Das Material legt nahe, dass Gesundheit und Wohlbefinden keine Spielbälle unkontrollierbarer Faktoren wie Willkür, Chaos, Zufall oder etwa Unglück sind, sondern dass vor allem innere Konflikte dafür verantwortlich sind. Zudem zeigt es, dass sowohl langwierigen Störungen als auch kurzfristigen Schicksalsschlägen eine sehr komplexe Planung zugrunde liegen kann.

Die Intentionen aller Beteiligten sind dabei stets die gleichen: Erfahrung, Entwicklung und Wachstum. Und da diese trotz des damit verbundenen physischen Leidens grundlegend positiver Natur sind, empfiehlt es sich, anderen und vor allem auch sich selbst gegenüber mehr Mitgefühl entgegenzubringen. Jede Erfahrung – egal, wie sie aussehen mag – dient dem großen Ganzen und damit uns allen.

Karma

Hinduismus und Buddhismus verstehen Karma als die moralische Gesamtsumme der Taten einer Persönlichkeit in einem Leben, die als solche die Parameter des nächsten bestimmt. Das westliche Verständnis dieses sehr alten, linearen Konzepts ist seit dessen Einzug in unseren Kulturkreis im Zuge der *New-Age*-Bewegung der 1970er/80er Jahre verfälscht worden. Indem der Fokus auf den Aspekt von Ursache und Wirkung verstärkt worden ist, entspricht Karma in unserem modernen Sprachgebrauch eher einer Art göttlich gelenkter Bestrafung für Missetaten.

Die Erkenntnisse aus der Arbeit mit dem Überbewusstsein suggerieren allerdings, dass alle Leben einer Seele in Wirklichkeit in einer ewigen, allumfassenden Gegenwart quasi parallel ablaufen. Daraus folgt, dass die Illusion von Ursache und Wirkung, wie wir sie verstehen, außerhalb der Wahrnehmungsebenen körperlicher Existenz keine Gültigkeit besitzt. Man könnte also sagen: »Zukünftige« Leben beeinflussen ein »aktuelles« Leben im gleichen Maße, wie es »vergangene« tun. Ich versuche daher, diese Bezeichnungen zu vermeiden, und bevorzuge den unverfänglicheren Begriff »andere« Leben. Wenn man jedoch bedenkt, dass das Konzept Reinkarnation an sich bereits bestehende Glaubenssysteme herausfordert, ist es durchaus nachvollziehbar, warum die Vorstellung »vergangener« Leben für viele Menschen zunächst leichter zu verdauen ist.

Eine weitere verbreitete Annahme in Bezug auf Karma, die durch die Arbeit mit dem Überbewusstsein korrigiert wird, ist die, dass es einem von einer höheren Instanz auferlegt wird. Sie hat zweifellos zur Verbreitung der Fehlinterpretation von Karma als Bestrafung beigetragen, an der viele Menschen bis heute festhalten. In Wahrheit stellt Karma vielmehr ein selbstgewähltes, ganzheitliches Herangehen an ein beliebiges Inkarnationsthema dar, welches man durch Selbsterfahrung einfach von unterschiedlichen Seiten beleuchtet. Eine Seele begibt sich also freiwillig in das karmische System des Planeten hinein und weiß, worauf sie sich einlässt.

Das karmische System auf der Erde beruht auf einem dualen Modell: Alles hat ein Gegenstück, eine zweite Seite, einen Gegenpol. Das gilt ebenfalls – und besonders – für Erfahrungen. Die Erfahrung von Hierarchie kann beispielsweise erst als umfassend angesehen werden, wenn man sich sowohl oben als auch unten auf der Leiter einer Machtstruktur befunden hat. Das Konzept Verrat ist erst vollständig erlebt worden, wenn man sowohl jemanden verraten hat als auch selbst mal verraten worden ist. Ein wahres Verständnis von Vergebung erfordert nicht nur, in der Lage gewesen zu sein, sie für seine Mitmenschen aufzubringen, sondern auch, sie von anderen erhalten zu haben. Alle genannten Beispiele zusammen könnten als unterschiedliche Facetten eines übergeordneten Themas wie beispielsweise Macht/Machtlosigkeit betrachtet werden, dessen Studium sich eine Seele in einem Inkarnationszyklus widmen kann. Wichtig ist: Die Rollenwechsel innerhalb der Themen stellen dabei keine Bestrafung für »negatives« Handeln dar! Sie werden von allen Beteiligten akzeptiert und detailliert geplant, um die gewählte Erfahrung zu vervollständigen.

Wir erinnern uns an dieser Stelle daran, dass die Seele unsterblich ist und es daher nicht nötig hat, Erfahrungen in gut und schlecht einzuteilen. Wenn wir inkarniert sind, tendieren wir jedoch zu dieser Wertung, da unser menschliches Ego einen beschränkteren Horizont besitzt und stabile Strukturen braucht, um sich mithilfe von Identifizierung seiner Existenz gewiss zu sein. Sobald es die eigene Identität durch den Verlust von Materiellem, emotionaler Sicherheit oder auch Gesundheit bedroht sieht, wird die entsprechende Erfahrung automatisch als negativ eingestuft.

An dieser Stelle wird deutlich, dass ein Planet mit dualer Polarisierung wie die Erde hervorragend dafür geeignet ist, Themen aus scheinbar gegenüberliegenden Perspektiven zu betrachten. Dies kann über mehrere Leben hinweg oder auch komprimiert innerhalb einer einzigen Inkarnation erfolgen. Im Konzept von Karma kommt dieses Potenzial zum Ausdruck.

Falls im Leben einer Persönlichkeit karmische Elemente oder Verbindungen existieren, die für deren Fragen relevant sind, nennt und erklärt das Überbewusstsein diese in der Regel, da es nicht nur Zugriff auf den Lebensplan besitzt, sondern auch die Vereinbarungen kennt, die vor einer Inkarnation zwischen Seelen getroffen wurden.

Interessanterweise suggerieren die Informationen, die im Laufe der letzten Jahre in Sitzungen weltweit zu diesem Thema gegeben worden sind, dass das irdische Karma-System aufgrund der Erhöhung des globalen Bewusstseins nicht mehr verpflichtend ist. Das bedeutet, dass niemand, der hier inkarniert, zwingend seine Erfahrungen vervollständigen muss, und karmische Vereinbarungen jederzeit gelöst werden können. Dies unterliegt jedoch letztlich der Entscheidung jeder einzelnen Seele. In meiner Praxis begegnen mir jedenfalls noch viele Menschen, die sich trotz der Auflösung des Systems vorgenommen haben, ihr Karma zu komplettieren.

Die Seelenreisen

Nach dieser Einführung in die Kernkonzepte, die uns in den folgenden Kapiteln begegnen werden, möchte ich Sie nun dazu einladen, gemeinsam mit meinen Klientinnen, meinen Klienten und mir auf Reisen zu gehen, genauer gesagt auf Seelenreisen in andere Inkarnationen hinein.

Während es die Aufgabe des Wachbewusstseins ist, den gegenwärtigen Moment zu erfassen, und das Unterbewusstsein die Erinnerungen und Glaubenssätze des gesamten aktuellen Lebens verwaltet, hat das Überbewusstsein Zugriff auf alle Inkarnationen, die je von einer Seele gelebt worden sind. Wenn ein Erlebnis aus einer anderen Existenz für die aktuelle Persönlichkeit relevant ist und integriert werden kann, wird also mit dem Überbewusstsein gearbeitet. Es ist der Teil des Selbst, der als Verbindungsstück zwischen Psyche und Seele über den Tellerrand der gegenwärtigen Inkarnation hinausschaut und somit den größten Überblick besitzt.

In der Zusammenarbeit mit dem Überbewusstsein kommt es daher häufig vor, dass Reisende einen Einblick in ihre anderen Leben erhalten, um Sachverhalte (und sich selbst) besser verstehen zu können. Diese Erfahrung verbindet all die Personen, deren Sitzungsauszüge in diesem Buch zusammengetragen worden sind.

Das in diesem Band präsentierte Material fokussiert sich dabei auf menschliche Leben auf der Erde. Unser Weg wird uns kreuz und quer durch die Zeitgeschichte und um den gesamten Globus führen: von der prähistorischen Vorzeit und dem düsteren Mittelalter über orientalische Wüsten und unberührte Regenwälder bis in die schottischen Highlands des 18. Jahrhunderts und das New York der 1950er Jahre, um einige Beispiele zu nennen. Weitere Bände, die Ausschnitte von Sitzungen mit nicht-menschlichen und sogar außerirdischen Existenzen enthalten werden, sind bereits in Planung. Sie werden sozusagen als Sammlungen »für Fortgeschrittene« dienen, die sich mit ihrer Lektüre über die Grenzen des menschlichen Körpers und sogar über die unseres Heimatplaneten hinauswagen wollen.

In jedem der nachfolgenden Kapitel werden wir zunächst eine Auswahl der anderen Inkarnationen der jeweiligen Persönlichkeit erforschen und dann im Anschluss durch das Überbewusstsein deren Relevanz für ihr aktuelles Leben erklärt bekommen. Im Zuge dieser Zusammenarbeit werden eine Vielzahl interessanter Phänomene erläutert und Informationen gegeben, von denen viele Leserinnen und Leser profitieren werden können. Durch unser Überbewusstsein haben wir Zugriff auf das Wissen der gesamten Welt und können, wenn wir diesem Teil – und damit letztendlich uns selbst und unseren Fähigkeiten – vertrauen, potenziell jede Frage beantworten. Dieses Vertrauen verbindet ebenfalls all die Reisenden, die ihnen in den einzelnen Kapiteln begegnen werden. Sie haben dieses Buch überhaupt erst möglich gemacht. Aus dem Grund empfinde ich enorme Dankbarkeit und Wertschätzung für die mutigen Abenteurer, die auf diese Art und Weise zur Bewusstseinsentwicklung unserer Spezies beitragen.

Ein Hinweis: Der Großteil der vom Überbewusstsein in den jeweiligen Sitzungen gegebenen Informationen ist individuell auf die jeweilige Person zugeschnitten und lässt sich somit nicht ohne Weiteres auf andere Menschen übertragen. Das Wiedererkennen von vertrauten Mustern und Zusammenhängen im Material kann jedoch dazu beitragen, mehr Klarheit in Bezug auf das eigene Leben zu erlangen.

Und nun: Steigen Sie ein! Nehmen Sie entlang des Weges mit, was mit Ihnen resoniert, und lassen Sie alles andere einfach zurück. Ich wünsche Ihnen eine wundervolle Reise voller Emotionen und Erkenntnisse – und natürlich viel Vergnügen!

Drei Leben, drei Lehren

Nadine (33) war eine junge Künstlerin und eine Freundin meines allerersten Klienten. Als dieser ihr von seiner Seelenreise berichtet hatte, hatte das etwas in ihr ausgelöst, und sie wusste, dass sie ebenfalls diese Erfahrung machen wollte. Mein Sitzungsstudio befand sich zum Zeitpunkt ihres Termins mitten in Renovierungsarbeiten, weshalb wir uns in Nadines Wohnung verabredeten, die nur zwei Straßen entfernt lag. Sie hatte eine Liste von Fragen vorbereitet, die ihr Verlangen nach Extremsituationen und das seit jeher angespannte Verhältnis zu ihrer Mutter betrafen.

Nach einem ausführlichen Vorgespräch begab sich Nadine in die erforderliche Hypnose und kurz darauf direkt in das erste von insgesamt drei anderen Leben. Ihre Seelenreise demonstriert auf eine sehr anschauliche, kompakte Art, wie uns das Wissen um die Erfahrungen aus anderen Inkarnationen dabei helfen können, das aktuelle Leben in einen größeren Kontext einzuordnen, um sich und seine Eigenheiten besser zu verstehen. Sie bildet damit einen idealen Einstieg in diesen Teil des Buches.

Nadine landete in einer Umgebung, die einen mediterranen, nahezu idyllischen Eindruck erweckte: »Das sieht aus wie ein Küstenstreifen. Er ist erst gerade und geht dann so um einen Bogen. Grauer Boden. Steine mit Sand. Das Meer bewegt sich. Man hört es. Auf der anderen Seite sehe ich Gräser und flaches Land.« Ich bat sie, sich und ihre Kleidung zu beschreiben.

[...]

N: Ich trage einfache Sandalen. Braun. Zerschlissen. Ansonsten ein weites, weißes Hemd und eine braune Hose. Der Körper fühlt sich männlich an. Mitte zwanzig. Gesund.

M: Trägst du etwas in deinen Händen?

N: (Pause.) Etwas für Fischer. Angeln. Auf dem Kopf einen Hut. Die Sonne scheint, aber es ist trotzdem etwas grau und frisch.

[…]

Der Ort, an dem sie sich befand, kam ihr vertraut vor. Sie bemerkte, dass sie hier schon oft gewesen sei. Ich fragte sie, was sie gerade mache.

N: Arbeiten. Als Fischer. Das mache ich jeden Tag. Meistens alleine, manchmal mit anderen zusammen.

M: Magst du deine Arbeit?

N: Ja. Manchmal. Nicht immer. Es ist anstrengend und ein wenig einseitig. Jeden Tag das Gleiche. Ich wohne in einem Dorf zehn Minuten von hier. Ich wohne da mit meiner Familie.

M: Dann lass uns nun zu dem Ort gehen, an dem du mit deiner Familie lebst. Beschreibe ihn mir.

N: Stein. Ein Steinhaus. Backsteine. Mittelgroß. Ein großer Raum. Dunkel, aber gemütlich.

M: Wie würdest du Licht machen?

N: Mit Kerzen. Und mit Lampen. Mit Petroleum.

M: Mit wem lebst du hier?

N: Mit meinen Eltern und zwei Geschwistern. Schwester und Bruder. Ich bin der Älteste. Die beiden sind noch zu jung zum Arbeiten. Meine Schwester geht zur Schule, mein Bruder nicht. Ich war in der Schule, habe sie aber nicht abgeschlossen.

M: Als was arbeiten deine Eltern?

N: Meine Mutter als Verkäuferin, mein Vater als Fischer.

M: Was gibt es gewöhnlich bei euch zu essen?

N: Suppe. Brot. Das ist normal.

M: Was ist mit Fisch?

N: Manchmal. Aber wir verkaufen den meisten davon.

[…]

Wir verdichteten die Zeit und sprangen vorwärts zu einem bedeutenden Tag in dem Leben, das wir betrachteten. Es war ein freudiger Tag, denn der junge Fischer war selbst Vater geworden.

N: (Lächelt.) Ich bin Vater geworden. Meine Frau hat gerade entbunden. Ich fühle mich toll. Ich bin sehr glücklich und meine Frau auch. (Stolz.) Ein Sohn! Wir sind in so etwas wie einem Krankenhaus. Es gibt einen Arzt im Dorf, der hilft, wenn Kinder geboren werden.

M: Was geschieht nun?

N: Wir werden bald nach Hause gehen. Ich habe mittlerweile ein eigenes Haus. Es ist am anderen Ende des Dorfes von meinem Elternhaus. (Lächelt.) Ich möchte jetzt erstmal mit meiner Frau und meinem Sohn für uns sein, bevor wir ihn der Familie zeigen. Die können ganz schön neugierig sein! Das nervt mich manchmal ...

[…]

Wir sprangen nochmal vorwärts zu einem weiteren bedeutenden Tag. Ein paar Jahre waren im Leben des Fischers vergangen und die Freude aus Nadines Gesicht verschwunden.

N: Ich bin auf einer Beerdigung. Mein Vater ist gestorben. Er war jedoch nicht krank, sondern einfach alt.

M: Beschreib mir, wen du dort alles siehst.

N: (Pause.) Meine Frau. Meine Mutter. Meine Geschwister. Mein Sohn ist noch zu jung. Er ist zu Hause. Es sind viele Menschen aus dem Dorf gekommen. Mein Vater war sehr beliebt bei den Leuten. Ich habe ihn gemocht, aber er war manchmal sehr anstrengend. Sehr herrisch. Sehr dominant. Er hat von mir verlangt, dass ich das mache, was er auch macht. Ich wollte das nicht. Ich bin künstlerisch! Und handwerklich. Mit Holz.

M: Warum hast du es dann gemacht?

N: Es wurde von mir so verlangt. Die Familie hat gesagt: »So sieht's aus!« Trotzdem bin ich traurig um meinen Vater. Meine Mutter wird alleine leben. Aber sie hat noch meine Schwester.

M: Hat dein Bruder auch schon eine eigene Familie?

N: Nein, er ist behindert. Geistig. Er braucht besondere Unterstützung. Er wohnt teilweise woanders. Bei anderen Leuten, die sich um ihn kümmern. Sie machen das gerne. Für unsere Mutter war das anstrengend. (Abfällig.) Sie macht es nicht gerne, obwohl sie es könnte. (Betrübt.) Mein Bruder tut mir leid. Ich habe nicht viel Zeit, aber ich sehe ihn jeden Tag.

[…]

Wir sprangen vorwärts zum letzten Tag des Lebens.

N: Ich liege im Bett. Ich bin alt. Die Zeit des Abschieds ist gekommen. Ich habe viel gearbeitet. Gerade ist niemand bei mir. Meine Frau ist unten. Mein Sohn auch. Ich gehe.

[…]

Nachdem sie den Körper des alten Fischers verlassen hatte, bat ich Nadine, auf das Leben zurückzublicken und zu erkennen, was sie in diesem gelernt hatte.

N: Dass ich in Zukunft lieber machen möchte, was ich will. Ich musste das tun, was meine Familie wollte, aber ich sollte diese Erfahrung machen. Das war angemessen. Es war einfach, aber friedlich. Es hatte mich jedoch wütend gemacht, dass sich meine Mutter nicht um meinen Bruder gekümmert hat. Das empfand ich als sehr egoistisch.

M: Hast du ihr das jemals gesagt?

N: Ja, sie hat es aber abgestritten.

M: Wie fühlst du dich dort, wo du jetzt bist?

N: Energetisch. Etwas geht durch mich hindurch. Das ist schon eigenartig. Sehr kraftvoll. Sehr anders.

M: Wie hast du dich im Körper gefühlt?

N: Begrenzt.

M: Und was nun? Möchtest du etwas Bestimmtes machen?

N: Auf die Erde schauen. Sie ist groß und blau. Es ist ziemlich dunkel. Ich empfinde Sehnsucht zu ihr. Ich mag sie, aber es ist schon echt anstrengend dort. Es gibt viel zu lernen! Manchmal kommt es mir ein bisschen vor wie ein Spiel; ein sich immer wiederholendes Spiel. Um den Umgang mit anderen zu lernen.

M: Und wann beendet man das Spiel?

N: Wenn es zu seiner eigenen Befriedigung führt. Zu einem Nicht–mehr–Wollen.

M: Denkst du, dass du schon so weit bist?

N: Nein. Und ich mag es auf der Erde!

[…]

Wir ließen den Fischer zurück und begaben uns in ein weiteres Leben von Nadine. Sie landete diesmal in einer Wüste: »Es ist ein warmer Ort. Sehr heiß. Braun und sandig ist hier alles.« Ich bat sie erneut, an sich herabzublicken und sich selbst zu beschreiben.

N: Mein Körper fühlt sich zart an. Zart, weiblich und jung. Ich trage ein helles Gewand. Sehr einfach. Barfuß. In der Hand trage ich eine Art Korb. Meine Haare sind lang und schwarz und gewellt. Meine Haut ist dunkel, aber nicht total dunkel. Wie der Sand. (Pause.) Ich soll etwas besorgen. Etwas zu essen für meine Familie. Ich muss dafür durch die Wüste. Zu einer Stadt. Für etwas Besonderes … Gewürz! Das gibt es nur dort.

M: Warst du schon mal in der Stadt?

N: Ja. Sie ist groß. Viel los da. Spannend! Ich gehe gerne in die Stadt.

M: Beschreibe mir zunächst dein Zuhause.

N: Ein Kasten. Eckig. Nicht groß. Aus Steinen. Sandstein. Ich bin dort mit meinen drei kleinen Geschwistern. Zwei Schwestern und ein Bruder. Sie sind viel jünger als ich. Ich passe auf sie auf. Wir verstehen uns sehr gut. Meine Eltern sind nicht hier. Sie arbeiten. Ich passe auf die Geschwister auf. Ich bin noch zu jung, um zu arbeiten.

M: Was machst du so tagsüber?

N: Hausarbeit. (Seufzt.) Langweilig.

M: Gibt es etwas, das dir Freude bereitet?

N: Ja! Mit Baumwolle zu arbeiten. Schneidern und Nähen. Hauptsächlich für mich.

M: Könntest du dir vorstellen, das beruflich zu machen? (Ja!) *Wissen deine Eltern davon?*

N: (Zögerlich.) So halb …

M: Machst du es heimlich? (Ja) *Hast du es dir selber beigebracht?*

N: (Stolz.) Mhm!

[…]

Wir sprangen vorwärts zu einem bedeutenden Tag.

N: Ich bin in der Stadt. Es ist die Stadt, in der ich immer Gewürze gekauft habe. Ich bin schön angezogen. Ich lerne heute meinen Mann kennen! Meine Eltern haben ihn ausgesucht. Ich habe ihn aber schon einmal gesehen. Wir wurden uns vorgestellt bei einem Essen. Er ist nett. Wir mögen uns. Und er hat Geld. Er hat einen Laden in der Stadt. Er verkauft dort alles. Er findet mich schön. (Stolz.) Ich werde in die Stadt ziehen. Meine Familie wird dann nachkommen.

M: Seid ihr schon verheiratet?

N: Ja. Das waren mehrere Zeremonien über mehrere Tage.

M: Freuen sich deine Eltern, dass du diesen Mann geheiratet hast?

N: Ja, die sind total froh.

[…]

Wir sprangen vorwärts zu einem weiteren bedeutenden Tag.

N: (Glücklich.) Ich habe ein Kind! Mein erstes. Eine Tochter. Ich bin stolz.

M: Ist dein Mann bei dir?

N: Nein, gerade nicht. Er hat zu tun. Ich bin alleine mit meinen Bediensteten. Ich halte meine Tochter im Arm. Er wird in zwei bis drei Stunden nach Hause kommen.

M: Das klingt, als ob ihr wohlhabend seid.

N: Ja, das sind wir.

[…]

Wir sprangen nochmal vorwärts zu einem bedeutenden Tag.

N: (Besorgt.) Irgendwas stimmt nicht … Das ist nicht gut … Ich bin in einer Art Krankenhaus. (Pause.) Ich bin krank. (Rümpft die Nase.) Es riecht auch komisch. Es riecht nach Krankheit. Ich habe irgendetwas im Bauch … Irgendetwas stimmt da nicht … Die Ärzte halten mich für verrückt!

M: Warum tun sie das?

N: Weil ich mich so verhalte. Ich habe mich selbst verletzt.

M: Am Bauch? (Ja) *Warum hast du das getan?*

N: Weil ich durchgedreht bin. Ich bin unglücklich. Mit meinem Leben, meiner Ehe. Ich bin so viel alleine. Mein Mann arbeitet viel. Ich wollte Aufmerksamkeit.

M: Hattest du vor, zu sterben?

N: Nein, ich wollte nur mehr auf mich aufmerksam machen.

M: Können dir die Ärzte helfen?

N: Mit dem Körper schon. Aber es ist mehr der Kopf. Die haben alle keine Ahnung! Das wird hier schnell abgetan …

M: Gibt es jemanden, der dir helfen könnte?

N: Ja, meine Geschwister. Die halten zu mir. Sie sind zwar da, aber sie können mich auch nicht aus diesem Sanatorium herausholen.

M: Könntest du einfach gehen? (Nein) *Weiß dein Mann, dass du hier bist?* (Ja) *Wie lange bist du schon hier?*

N: Monate.

M: Wo ist deine Tochter?

N: Bei meinem Mann. Sie ist sechs Jahre alt.

M: Gibt es etwas, das du tun könntest, um entlassen zu werden?

N: Mich anpassen. Mich normal verhalten.

M: Möchtest du das tun?

N: Nein. Das wäre nicht wirklich ich.

M: Wirst du den Rest deines Lebens an diesem Ort bleiben?

N: (Traurig.) Ja.

[…]

Wir sprangen zum letzten Tag des Lebens.

N: Ich liege auf einer Art Bahre aus Stein in einem speziellen Gebäude. Eine Art Tempel, der zu diesem Sanatorium gehört. Ich bin sehr schwach, ausgetrocknet und dünn, aber noch gar nicht alt. Ich habe die ganze Zeit in dieser Einrichtung verbracht. Sie haben mich nicht richtig ernährt. Aber ich wollte auch nicht essen. Die Leute denken immer noch, dass ich verrückt bin. Aber das ist mir inzwischen auch egal. Ich bin friedlich. (Seufzt.) Ich will nicht mehr kämpfen.

M: Hat dich deine Familie in letzter Zeit besucht?

N: So halbwegs. Mein Mann war da. Meine Tochter war da. Sie ist nun zwölf Jahre alt. Das war mir etwas unangenehm. Dass sie mich so sieht, ist nicht so schön. Ich bin nicht mehr so, wie ich früher war …

M: Ist gerade jemand bei dir?

N: Nur die Leute, die hier arbeiten.

[…]

Sie starb schließlich und verließ den Körper. Von dieser Perspektive aus konnte sie auf das Leben zurückblicken.

N: Ich verspüre eine gewisse Form der Erleichterung. Ich habe mich unverstanden gefühlt. Aber vielleicht habe ich auch übertrieben und mich hineingesteigert in diese Weigerung, zu meiner Familie zurückzugehen. Es wäre jedenfalls besser gewesen, um länger zu leben …

[…]

Wir ließen die Frau zurück und verbrachten ein wenig Zeit »zwischen den Leben«. Ein wunderbares Buch, das ich an dieser Stelle empfehlen möchte, ist *Between Death and Life* (1993) von Dolores Cannon. Es fokussiert sich komplett auf die Erlebnisse von Klientinnen und Klienten in dieser Zwischenwelt, bevor sie neue Inkarnationen begehen. Ich fragte Nadine, ob sie wieder zur Erde zurückkehren und nochmal inkarnieren wolle, was sie jedoch erst einmal ablehnte.

N: Jetzt nicht. Gerade möchte ich kein Leben, sondern einfach nur sein. Ich habe erstmal die Schnauze voll und werde noch ein bisschen warten, bis ich wieder lebe.

M: Gibt es etwas, das du gerne ausprobieren möchtest?

N: Lebenstechnisch? Ja. Kein einfaches Leben mehr! Aber erstmal will ich ein bisschen warten, Zeit verstreichen lassen und dann schauen, wie es aussieht.

M: Gibt es hier einen Ort, an dem du das gut machen kannst?

N: Ja. Dort ist es dunkel. Ruhig. Es ist wie eine Kuppel … ein Stern … Da kann ich sitzen und alles von oben beobachten.

M: Sind dort auch andere, die sich ausruhen?

N: Ja. Und alle hier sind mir irgendwie bekannt. Wir sind alle miteinander verbunden.

M: Wie lange wirst du dort bleiben?

N: Das dauert. Das ist eine Art anderer Zustand. Auf der Erde sind das Jahre … Jahrzehnte …

[…]

Da Nadine möglicherweise sehr lange an diesem Ort der Ruhe verweilen würde, verdichteten wir die Zeit und sprangen vorwärts zu dem Moment, an dem sie sich ihre nächste Inkarnation vornahm.

N: Ein moderneres Leben. Amerika! Ja, das zieht mich an. Das ist interessant. Großstadt. New York. Ich werde eine Frau sein. Ich fühle mich mehr als Frau, Dame, Lady. Es ist eleganter und filigraner. Und man kann sich so schön kleiden. […] Ich hatte auch schon männliche Körper, war aber öfter Frau.

M: Hast du dir bestimmte Lektionen vorgenommen für dieses nächste Leben?

N: Ja. Es wird mit Männern zu tun haben. Was ich vorhabe, hört sich vielleicht komisch an, aber ich werde ein bisschen mit Männern spielen. (Schmunzelt.) Diese Erfahrung habe ich noch nie so gemacht.

M: Gibt es andere Seelen, mit denen du dich für dieses Leben verabredest?

N: Nicht bewusst. Ich mach das auf eigene Faust! Es soll angenehm und luxuriös sein. (Verschmitzt.) Auch etwas Drama – aber von einer anderen Art. Ich weiß auch schon genau, wie ich aussehen werde. (Pause.) In dem Moment, in dem das Kind auf die Welt kommt, gehe ich in den Körper.

M: Bevor es geboren wird, ist noch keine Seele darin?

N: Das ist noch nicht entschieden. Es entscheidet sich, wenn der Moment kommt.

M: Bist du nun bereit, um das Leben zu beginnen?

N: (Atmet tief durch.) Ja.

[…]

Wir begaben uns in die Inkarnation und Nadine landete direkt in der Szene nach ihrer eigenen Geburt.

N: Ich bin ein Kleinkind. Nein, kein Kleinkind … ein Baby! Ich bin bei meiner Mutter im Krankenhaus. Ich liege bei ihr und habe mich schon wieder beruhigt nach meiner Geburt. Mein Vater kommt gleich. Er besorgt noch etwas.

M: Beschreibe mir den Ort, wo du aufwächst.

N: Ein Haus. Ein eigenes Haus in der City. Wir sind etwas oberhalb des Mittelstands. Eine angenehme Kindheit. Viel Liebe.

[…]

Wir sprangen vorwärts zu einem weiteren bedeutenden Tag.

N: Ich sehe eine Schule. Aber die Schule ist vorbei. Es ist mein Abschluss. Eine Feier für die Schüler. Ich fühle mich total gut. Wir feiern und tanzen sehr aufgedreht. Sieht aus wie in den Vierzigern oder Fünfzigern. Wir sind im Schulgebäude und trinken Alkohol.

M: Hast du das schon mal getrunken?

N: (Verschwörerisch.) Ja …

M: Was trinkt ihr jetzt gerade?

N: Ich weiß nicht, was das ist … (Pause.) Eine Mischung. Cola mit Whiskey oder so etwas? Irgendetwas Gemischtes, aber das machen andere. Es schmeckt mir nicht, aber das ist egal.

M: Was trägst du?

N: Ein Kleid. Hell und mit Blumen darauf. Etwas ausgestellt. Sehr hübsch. Ich bin auch hübsch. Und mein Freund auch! Das ist schon ein toller Mann. Er war auch Schüler hier, aber höher. Er ist schon fertig und jetzt extra für mich gekommen. Er studiert Wirtschaft. Ich selbst bin mir noch nicht sicher. Nicht viele Frauen studieren. Ich könnte es, aber ich glaube, ich will nicht. Ich möchte lieber leben. Locker leben. High Life!

M: Seid ihr offiziell zusammen?

N: Nein, das haben wir noch nicht erzählt. Es geht noch nicht lange. Kommt darauf an, wie es sich entwickelt. (Schmunzelt.)

Ich bin auch schon sehr flirtiv … Möchte mich nicht festlegen. Das macht Spaß!

M: *Weiß dein Freund das?* (Nein) *Hast du noch andere Männer neben ihm?*

N: Nicht richtig. Nicht sexuell. Nur zum Flirten. Die habe ich in der Schule kennengelernt. (Grinst.) Ich bin sehr beliebt!

[…]

Wir sprangen erneut vorwärts zu einem wichtigen Tag. Es war der Tag ihrer Hochzeit mit dem zuvor beschriebenen Jugendfreund. Sie war darüber erstaunt.

N: Das hätte ich nicht gedacht. Aber es fühlt sich gut an. Sicher. Sicherheit.

M: *Wolltest du nicht Freiheit?*

N: (Schmunzelt.) Die kann ich ja trotzdem noch haben … Es ist halt finanziell sicher mit ihm. Seine Familie ist wohlhabender als meine. Ich liebe ihn, aber ich bin nicht verrückt nach ihm.

M: *Liebt er dich?*

N: Ja. Es ist für mich halt die Sicherheit, die finanzielle Sicherheit. Das ist mir wichtig.

M: *Lebt ihr immer noch in New York?*

N: Ja, eine tolle Stadt! Es sind immer noch die Fünfziger. Ich bin dreiundzwanzig Jahre alt, er sechsundzwanzig.

M: *Wie ist das Fest?*

N: Sehr gemütlich. Seine Familie hat es arrangiert und bezahlt. Sie sind anders als meine Eltern. Sie sind keine herzlichen Menschen. (Pause.) Ich werde nicht studieren, sondern Hausfrau sein. Wir sind dabei, Kinder zu bekommen. Ich bin mir allerdings nicht sicher. Es wird von mir erwartet, aber es wäre ein Freiheitsverlust. Ich mache schon viel mein eigenes Ding … Ich genieße es, dass die Männer mich gut finden. Aber es ist schwierig, weil ich beobachtet werde. Ist dann nicht so einfach, mal eben eine Nacht wegzubleiben …

M: *Gibt es jemanden, auf den du dein Auge geworfen hast?*

N: Ja, ein sehr schöner Mann. Dunkle Haare. Er spielt in einer Band. Wir haben uns beim Weggehen gesehen und kennengelernt. Wir sehen uns ab und zu. Er hat so etwas Düsteres. Das zieht mich an. Es wird aber nicht mehr sein als ein Flirt.

[…]

Wir sprangen nochmal vorwärts zu einem wichtigen Tag. Die Ehe war gescheitert, nachdem ihr Mann ihr auf die Schliche gekommen war.

N: Wir werden uns trennen. Mein Mann merkt, dass mit mir etwas nicht stimmt. Er ist eifersüchtig und hat mich beobachtet. Jetzt ist er stinksauer. Und ich fühle mich schuldig. (Traurig.) Er ist sehr getroffen. Und ich stehe auch selbst nicht mehr so hinter meinem Tun.

M: Würdest du dich ändern, wenn du es könntest?

N: (Betrübt.) Ja. Er hat das nicht verdient. Ich habe es ihm angeboten, aber er hat es abgelehnt.

M: Was wirst du nun machen?

N: Ich werde ausziehen. Er hat mir eine Wohnung zur Verfügung gestellt. Ich bin traurig, verzweifelt, unglücklich. Ich werde mich in Männergeschichten stürzen. Es ist frustrierend. Aber ich brauche das …!

M: Warum?

N: Weil ich mich sonst nicht wertvoll fühle. Ich fühle mich nur wertvoll, wenn ich das Gefühl habe, dass mich jemand will. Deshalb die Männer.

M: Wirst du einen Mann kennenlernen, der etwas Besonderes für dich ist?

N: Ich soll etwas Besonderes für ihn sein!

M: Wie sieht es mit Arbeit aus?

N: Mein Ex-Mann wird für mich sorgen. Er liebt mich noch immer. Ich habe auch ein bisschen Hoffnung, dass wir vielleicht wieder zusammenkommen werden.

[…]

Wir sprangen vorwärts zu einem weiteren wichtigen Tag. Sie sah sich mit etwa Mitte dreißig in einer Bar sitzen und viel Alkohol trinken.

N: Ich bin mir bewusst, dass das nicht gut für mich ist, aber es hilft mir beim Vergessen. Mit dem Schmerz.

M: Hast du nochmal geheiratet? (Nein) *Hast du einen Mann kennengelernt?*

N: Ja, viele, viele …! Aber das hat mir nicht gegeben, was ich dachte, dass es mir gibt. Ich bereue es, aber ich kann es nicht mehr zurückdrehen.

M: Was hast du jetzt vor?

N: Nichts. Ich weiß nicht, was ich sonst machen soll. Ich kann nichts, habe nichts gelernt. Ich bin ziemlich verzweifelt. Habe Selbstmitleid. Das ist sehr unangenehm.

[…]

Wir sprangen schließlich zum letzten Tag des Lebens. Sie befand sich alleine am Strand eines Hotels in Los Angeles.

N: Ich bin ungefähr achtundvierzig Jahre alt. Ich hatte bis vor Kurzem einen Lover, aber der ist weg. Wir hatten uns hier getroffen. Wir hatten ein Date. Ich fühle mich leer.

M: Was machst du nun am Strand?

N: Ich saufe. (Pause.) Ich will aufgeben.

M: Wie machst du das?

N: Mit Tabletten. Ich nehme sie. Ich werde sterben.

[…]

Nachdem sie ihren Plan in die Tat umgesetzt und den Körper verlassen hatte, konnte sie das Leben von einer erhöhten Perspektive aus betrachten und dessen Lektionen erkennen.

N: Ich habe gelernt, dass die Männer mich nicht glücklich gemacht haben. Diese Vorstellung einer *femme fatale* hatte mich gereizt. Deshalb hatte ich es mir so ausgesucht. Ich wollte dieses Leben haben, war jedoch am Ende ganz arg verzweifelt. (Pause.) Ich hätte mich besser mit meinem Mann verstehen sollen. Es war ein Fehler, ihn gehen zu lassen. (Pause.) Ich sehe von hier aus, dass er eine Familie hat. Er ist glücklich, aber er denkt oft an mich. Ich sage ihm im Geiste, dass es mir definitiv leid tut. Er empfängt die Botschaft und nimmt sie an. Er spürt, dass ich nicht mehr lebe. Er ist traurig, aber er freut sich über meine letzten Worte. (Gerührt.) Bei meiner Beerdigung wird er anwesend sein.

M: Gibt es noch eine andere Erkenntnis, die du aus diesem Leben ziehst?

N: Ich würde im nächsten Leben gerne wieder eine echte Aufgabe haben.

[...]

Es war an der Zeit, das Überbewusstsein einzurufen und mehr zu erfahren. Ich fragte zunächst, warum Nadine das erste Leben als Fischer zu sehen bekommen hatte.

ÜB: Es war einfach. Es sollte gezeigt werden, dass es auch »einfach« funktioniert und dass auch ein einfaches Leben glücklich machen kann. Nadine ist aktuell einen gewissen Lebensstandard gewohnt – sowohl materiell als auch, was Komplikationen angeht. Damals war es jedoch einfach. Es war jeden Tag immer dasselbe und damit sehr gegensätzlich zu dem, was sie jetzt hat.

[...]

Solche simplen, gewöhnlichen Existenzen, in denen nichts Besonderes passiert, begegnen einem bei Rückführungen recht häufig. Wer vermutet, dass es die Egos der Menschen seien, die sich ihre anderen Inkarnationen einfach ausdenken, würde sicherlich erwarten, dass diese sich vorstellen, interessante historische Figuren gewesen zu sein, die außergewöhnliche, aufregende Leben gelebt haben, während in Wirklichkeit genau das Gegenteil der Fall ist. Ich habe das stets als sehr plausibel empfunden. Die meisten Menschen heutzutage führen unauffällige, von außen betrachtet eintönige Leben, und so ist es natürlich auch zu jedem anderen Zeitpunkt in der Geschichte gewesen. Dolores Cannon nannte diese Leben augenzwinkernd *digging potatoes lives* (auf Deutsch: »Kartoffelbauernleben«).

Aber auch simple Existenzen sind mit vielerlei wertvollen Erfahrungen gefüllt, und so gibt es immer Gründe, warum das Überbewusstsein sie für die Persönlichkeit ausgewählt hat.

M: Gibt es noch einen Bezug zwischen dem ersten gezeigten Leben und dem aktuellen?

ÜB: Ja, ihre Mutter. Sie war auch damals ihre Mutter. Nadine war in dem anderen Leben zornig mit ihr, weil sie sich nicht um den kranken Bruder gekümmert hatte. Es ist nun in gewisser Weise eine Wiederholung. Da herrscht ein Konflikt zwischen beiden, den sie austragen sollen. Die Ursache dieses Konflikts liegt allerdings noch weiter zurück; im allerersten gemeinsamen Leben. (Pause.) Es ist ein Verhältnis, das Neid und Eifersucht beinhaltet. Sie waren damals Konkurrentinnen um einen Mann.

[…]

Das klang nach angehäuftem Karma. Ich fragte, ob Nadine und ihre Mutter sich in dessen Bearbeitung befanden.

ÜB: Ja, schon seit längerer Zeit. Sie haben es aber noch nicht geschafft. Dabei mögen sie sich eigentlich. Sie sind sich ziemlich ähnlich, stoßen sich jedoch trotzdem gegenseitig ab. Dann klammern sie sich wieder aneinander und das ist dann schwierig. Es ist bis heute noch nicht geklärt. Sie müssen es aber klären. Das wissen beide.

M: *Was muss geschehen, damit dieser Vertrag erfüllt wird?*

ÜB: Sie müssen zu gegenseitiger Einsicht kommen. Sie haben die Gelegenheit, das in diesem Leben zu schaffen. Nadine ist mit ihrer Einsicht schon sehr weit. Und sie weiß nun mehr. Es betrifft also mehr die Mutter. Und die muss Nadine einfach mal in Ruhe lassen. Sie geht immer wieder zu ihr hin und gewährt ihr dadurch einfach zu viel Macht. Sie sollte sich für eine Weile distanzieren und sich erstmal nicht mehr melden. Einfach zeigen, dass sie nicht immer da ist, wenn sie sie braucht. Nadine kommt immer von selber wieder – und das ist das Problem. Ihre Mutter nutzt das aus. Beide müssen Einsicht erlangen.

M: *Was passiert, wenn sie das nicht schaffen?*

ÜB: Dann wird es weitergehen. Sie werden wieder zusammen inkarnieren.

M: *Warum hat Nadine manchmal das Gefühl, dass die heutige Konstellation als Mutter und Tochter irgendwie nicht richtig passt?*

ÜB: Weil sie sich im ersten Leben zusammen nicht als Mutter und Tochter kennengelernt haben, sondern auf »gleicher« Ebene.

M: *Gab es mal ein Leben, in dem Nadine die Mutter war?*

ÜB: Ja. Es war dem heutigen sehr ähnlich, nur andersherum.

[…]

Wir gingen zum zweiten gezeigten Leben über. Ich fragte das Überbewusstsein, warum sie Nadine die Existenz der Frau, die in dem Sanatorium gestorben war, gezeigt hatten.

ÜB: Um zu zeigen, dass sie jetzt weiter ist. Das wird ihr nicht wieder passieren. Nicht in dieser Form.

M: *Hat sie Bedenken, dass es wieder so kommen könnte?* (Ja) *Sie hat auch im jetzigen Leben Erfahrung mit Therapien, nicht wahr?*

ÜB: Ja. Und mit dem Gefühl der Einsamkeit.

M: *Kommt hier das dritte gezeigte Leben ins Spiel?*

ÜB: Das zweite und das dritte Leben. Sie muss dieses Gefühl loslassen. Und sie schafft das auch schon. Sie macht Fortschritte, aber es sitzt sehr tief. Sie muss das loslassen. Sie muss sich lockern und lernen, in dem Moment damit umzugehen, wenn sie es spürt. Sie sollte endlich damit anfangen, zu meditieren, und sich mehr spirituellen Themen widmen. Sie möchte das auch, schafft es aber bisher nicht. Da muss sie sich mehr Zeit nehmen, denn es ist wichtig für sie, sich mehr mit sich selbst zu beschäftigen. Es gilt, sich ihren zu Themen stellen und nicht die ganze Zeit davor wegrennen zu wollen. Wir bringen ihr die Berührungspunkte dafür, aber sie versucht immer wieder, es zu verdrängen, weil sie Angst hat. Sie soll daher lernen, sich meditativ zu entspannen. Mit Yoga. Sie wollte schon lange Yoga machen und hat es nie geschafft.

M: Gab es Personen in dem Leben in der Wüste, die auch in ihrem aktuellen Leben vorhanden sind?

ÜB: Keine konkreten. Nur Leute, die sie heute als Bekannte sieht. Niemand von Relevanz.

[…]

Schließlich fragte ich noch nach der Relevanz des dritten gezeigten Lebens: das der Frau in New York, die sich in die vielen Abenteuer mit Männern gestürzt und am Ende Selbstmord begangen hatte.

ÜB: Es kreuzt ihr heutiges Leben, was Männer betrifft. Sie sollte sehen, was passieren kann, wenn sie nicht aufpasst. Wir wollten auch den Alkoholkonsum in ihrem früheren Leben zeigen, weil sie heute keinen Alkohol mehr trinkt bzw. Angst hat vor Alkoholkonsum und nicht weiß, warum. Sie reagiert über, wenn sie im heutigen Leben Alkohol trinkt. Das ist ein Schutz. Sie hatte eine Zeit lang mehr getrunken und sich verändert. Das liegt aber hinter ihr. Es wird nicht mehr passieren.

M: Was möchtet ihr noch zu dem dritten gezeigten Leben sagen?

ÜB: Sie hatte es damals bereut, dass sie sich von ihrem Mann getrennt hat. Die Gefahr besteht auch im heutigen Leben. Ihr Mann tut ihr aber gut. Deswegen haben wir ihr das gezeigt.

[…]

Im Vorgespräch hatte sich Nadine selbst als sehr »extremen« Menschen beschrieben, der »viel Action« brauche und sich ohne schnell leer fühle – was viele Lebensbereiche betraf. Ich fragte nach dem Hintergrund dieses Musters, dem wir auch im dritten gezeigten Leben begegnet waren.

ÜB: Sie muss gewisse Dinge aus anderen Leben ausgleichen. Sie braucht es jetzt extremer, weil es Zeiten gab, in denen sie keine Aufgabe hatte, nur Leere. Sie muss das jetzt nachholen. Das spürt sie auch intuitiv. Sie macht das richtig. Das ist übrigens auch das, was mit der *Borderline*-Diagnose einhergeht.

M: Das ist kein echtes Problem? (Nein) *Das zu hören, wird wichtig sein!*

ÜB: Ja. Das kann man nicht wirklich einen Krankheitsbegriff nennen. Ein Problem war vielmehr diese nicht vorhandene Aufgabe. Sie braucht eine Aufgabe! Wenn sie eine Aufgabe hat, dann geht es ihr auch besser. Sie darf es nur nicht übertreiben. Nicht so viel arbeiten, sondern mehr für sich selbst da sein. Die Angst verlieren vor den eigenen Fähigkeiten. Sie hat Angst vor ihrer eigenen Kreativität und traut sich nichts zu. Sie hat viel dazugelernt, ist da aber immer noch gehemmt.

[…]

Letzte Worte: »Ihre Hauptaufgabe ist es nun, spirituell und meditativ für sich selbst wirksam zu sein, sich mehr zu trauen und ihre Angst zu verlieren. Sie soll damit aufhören, die ganze Zeit vor sich selbst davonzurennen.«

Übermut und späte Rache

Sandra (42) arbeitete bereits seit einigen Jahren als Ausbilderin auf dem Gebiet der Energieheilung. Am Rande einer von ihr geleiteten Schulung unterhielten wir uns über unsere jeweiligen Modalitäten. Als sie vom Konzept des Überbewusstseins erfuhr, entschied sie, selbst eine Quantenhypnosesitzung erleben zu wollen und mit mir auf Seelenreise zu gehen. Im Fokus der sehr sanft und geerdet wirkenden Frau standen neben einigen körperlichen Themen dabei vor allem ihre Rollen als Ehefrau und Mutter – zwei Bereiche, in denen sie sich seit einiger Zeit blockiert fühlte und vor unbeantworteten Fragen stand.

Die Sitzung fand einige Wochen später in Sandras eigenen Praxisräumlichkeiten statt, die sehr ruhig gelegen und daher für unser Vorhaben bestens geeignet waren. Aufgrund ihrer Erfahrung mit Meditation und der Vertrautheit mit energetischer Arbeit erwies sich Sandra als ein exzellentes Hypnosesubjekt und begab sich zügig in die erforderliche Trance.

Das Überbewusstsein zeigte ihr insgesamt drei ihrer anderen Leben. Sie landete zunächst in einer alpinen Umgebung, in der sie sich selbst als kleinen Jungen wahrnahm: »Ich sehe eine grüne Wiese und das Gras ist ganz schön hoch. Hüfthoch. Der Boden fühlt sich weich an, aber das Gras ist sehr stark. Da muss ich aufpassen, dass ich mich nicht schneide! (Pause.) Ich bin in den Bergen. Oh, und ein Unwetter zieht auf …!« Ich bat sie, an sich hinabzusehen und ihren Körper sowie ihre Kleidung zu beschreiben.

[…]

S: Meine Füße sind nackt. Am Körper trage ich eine kurze Hose – das sieht aus wie so eine Krachlederne. (Grinst.) Und ich bin ziemlich klein. Ich trage ein kariertes Hemd und so einen albernen grünen Hut.

M: Wie fühlt sich der Körper an?

S: Männlich. Klein. Jung. Wie ein Kind. Aber gesund und kräftig.

M: Kennst du den Ort, an dem du dich befindest?

S: Nein. Ich glaube, ich bin von zu Hause weggelaufen. Und jetzt kommt ein Unwetter.

M: Ist dein Zuhause in der Nähe?

S: Ich glaube nicht. Ich bin schon eine Weile gelaufen.

M: Wie fühlst du dich?

S: Wenn das Gewitter nicht käme, eigentlich ganz gut. Sehr mächtig, nach dem Motto: »Euch zeig ich's! Jetzt bin ich weg!«

[...]

An diesem Punkt nahm Sandras Sprache mehr und mehr den Tonfall und die Charakteristik eines kleinen Jungen an. Ihre Wortwahl wurde simpler und der Ton trotziger.

M: Warum bist du weggelaufen?

S: Weil die doof sind!

M: Wen meinst du damit?

S: Meine Mama und meinen Papa. Die wollen, dass ich diese komische Tracht anziehe. Den albernen Hut und diese blöde Hose. So ein Schwachsinn!

M: Warum möchten sie, dass du diese Dinge trägst?

S: Weil sich das so gehört. Die Erwachsenen sind doof! Die wollen immer über mich bestimmen.

M: Hast du noch Geschwister?

S: Einen Haufen! Ich bin der Kleinste von ihnen. Aber jetzt bin ich weggelaufen. So, das haben sie davon!

M: Weiß jemand, dass du weggelaufen bist?

S: Nur mein Hund. Der wollte nicht mit. Aber wenigstens hat er jede Menge Kinder, die ihn streicheln und sich um ihn kümmern.

M: Leben noch andere Menschen dort, wo du zu Hause bist?

S: Mhm. Das ist so ein kleines Dorf. Wir haben ein Bauernhaus. Das ist immer viel Arbeit.

M: Bist du einfach weg oder hast du ein bestimmtes Ziel?

S: Eine Holzhütte. Ganz einfach. Sieht aus wie eine Scheune.

M: Warst du schon einmal hier?

S: Ich hab' die schon einmal von der Ferne gesehen. Deshalb kam mir auch die Idee, als ich weggelaufen bin. Ich sehe sie jetzt und glaub', es wär' gut, da jetzt reinzugehen, bevor das Gewitter kommt.

M: Beschreibe mir die Hütte, wenn du sie betrittst.

S: Ich krieg' sie auf. (Pause.) Es ist niemand da. Gott sei Dank! Da ist Stroh. Da sind ein paar Geräte, eine Art Traktor … Oh, da gehe ich jetzt drauf!

M: Sei vorsichtig! Kannst du hierbleiben, bis das Unwetter vorbei ist?

S: Ja. Und da ist auch ein Fenster. Da kann ich sehen, wenn das Unwetter vorbei ist.

[…]

Da das unter Umständen hätte dauern können, ließ ich Sandra zum Zeitpunkt springen, an dem das Unwetter vorbeigezogen war. Sie wurde plötzlich nervös.

S: Ich sehe eine Heumaschine auf mich zukommen. Ich bin noch in der Scheune, aber dieses Ding rollt los. Und das ist bedrohlich! (Grimasse.)

[…]

In solchen Situationen werden Suggestionen gegeben, die potenziell unangenehme körperliche Empfindungen ausblenden, damit ohne Beeinträchtigung geschildert werden kann, was geschieht. Nachdem die entsprechenden Suggestionen platziert worden waren, fuhr Sandra zwar emotional aber gefasst fort.

S: Die Maschine ergreift mich und verletzt mich. Ich werde zerfetzt. (Tränen fließen.)

M: Bist du noch am Leben?

S: So halb und halb. Ich weiß es nicht.

M: Gibt es jemanden, der helfen kann?

S: Ja. Leute kommen angelaufen und helfen. Da ist Mama …! Aber ich kriege das nicht mit. Ich bin bewusstlos. Sie zerren mich da raus und dann kommt Hilfe. Jemand verbindet mich.

M: Kannst du mir deine Verletzung beschreiben?

S: Da. (Zeigt auf linke Schulter.) Da. (Zeigt auf die Bauchregion.) Und am Knie. Da sind richtige Löcher.

M: Was passiert nun?

S: Ich werde von einem Arzt verbunden. Der nimmt gerade sein Stethoskop aus den Ohren und sagt: »Glück gehabt …!« Er gibt mir Medizin und etwas zum Schlafen. Meine Mama schimpft mit mir. Ich solle nicht auf diese Maschinen klettern. Das wäre sehr ungezogen gewesen.

M: War die Maschine deinetwegen losgegangen?

S: (Bedrückt.) Ja.

[…]

Nach diesem dramatischen Erlebnis sprangen wir vorwärts zu einem wichtigen Tag in dem Leben, das wir betrachteten.

S: Ich sehe den Jungen, aber etwas älter – ein hübscher Kerl! – und auf Wanderschaft. Wieder in Tracht und mit diesem grünen Hut. Aber irgendwie finde ich das inzwischen cool! (Grinst.)

M: Wohin wanderst du?

S: Auf einen Berg rauf. Es sind noch andere Leute dabei und es scheint, als wäre ich der Anführer. Wie so eine Art Fremdenführer für Touristen. (Abfällig.) Ich denke mir: »Ach, diese blöden Touris! Denen werde ich es schon zeigen!« (Pause.) Da ist ein großer Bär, aber in einer Einzäunung. Jetzt mache ich einen auf dicke Hose und klettere über den Zaun.

Ich bilde mir ein, ich kenne den und werde mit dem fertig, aber jetzt stellt er sich auf. Ich denke immer noch: »Ich zeig' den Touris, wie ich mit dem Bären umgehen kann!« Aber jetzt stellt er sich hin und ist größer als ich. Ich denke immer noch, ich hätte die Situation im Griff, aber langsam kriege ich Schiss! Das zeige ich aber nicht. Die ganze Gruppe guckt zu.

M: Haben sie Angst?

S: Sie bewundern mich. Und das gibt mir Auftrieb. Aber der Bär stürzt sich auf mich. Jetzt wird es unangenehm …! Ich tue noch so, als gehöre das zum Spiel dazu, aber der Bär wird richtig sauer und erwischt mich mit seiner Pranke an meiner linken Schulter, am Schulterblatt. Ich kann flüchten, aber ich bin verletzt. Trotzdem tue ich noch so, als wäre das alles gar nicht so schlimm. Ich versuche noch, den Starken zu markieren. Aber das ist hier schon eine Fleischwunde … (Pause.) Ich bin entkommen und liege jetzt wieder auf der anderen Seite vom Zaun auf dem Boden. Und ich habe das Glück, dass einer der Touris Arzt ist. Der kümmert sich da drum. Und ich bin auch noch pampig und tue so, als wäre das gar nicht nötig …!

M: Aus Stolz?

S: Total! So richtig einen auf dicke Hose mache ich und beiße die Zähne zusammen. Der Arzt sagt, ich muss ins Krankenhaus, und ich lege mich noch mit ihm an.

M: Bloß keine Schwäche zeigen?

S: (Bestimmt.) Bloß nicht! Hallo?! Ich bin ein Mann! Er muss mich mit Gewalt den Berg runterzerren.

M: Ins Krankenhaus?

S: Nein, das ist zu weit weg. Wieder runter zu meiner Mama. Sie schimpft. Aber das Schöne ist, ich habe überhaupt keine Angst. Das Geschimpfe prallt alles einfach an mir ab. Ich spüre auch, dass meine Mama das alles sagt, weil sie Angst um mich hat und mich liebt, nicht weil sie mir was verbieten will. Aber ich fühle mich total sicher.

M: Hast du aus der Erfahrung gelernt?

S: (Seufzt.) Ich glaube, nicht. Ich fürchte, nicht.

[…]

Wir sprangen erneut vorwärts zu einem bedeutenden Tag.

S: Ich sehe eine Kirche. Ich glaube, ich heirate. Und jetzt höre ich diesen Hochzeitsmarsch. Da ist eine Frau in Weiß an meiner Seite – sehr hübsch! Ich freue mich sehr und bin auch total stolz, dass ich diese Frau heiraten darf.

M: (Lacht.) Und dass du noch am Leben bist, um das zu tun.

S: Das ist irgendwie selbstverständlich. Da ist etwas ganz Überhebliches in mir. (Pause.) Meine Familie sitzt vorne. Wir gehen jetzt zusammen durch den Mittelgang zum Altar. Ich bin mal nicht in der Krachledernen, sondern trage einen schwarzen Anzug. Da bin ich selber ganz überrascht! Es fühlt sich fremd an. Sie ist ganz in Weiß! Sie hat D_____s Augen (Sandras Ehemann im aktuellen Leben). Es ist alles friedlich, aber irgendwie warte ich darauf, dass etwas passiert …

M: Warum das?

S: (Seufzt.) Weil schon so oft etwas passiert ist.

M: Das war aber immer von dir selbst initiiert, oder?

S: Das stimmt. (Pause.) Der Tag geht zu Ende mit viel Essen und Trinken. Oh, ich bin betrunken! Ich gröle und krakele und meine Frau findet das gar nicht gut … Sie wollte eigentlich eine schöne Hochzeitsnacht mit mir haben. Sie ist sauer. Da bekomme ich erstmal eine mit der Handtasche drauf. Uiuiui!

[…]

Schließlich sprangen wir zum letzten Tag des Lebens. Das Todeserlebnis ist ein essenzieller Teil der Rückführung, da ein traumatischer Austritt aus einer Inkarnation unter Umständen Einfluss auf das aktuelle Leben haben kann. Beispielsweise können irrationale Phobien und Antipathien auf prägende Todeserlebnisse zurückzuführen sein. Das Trauma kann dann integriert werden.

S: Ich bin alleine. Und ziemlich alt. Ich rauche so eine Pfeife und schnitze etwas aus Holz. Ah, da ist meine Frau! Sie ist auch älter. Es gibt auch irgendwo Kinder und Enkel. Die wohnen aber unten im Tal. Wir zwei leben auf einer Hütte oben auf der Alm. (Lächelt.) Ich sehe ganz zufrieden aus mit meiner Pfeife.

M: (Lacht.) Du hast es tatsächlich geschafft, alt zu werden.

S: (Kichert.) Ja, aber auch ein Stück weit dank meiner Frau. Die war mein größter Lehrmeister. Sie musste auch schon mal sehr energisch und sehr bestimmt werden, wenn ich irgendeinen Unsinn treiben wollte. (Kichert.) Da ist auch jetzt noch so ein Schalk. (Pause.) Ich fühle mich noch gar nicht, als ob ich gehen will. Ich glaube, das kommt überraschend …

M: Fühlst du dich gesund?

S: Ja, wie es einem alten Mann halt geht. Ich würde jetzt nicht mehr den Berg runterlaufen, aber ich habe einen Garten und sehe ein paar Schafe. Das ist ein angenehmer Moment. (Erstaunt.) Aber plötzlich kommt ein Panzer meine Obstwiese hoch! Hallo?! Und er eröffnet das Feuer! Auf mich! Ich stehe auf und mir fällt vor Schreck die Pfeife aus dem Mund. Vom Panzer geht der Deckel auf und da kommt einer raus und spricht in einer fremden Sprache mit mir. Dann macht es zweimal »Peng!« und ich liege am Boden. Meine Frau …

M: Ist sie auch getroffen worden?

S: Ja. Ich habe noch die Hände gehoben, aber … (Perplex.) Das ist ja ein Ding! Und ich spüre noch, wie mein Blut in die Erde sickert und meine Hand versucht, nach meiner Frau zu greifen. Ich kann sie nicht sehen, denn ich kann mich nicht mehr umdrehen. (Traurig.) Ich erreiche sie nicht. (Pause.) Ich bin vollkommen überrascht. Es war doch grad so schön …!

M: Weißt du, wer diese Soldaten sind?

S: Nein. Ich habe aber auch nichts mitbekommen auf meiner Alm da oben. Politik und so hat mich nie interessiert. Da war vielleicht irgendetwas los, aber ich habe keine Ahnung. Soll sich doch jeder um seinen Dreck kümmern! […] Das Blut ist in den Boden gesickert. Dann bin ich gestorben. […] Und jetzt sehe ich, wie sie den Körper im Sarg in die Erde hineinlassen und viele Leute drumherum stehen und trauern. Da sind meine Kinder und meine Enkel und noch andere Dorfbewohner.

M: Ihnen ist nichts geschehen?

S: Nein. Aber sie sind alle blass und dünn und haben Angst.

M: Sind die Soldaten mit den Panzern noch da?

S: Ja, sie sind noch im Dorf. Und alle haben Angst vor ihnen. Sie sind sehr aggressiv und haben einen harten Befehlston. Und sie wollen etwas von den Frauen …

[…]

Sandra hatte den Körper des alten Mannes verlassen und nun die Gelegenheit, von dieser Position aus auf das Leben zurückzublicken und dessen Lektionen zu erkennen. Ich fragte sie, was sie in der Inkarnation hatte lernen können.

S: Dass Übermut und Arroganz zu Schmerz führen. Und, dass die Liebe einen anderen Menschen aus mir gemacht hat. Meine Frau hatte es irgendwie geschafft, dass sich dieses Übermütige und Arrogante verwandelt hat – oder dass es zumindest nicht mehr so dominant war. Ich war immer noch ein übermütiger Vogel, aber gemäßigter. (Grinst.) Ich war immer so einer, mit dem die Kinder gerne gespielt haben und der den Kindern Geschichten erzählt und mit ihnen Abenteuer erlebt hat, die immer scharf an der Grenze zum Gefährlich-Sein waren. Meine Frau hat mich dann immer zurückgepfiffen. (Kichert.) Aber ich konnte es nicht ganz lassen. Dieses Kind in mir war immer da, aber das war nachher positiv. Das war dann wirklich ein Geschenk für die anderen. Positiv aufregend, sozusagen.

M: Deine Frau war also ein positiver Einfluss?

S: Ja! Vor allem, weil ich so geliebt habe. Auf sie habe ich gehört. Bei meiner Mutter hatte ich letztlich verstanden, dass sie nur geschimpft hat, weil sie mich liebte und Angst um mich hatte. Bei meiner Frau war das eher wechselseitig, weil ich sie auch so geliebt habe. Deshalb habe ich mich dann manchmal zurückgenommen und nicht so viel »Scheiße« gebaut.

M: Gibt es noch andere wichtige Aspekte in diesem Leben?

S: Ja. Die Weltpolitik war mir damals völlig egal. Das war auch irgendwie ein Statement; ein völlig bewusstes. Jetzt nicht, weil ich es nicht verstanden hätte, sondern weil ich einfach nichts damit zu tun haben wollte. Ich habe immer nach meiner Familie geschaut und danach, dass es uns gutging. Dass da Harmonie und Liebe waren; im Dorf vielleicht auch noch. Da haben wir uns gut verstanden mit den Leuten. Aber alles andere: nein. Alle Probleme, die nicht mein direktes Umfeld betrafen, habe ich einfach ausgeblendet. Das hat mir gedient. (Seufzt.) Allerdings hat es auch dazu geführt, dass ich keine Ahnung hatte, wer da in einem Panzer vorbeikommen könnte …

[…]

Im Anschluss an diese Erkenntnisse begaben wir uns direkt in das nächste Leben, welches das Überbewusstsein für Sandra ausgesucht hatte. Der Wechsel der Szenerie war dramatisch, denn Sandra landete dieses Mal in einer flachen, trockenen, eintönigen Umgebung. »Ich bin in einer Wüste.« Ich bat sie zunächst, an sich herabzublicken und sich selbst zu beschreiben.

S: Ich bin eine Frau. Oder eher ein Mädchen? Nein, eine junge Frau. Groß, mit blauen Augen und schwarzem Haar. Ich sehe Sandalen und Fellbekleidung. (Erstaunt.) Meine Kleidung ist aus Tierhaut. Ein Gürtel aus Seil. (Pause.) Da sind … Kameltreiber? Männer mit Turban und Stöcken in der Hand. Und ich schaue mit großen Augen auf sie. Ich glaube, ich sehe so etwas zum ersten Mal.

M: Lebst du in dieser Wüste?

S: Ja, mit meinem Stamm. Puh, es ist sehr heiß. Aber ich kenne nichts anderes. Meine Familie ist ein bisschen weiter hinten, im Tipi. Das ist so eine Art Zelt. Da ist meine Mama. Die ist total hübsch. Schlank und hübsch. Sie hat dunkle Haare und braune Augen. Mein Papa ist der Häuptling. Und ich habe einen kleinen Bruder. Den muss ich beschützen! Ich bin gerade auf der Schwelle zur Frau.

M: Du sagtest, du siehst gerade das erste Mal diese anderen Menschen?

S: Genau. Die ziehen einfach vorbei. Sie sehen mich, aber das interessiert sie nicht weiter. Ich bin am meisten überrascht von diesen Tieren ... Ich kenne nur Pferde, Ponys, Hunde und Büffel. Diese Tiere mit zwei Höckern kenne ich nicht!

M: Wirst du jemandem davon erzählen?

S: Nein, weil es so unglaublich ist. Ich denke, die anderen werden mir nicht glauben.

[...]

Die Kombination aus Indianern und Kamelen in einer Szene erschien zunächst absurd. Nachforschungen ergeben jedoch, dass im Jahre 1856 tatsächlich der türkische Kameltreiber Hadschi Ali (später auch *Hi Jolly* genannt) von der US-Kavallerie als Kameltreiber angestellt wurde. Er war in den Wüsten von Arizona und Kalifornien tätig gewesen, wo zu der Zeit noch viele Indianerstämme existiert hatten. Dies geschah im Rahmen eines experimentellen Kamelzuchtprojektes der damaligen Regierung, aus dem die sogenannten *Camel Corps* (Kameltruppen) hervorgingen. Eine derartige Sichtung war für eine junge Indianerin also tatsächlich möglich gewesen.

Sandras Fokus fiel nach diesem kuriosen Einstieg jedoch auf ein Tier, das ihr wesentlich vertrauter war als die Kamele.

S: Ich sehe einen Adler auf einem Felsvorsprung sitzen. Er beobachtet mich, aber auch den gesamten Stamm. Alle sind sehr beschäftigt. Ich schaue auf den Adler. Das ist unser Wächter. Und ich habe den Eindruck, er hat etwas gesehen und will uns warnen.

M: Woran merkst du das?

S: Er guckt nach rechts und links. Gleich wird er in die Luft gehen und Geräusche von sich geben. Dann wissen wir alle, dass wir uns verstecken müssen. Und das passiert auch. Alle laufen nun in ihre Zelte. (Beunruhigt.) Aber sie sollten nicht in die Zelte laufen! Sie sollten in den Wald laufen und sich verstecken, weil gleich weiße Männer kommen werden und alles niederbrennen. Es ist gefährlich in den Zelten! Ich spüre und weiß einfach, dass sie nicht in die Zelte rennen sollen. Ich renne und rufe: »Lauft in den Wald! Lauft in den Wald!«, aber es hören nicht alle auf mich. Meine Familie hört auf mich. Mein Vater – der Häuptling – ruft es auch seinen Leuten zu, weil er weiß, dass ich eine gute Intuition habe. Er weiß, dass der Adler mein Tier ist. Aber es hören ihn nicht alle … (Tränen fließen.) Jetzt sehen wir mit an, wie die weißen Männer kommen und die Zelte anzünden … Unsere Freunde sind da drin!

M: Gibt es etwas, das ihr tun könnt?

S: (Weinend.) Nein. Wenn wir schreien, dann finden sie uns auch. Das ist so schlimm!

M: Warum machen die weißen Männer das?

S: (Traurig.) Das weiß ich nicht.

M: Habt ihr zuvor schon andere wie sie gesehen? (Ja) *Seid ihr schon mal so überfallen worden?*

S: So noch nicht. Bisher war es immer so, dass, wenn wir uns in den Zelten versteckt haben, nichts passiert ist. Aber diesmal ist es anders. Die sind aggressiver als die anderen.

M: Was passiert nun?

S: Der Adler kommt zu mir. Wir sind Freunde. Ich sage ihm, dass es mir leidtut und dass ich es probiert habe. Der Adler gibt mir zu verstehen, dass es nicht mein Fehler ist. Und mein Vater sagt das auch. Aber so ein Stück weit fühle ich mich schuldig, obwohl ich nichts hätte tun können. Ich hätte aber so gerne mehr gerettet! Viele von unseren Freunden sind gestorben.

M: Wie geht es weiter?

M: Wenn die weißen Männer weg sind, beginnt das Trauerritual unseres Stammes und das dauert einige Tage. Die Toten werden betrauert, die Reste werden vernichtet und unser Stamm zieht weiter. Es ist zu schmerzhaft, dort zu bleiben. Wir halten also unser Trauerritual ab. Und wir haben die besondere Gabe, den Platz so zu verlassen, dass niemand sieht, dass wir jemals dagewesen sind.

M: Wie funktioniert das?

S: Mit bestimmten Federn und Büscheln, mit denen man auf eine bestimme Art und Weise über die Erde streicht. Nachdem alle Zelte abgebaut und alle Feuerstellen gelöscht worden sind, geht man in einer bestimmten Reihenfolge darüber. Das ist auch ein Ritual. Selbst Hunde können uns dann nicht mehr aufspüren. Das ist auch ein Stück weit meine Aufgabe. Ich bin die, die mit dem Adler spricht und die Spuren verwischt. Das sind meine Gaben. Und dafür werde ich respektiert, obwohl ich noch so jung bin.

M: Ist es das, was du für den Stamm machst?

S: Ich würde gerne Häuptling werden! Aber als Mädchen geht das nicht.

M: Lebt dein kleiner Bruder noch?

S: Ja. Meine Eltern und meine Nächsten haben alle überlebt.

[…]

Wir sprangen vorwärts zu einem weiteren bedeutenden Tag.

S: Mein Bruder wird zum Häuptling gekürt. Das gibt mir ganz viele Gefühle, denn ich liebe meinen Bruder und gönne es ihm. Es ist nun mal einfach so. Aber gleichzeitig weiß ich, dass ich hätte Häuptling werden sollen.

M: Warum?

S: Weil ich die Fähigkeit habe, die Menschen zu führen. Weil ich den Überblick darüber habe, was zu tun ist. Weil mein Tier der Adler ist. Mein Bruder ist ein Weichei. Nein, das ist zu hart. Er ist ein guter Krieger, aber zu emotional. Wenn ihn einer pikst, dreht er gleich durch und haut drauf. Er ist nicht besonnen.

Und er kann Menschen nicht gut führen. Er schaut zu mir auf und möchte, dass ich ihm dabei helfe, Häuptling zu sein.

M: Möchtest du das tun?

S: Ich werde es für ihn und für den Stamm tun. Und weil ich intuitiv weiß, dass das sonst in die Hose geht …

M: Hätte dein Vater gerne dich zum Häuptling gemacht?

S: Mein Vater ist tot. Sonst würde mein Bruder nicht Häuptling werden. Mein Vater hat das total geblickt. Er hat auf seinem Totenbett gesagt: »Ich wünschte, die Gesetze wären anders und du könntest Häuptling sein.« Und ich habe ihn angeschrien: »Du bist Häuptling! Du kannst die Gesetze ändern!« Aber er sagte, das geht nicht, und hat mich darum gebeten, meinem Bruder zu helfen. Das werde ich tun. Weil ich es meinem Vater versprochen habe und weil ich sehe, dass mein Stamm sonst nicht überlebt.

M: Und der Stamm vertraut deinem Bruder? Oder würden sie dich bevorzugen?

S: Die meisten im Stamm machen sich darüber keine Gedanken. Sie sagen: »So ist die Erbfolge. Er ist der Häuptling. Ihm nach!« Die sind sehr einfach.

M: Wie ist dein Vater gestorben?

S: Er ist sehr alt geworden. Er ist nicht im Krieg gefallen, sondern hat sich hingelegt und gewusst, es ist so weit. Einfach durch körperliche Schwäche.

M: Wirst du nun eine neue Position im Stamm haben?

S: Ich bin eine Kämpferin. Am liebsten würde ich mit in den Krieg ziehen! Aber das ist Frauen nicht gestattet. Ich ziehe die Fäden also im Hintergrund. Ich führe diesen Stamm quasi inoffiziell. (Pause.) Nun bitte ich meinen Bruder, dass ich bei den Versammlungen dabei sein darf, wo sich die Männer beratschlagen, was zu tun ist und wie es weitergeht. Mein Bruder hat Angst, dass die anderen Männer dagegen sind. Aber ich rede so lange auf ihn ein, bis er zustimmt. Jetzt sitze ich mit dabei. (Kichert.) Und ich habe eine ziemlich große Klappe. Ich weiß, was ich sage, und bin stark. Die haben Angst vor mir. Sie wissen im Grunde ihres Herzens, dass ich recht habe, aber sie wollen es nicht zugeben. Ihr männlicher Stolz ist zu groß. Und es ist völlig neu für sie, dass eine Frau in dieser Versammlung spricht. Und dann noch, dass sie so klar spricht und weiß, was sie denkt. (Pause.) Da gibt es eine Clique, die versucht, meinen Bruder auszubooten und an die Macht zu kommen. Und die wissen genau, dass sie da erst mich kleinkriegen müssen. Sie versuchen, mich zu vergewaltigen. Da haben sie aber nicht mit mir gerechnet!

M: Kannst du dich retten?

S: Ja. Ich kämpfe und rette mich, und dabei verletze ich einen. Der ist so wütend und hasserfüllt. Das ist mein Feind. Da wird irgendwann etwas kommen … Der wird keine Ruhe geben. (Pause.) Ich sehe nun einen Kampf. Der ist offiziell. Vor dem ganzen Dorf. Keine Waffen. Nur Ringen.

M: Und wer kämpft?

S: Ich gegen diesen Mann! Wenn ich gewinne, werde ich Häuptling. Wenn ich verliere, wird dieser Mann mich … (Erstaunt.) Oh, ich gewinne! Ich gewinne und werde der erste weibliche Häuptling! Aber ich töte ihn nicht.

M: Warum nicht?

S: Weil ich ein gutes Herz habe. Und, weil ich es anders machen will. Weil ich etwas Neues in die Welt bringen will. Nicht mehr Auge um Auge. Der Mann wird verbannt und meinem Stamm geht es gut. Der blüht auf und allen geht es richtig gut.

M: Wie wirst du von deinem Stamm genannt?

S: Häuptling »Weißer Adler«. (Pause.) Der Preis, den ich für die Häuptlingsposition zahle, ist, dass ich keinen Mann habe, weil es niemanden gibt, der sich traut. Und weil ich auch so in dieser Rolle als Häuptling bin, dass dafür kein Platz ist. Ich gehe ganz auf in meiner Aufgabe und kümmere mich um jeden. Alle respektieren mich.

M: Und dein Bruder?

S: Der respektiert mich auch. Ich habe ihm einmal das Leben gerettet. Seither ist es okay für ihn, dass ich Häuptling bin. Ich opfere ein Stück meiner Weiblichkeit, um das Amt zu tragen. Einerseits bin ich schon Frau und mache vieles anders als männliche Häuptlinge, aber ein Stück dieser Weiblichkeit kann ich in dieser Rolle nicht leben. Wenn ich mich weich und verletzlich zeige, wird es gefährlich. Ich weiß genau, was ich tue.

[…]

Wir sprangen vorwärts zum letzten Tag des Lebens.

S: Ich habe niemanden, dem ich mein Amt weitergeben kann. Ich habe keine Kinder gehabt. Mein Bruder hat zwar Kinder, aber das sind alles Weicheier. (Pause.) Es ist Nacht. Mein Stamm schläft. Es ist dunkel und der Mond ist eine Sichel. Ich bin eine alte Squaw und grüble darüber nach, wer mein Amt übernehmen soll. Der Adler ist bei mir. Er ist auch schon alt.

M: Was ist die beste Option?

S: (Seufzt.) Nicht zu sterben, denn es gibt nicht wirklich jemanden. Ich sitze da und grüble … und mein alter Adler warnt mich zu spät: Aus dem Hinterhalt kommt der Mann, den ich damals nicht getötet habe, den ich verschont habe, und er sticht mir mit einer Klinge von hinten in den Rücken. In die linke Seite. So von hinten oben. Und er trifft mein Herz. Ich denke noch: »Was wird mit meinem Stamm?« Aber dann ist es vorbei. (Pause.) Und die machen eine riesige Zeremonie mit einem riesigen Feuer mir zu Ehren. Die haben mich wirklich geliebt. (Lächelt.) Schön. Aber sie wissen nicht, wie es weitergehen soll. Sie zerstreuen sich. Es war ein ziemlich großer Stamm, aber nun teilen sie sich auf in kleine Gruppen, wie Familien.

M: Du warst also der letzte Häuptling dieses Stamms? (Ja)

[…]

Nachdem sie den Körper der alten Indianerin verlassen hatte, konnte Sandra nun auch dieses Leben von einer höheren Perspektive aus betrachten. Ich fragte sie, was sie gelernt hatte.

S: Wenn du etwas für wahr hältst, dann tu es – auch, wenn es in den Augen der anderen absurd ist! Beispielsweise, sich vor Gefahr im Wald zu verstecken statt in den Tipis. Vertraue deiner Intuition und lebe deine Bestimmung. Das hat mich dahin gebracht, dass ich meinem Bruder das Leben retten und dadurch Häuptling werden konnte. Und ich habe gelernt, dass es erfüllend ist, für den eigenen Stamm zu sorgen und die Verantwortung zu haben. Das war total mein Ding und für mich nicht mit Anstrengung verbunden. Es war nur schade, dass ich dafür einen Teil meiner Weiblichkeit opfern musste. Das war zwar freiwillig, aber es war auch schmerzhaft. Und: Ich habe diese Nachsichtigkeit gegenüber dem Mann nicht bereut. Nur für den Stamm, aber nicht persönlich. Es war für mich die richtige Entscheidung. Ich konnte ihn nicht töten, als ich ihm in die Augen geschaut habe.

[…]

Es war an der Zeit, das Überbewusstsein einzurufen, um mehr über die Zusammenhänge mit Sandras aktuellem Leben zu erfahren. Ich fragte zunächst, warum sie ihr das Leben als der Junge in den Bergen gezeigt hatten.

ÜB: Weil wir möchten, dass sie sieht, dass man sich verändern kann. Dass Liebe einen verändern kann. Dass dieses Übermütige, das immer noch in ihr ist, seinen Platz finden kann und nicht nur Schaden anrichtet.

M: So, wie es bei dem Jungen später der Fall war?

ÜB: Ja, aber sie hat manchmal noch Angst davor. Dieser Übermut ist eine große Kraft! Er hat auch in Sandras Leben im Hier und Jetzt manchmal Schaden angerichtet, allerdings nicht so stark wie in dem Leben des Jungen. Damals hat sie Angst vor diesem Übermut bekommen. Der Übermut als solcher ist nicht schlimm. (Zu Sandra.) Der darf da sein. Lass ihn sich nur kanalisieren und dir von deinem Ehemann helfen. (Wieder zu mir.) Er war damals die Ehefrau und das hat gut funktioniert. (Seufzt.) Das war eigentlich auch der Plan für dieses Leben … Diese zwei!

M: (Lacht.) Sie erwähnte im Vorgespräch, das Gefühl zu haben, dass ihr Mann anders als sie an Dinge rangeht, sie aber gleichzeitig auch spürt, dass das gut für sie ist.

ÜB: Das ist genau das. Er ist als ihre *river bank* (Böschung) gedacht, weil sie sonst zu sehr »über die Ufer« geht und so nicht das erreicht, was sie erreichen wollte.

[…]

Ich fragte, ob das erste gezeigte Leben noch einen weiteren Bezug zu Sandras aktueller Inkarnation aufwies.

ÜB: Wir hatten gehofft, dass sie erkennen würde, dass es manchmal doch gut ist, sich um Politik und das, was draußen so los ist, zu kümmern. Sie muss da nicht total informiert sein und alles wissen, sollte aber schon ein bisschen vom Weltgeschehen mitkriegen. Im Augenblick macht das alles ihr Mann, was ihn jedoch überlastet. Wir schicken ihr daher immer die wichtigsten Informationen. Wir geben beispielsweise ab und zu den Impuls, bei der Hausarbeit doch mal das Radio anzumachen – just bevor die Nachrichten kommen. (Schmunzelt.) Das erdet einen. Es ist einfach wichtig – für sie persönlich und auch um einzuschätzen, wo die Klienten stehen, die sie betreut.

[…]

Wir gingen zum zweiten gezeigten Leben über. Ich fragte das Überbewusstsein, warum sie Sandra die Existenz als Häuptlingstochter gezeigt hatten.

ÜB: Um zu zeigen, dass alles möglich ist. Dass sie das schon gelebt hat. Und damit sie aufhört, sich so anzustellen, als wäre sie ein kleines Mädchen. Das ist sie nicht. Wenn sie in ihrer Präsenz ist, dann kann sie alles. Sie lebt jetzt in einer Zeit, in der sie diese Weiblichkeit mitnehmen und integrieren kann und nicht mehr darauf verzichten muss. (Zu Sandra.) Also hör auf, dich kleinzumachen! Geh in deine Präsenz und mach das, was du für richtig hältst.

M: In dem Leben als Indianerin hat sie Enormes geleistet.

ÜB: Ja, sie kann das! Sie kann eine Familie, eine Gruppe, führen. Heute muss sie auf nichts mehr verzichten. Die Lösung liegt in ihrer Präsenz.

M: Weiß sie, was mit Präsenz gemeint ist?

ÜB: Sie benutzt dieses Wort jedenfalls ständig mit ihren Klienten. Also gehen wir davon aus, dass sie es weiß ... Es bedeutet, in der eigenen Kraft und dem vollen Bewusstsein dafür zu sein, was gerade abgeht. Präsent sein heißt nicht, dass man immer wissen muss, was man will, oder sich immer nur toll fühlt. Man kann sich auch mies fühlen und trotzdem präsent und bewusst darin sein.

M: Warum taucht dieses Thema im aktuellen Leben wieder auf?

ÜB: Weil da im Leben der Indianerin noch ein Gegensatz war. Sie konnte nun sehen, dass sie dort schon ihr Bestes gegeben hat – so, wie es für das Leben angemessen war.

M: Das Schwierigste hat sie also schon hinter sich?

ÜB: Ja. Sie weiß das nun und kann darauf zurückgreifen.

[...]

Sandra hatte im Vorgespräch von der emotionalen Verbindung zwischen ihr und ihrem Mann (D_____) berichtet, die am Anfang der Ehe enger gewesen sei, jedoch schon seit jeher von irgendetwas beeinträchtigt zu sein schien. Das Überbewusstsein erklärte den Hintergrund.

ÜB: D_____ war nicht nur die Ehefrau im Leben des Mannes in den Bergen gewesen, sondern auch derjenige, der sie als Häuptlingsfrau umgebracht hat. Das steht noch zwischen den beiden. Daher kommt das Misstrauen und dass sie sich nicht ganz einander hingeben können. Da kommt sie dann wieder hoch, die Feindseligkeit. Den Einfluss, den dieses Ereignis hatte, können wir wegnehmen, damit sich im jetzigen Leben das Vertrauen vertiefen kann.

M: Bitte tut das. Sollte sie ihrem Mann von dem anderen Leben und seiner Rolle darin berichten?

ÜB: Das ist nicht relevant. Wir haben diesen Einfluss nun weggenommen. Es spielt also keine Rolle mehr – für beide. Das ist so lange her, das können wir wirklich einfach löschen, denn wir sehen den starken Willen auf beiden Seiten, dass diese Feindseligkeit in diesem Leben beendet wird. Und, dass beide nun lange genug darunter gelitten haben. Wir sehen: Die wollen das. Sie sind bereit. Sie lieben sich. Dann ist das wie ein Akt der Gnade. Der gesamte Einfluss, der durch dieses Töten entstanden ist, ist nun weg.

M: Wunderbar! Ein sehr gutes Beispiel dafür, wie sich die eigenen Leben gegenseitig beeinflussen.

ÜB: Definitiv. Das ist wie das, was ihr Schwerkraft nennt: ein Naturgesetz. Etwas bleibt.

M: Muss immer etwas bleiben?

ÜB: Es muss nicht. Aber wenn es etwas Schwerwiegendes ist, dann bleibt etwas davon. Das ist das, was ihr als Karma bezeichnet. Das ist das, was bleibt, was anhaftet, was ein anderes Leben dann beeinflusst.

M: Hat das Leben in den Bergen bereits zur Bearbeitung dieses Karmas beigetragen?

ÜB: Ja, absolut. Ein gutes Stück sogar. Da hat es schon nicht mehr so eine Rolle gespielt.

M: Könnt ihr sagen, welche Armee damals eingefallen war?

ÜB: Das waren die Russen am Ende des Zweiten Weltkriegs.

M: Hat Sandra seitdem ein anderes Leben gehabt?

ÜB: Nein, das aktuelle Leben ist das »nächste« gewesen.
[…]

Im Frühjahr 1945 eroberten sowjetische Streitkräfte als erste der vier alliierten Siegermächte Österreich und besetzten den Nordosten des Landes bis 1955. Die russischen Soldaten waren für ihr aggressives Verhalten berüchtigt und verängstigten damals mit Plünderungen, Vergewaltigungen und Verschleppungen die Zivilbevölkerung. Aufgrund Sandras Schilderungen der Begebenheiten könnte das erste gezeigte Leben in dieser Region stattgefunden haben.

Im Laufe des Dialogs mit dem Überbewusstsein wurde klar, dass auch einige körperliche Leiden auf Sandras Liste mit den Erfahrungen in den gezeigten Leben verbunden waren. Zunächst fragte ich nach dem Hintergrund ihrer Darmprobleme und den damit einhergehenden chronischen Blähungen.

ÜB: Das ist etwas Karmisches und betrifft Großmutter, Vater, sie und ihre Tochter. Es ist der Ausdruck dessen, dass sie manchmal etwas zu lange bei sich behält und versucht, das mit sich selbst auszumachen. Das fängt zu stinken an und die Umgebung weiß: »Okay, da ist etwas unverdaut. Da arbeitet etwas in ihr, aber sie sagt nicht klar und deutlich, was.« Es ist also die körperliche Entsprechung davon, nicht den Mund aufzumachen und einfach mal zu sagen: »Das stört mich« oder »Das beschäftigt mich« oder »Da kaue ich noch drauf rum« oder »Da ist noch etwas unverdaut in mir«.

M: Warum betrifft das mehrere Familienmitglieder?

ÜB: Weil die das alle so machen. Sie alle gehörten damals zu dem Indianerstamm. Sie standen alle hilflos im Wald und sahen zu, wie ihre Freunde und Verwandten in den Tipis verbrannt sind. Sie konnten ihren Gefühlen in dem Moment keinen Ausdruck geben. Und auch später nicht. Das haben sie dann mit sich rumgetragen. Sie haben zwar damals ein Ritual durchgeführt, aber die Personen, die es betrifft, haben nicht ganz loslassen können. Sie hätten dafür noch ein bisschen mehr gebraucht als das Ritual. Sie hatten wirklich sehr nahestehende Personen verloren. Das saß zu tief. Sie hätten mehr gebraucht.

M: Damit das Symptom im jetzigen Leben verschwindet, müssten also alle Betroffenen ihren Gefühlen direkter Ausdruck verleihen?

ÜB: Ja. Alle miteinander, aber vor allem jeder Einzelne für sich. Und wenn jeder das für sich tut, dann kann er oder sie das Symptom loswerden. Aber jeder muss es tun.

M: Würde es den anderen helfen, wenn Sandra mit ihnen darüber spricht?

ÜB: Sie kann darüber sprechen, ohne zu erwähnen, wo sie die Informationen herhat. Sie kann den Vater und die Tochter einfach dazu ermutigen, öfter mal zu sagen, was los ist.

[…]

Weitere körperliche Themen von Sandra waren häufig auftretende Kopf-, Nacken und Kieferschmerzen. Kaum hatte ich die Frage nach den Kopfschmerzen gestellt, begann das Überbewusstsein, zu seufzen.

ÜB: Wir versuchen, ihre Verbindung zu uns zu halten und sie zu lenken und zu leiten, aber wenn sie ständig versucht, alles zu kontrollieren, dann ist das eben das Resultat …

M: Was hat ihr steifer Nacken damit zu tun?

ÜB: Nun ja, sie ist sehr »halsstarrig« und will mit dem Kopf durch die Wand.

M: Und die Kieferschmerzen?

ÜB: Sie beißt quasi die Zähne zusammen, um noch effektiver durch die Wand zu kommen! Aufgrund des Unfalls in dem ersten gezeigten Leben ist dieser gesamte Körperbereich eine Schwachstelle. Sämtliche Spannungen manifestieren sich dort. (Pause.) Da ist auch noch etwas hier im Sonnengeflecht. (Zeigt auf den Solarplexus.) Da ist eine Art Übelkeit, weil sie sich dem Leben »übergeben« soll. Nicht so, wie ihr den Ausdruck »sich übergeben« kennt, sondern im Sinne von »sich hingeben«. (Pause.) Und hier ist auch noch Kälte. (Zeigt auf den Unterbauch.) Da manifestiert sich auch gerne Spannung. Das ist eine Stelle, die sehr wichtig ist und die sie warmhalten sollte.

M: Sie hat vorhin dort hingefasst, als der kleine Junge seine Verletzungen beschrieben hat.

ÜB: Genau.

[...]

Letzte Worte: »Sie ist auf dem richtigen Weg. Sie soll aber mehr auf uns hören, denn wir sprechen ziemlich deutlich mit ihr. Ansonsten ist alles gesagt.«

Lebensfreude

Walther (54) war ein sehr schlanker, hochgewachsener Mann mit langen Armen und Beinen sowie einem schmalen Gesicht, das viel Güte, jedoch auch Traurigkeit ausstrahlte. Er bewegte sich mit Eleganz und Leichtigkeit durch den Raum, was in einem Kontrast zu der emotionalen Schwere stand, die seine Augen trugen. Obwohl er generell bereits eine eher ruhige Persönlichkeit besaß, schien seine emotionale Energie sehr reduziert zu sein, was sich auch als Thema auf seiner Liste befand. Während die Sommersonne das Sitzungsstudio großzügig in warmes Licht tauchte, gestand Walther im Vorgespräch, dass er sich selbst oft als gefühllos und gleichgültig gegenüber seiner Umwelt wahrnahm; wie ein Außenstehender, der nicht wirklich Teil des Geschehens war, an dem sich alle um ihn herum zu beteiligen schienen. Zudem hatte er einige körperliche Leiden, die ihm zu schaffen machten. Wie sich herausstellen sollte, war ein Großteil der Symptome mit eben diesem Emotionsthema verbunden und erforderte eine Integration von Erfahrungen, die von ihm in drei anderen Leben gemacht worden waren.

Er landete in seiner ersten Inkarnation und fand sich in einem Urwald wieder, der ihn an die Zeit der Dinosaurier erinnerte. Er sah «riesige Farne mit braunen Stämmen und grünen Blattwedeln« um sich herum. Am Boden des Waldes war es dunkel, da nur wenig Sonnenlicht bis nach unten durchdrang. Es war zudem sehr warm und feucht und ein modriger Geruch lag in der Luft. Während er über verfaulte Pflanzenteile und umgestürzte Baumstämme kletterte, bat ich ihn, sich zu beschreiben. Zu seiner Überraschung stellte er fest, dass er fast komplett mit Fell bedeckt war.

[…]

W: Ich bin bepelzt. (Kichert.) Ich habe große Füße. (Lacht.) Das sind Riesenfüße! Sie haben eine Fußform, sind aber sehr groß und bepelzt. Braun. Ein ganz großer Zeh und fünf kleinere. Also sechs Zehen! (Pause.) Ich habe einen dicken Bauch und ein an sich menschliches Gesicht, allerdings mit ganz zotteligen Haaren und Bart. (Pause.) An meinen Armen ist auch Pelz.

M: Gibt es Stellen an deinem Körper, die nicht mit Pelz bedeckt sind?

W: (Lacht.) Mein Po.

M: (Lacht.) Würdest du deine Größe beschreiben?

W: Ich bin groß. Zwei Meter fünfzig bestimmt. Der Körper fühlt sich männlich an und älter. Etwas behäbig. Ein wenig steif. Ich trage einen Stock bei mir. An dem Stock ist eine Art Tuch und da ist irgendetwas drin … ein Brot und eine Zwiebel. Das ist Proviant.

M: Befindest du dich auf einer Reise?

W: Ja, aber ich habe mich verlaufen. Ich kam von einem Dorf außerhalb des Waldes. Es war auf einer Lichtung.

M: Gibt es dort andere wie dich?

W: Die sind da nicht mehr. Sie sind gestorben. Deshalb bin ich auch dort weggegangen.

M: Was ist mit ihnen passiert?

W: Ich sehe nur, wie sie da tot liegen. Ich war weg, und als ich zurückgekommen bin, waren sie alle tot. Ich glaube, sie wurden von anderen getötet.

M: Gibt es noch andere Gemeinschaften?

W: Die gibt es. Sie leben aber weit weg. Da ist eine am Meer. Mein Dorf liegt auf einem Hügel, und ich muss durch diesen Wald talwärts in Richtung Meer. Aber ich habe mich irgendwie verlaufen …

M: Hattest du Familie in dem Dorf, aus dem du kommst?

W: Ja. Eine Frau und ein Kind. Einen Sohn. Sie sind nun tot.

[…]

Wir sprangen vorwärts zu einem wichtigen Tag des Lebens.

W: Ich bin jetzt am Strand und finde das Dorf. Ich freue mich! (Pause.) Ich nähere mich dem Dorf. Es liegt nicht direkt am Wasser, denn es ist ein großer, weiter Strand. Da stehen Hütten und … da kommen Leute raus. Es sind nicht so viele. (Pause.) Sie kennen mich. Wir laufen aufeinander zu und begrüßen uns.

M: Woher kennen sie dich?

W: Ich stamme von hier.

M: Wie kommuniziert ihr miteinander?

W: Hm. Sprache ist es nicht. Das sind eher Laute. Und es gibt viel Kommunikation durch Berührung.

M: Gibt es hier Verwandte von dir?

W: Da ist ein Bruder von mir. Er wohnt hier. Er meint, dass ich mir hier eine Hütte bauen kann. (Pause.) Ich suche mir nun Äste, die ich zusammenstelle, und fange an zu bauen.

[…]

Wir sprangen vorwärts zu einem weiteren wichtigen Tag.

W: Das ist auch wieder an dem Strand. Da ist jetzt eine riesige Feuerstelle. (Erstaunt.) Ich glaube, ich werde geopfert … Ich werde da gleich hineingestoßen.

M: Warum das?

W: Es ist irgendwie selbstverständlich. Ich mache das einfach. Es gehört dazu.

M: Du wirst also nicht gezwungen?

W: Nein, da ist keine Angst. Ich sehe einen Scheiterhaufen und eine Art Stuhl obendrauf. Da setze ich mich drauf und dann wird es angezündet.

M: Bist du festgebunden?

W: Nein. Ich könnte auch wieder aufstehen und weggehen, aber ich mache es nicht. (Pause.) Die anderen stehen drumherum und freuen sich, dass bessere Zeiten kommen werden. Das ist der Grund der Opferung. (Pause.) Ich habe mich quasi freiwillig gemeldet, weil ich keine Familie hatte und schon älter bin.

[…]

Ich bat ihn, zu beschreiben, was geschah, und gab ihm die Suggestion, dass er keine unangenehmen körperlichen Empfindungen spüren würde.

W: Ich sitze da. Die Flammen fangen an, hochzuschlagen. Ich blicke aufs Meer. (Pause.) Gute Zeiten kommen. Sehr gute Zeiten kommen für das Dorf! Das ist ein Gefühl von Größe. Es befreit. Dieses Sterben ist Befreiung.

[…]

Er verließ den Körper des geopferten Mannes und befand sich nun in einer Position, von der aus er erkennen konnte, was er in dem Leben gelernt hatte.

W: Gemeinschaft ist sehr wichtig. Da war Arbeitsteilung und jeder hat sich auf das spezialisiert, was er konnte. Man konnte sich auf die Leute verlassen. […] Ich habe die Fähigkeit gelernt, Speere zu schnitzen. Die habe ich dann auf Fische geworfen. In dem Dorf auf dem Hügel war ich Beerensammler.

[…]

Wir ließen den Mann zurück und wechselten in ein weiteres relevantes Leben. Als ich Walther fragte, wo er sich befand, beschrieb er eine weite, helle Sandwüste ohne Vegetation. Die Sonne schien heiß vom Himmel herab. Ich bat Walther, an sich herabzusehen und sich zu beschreiben.

W: Ich bin ein Beduine oder so etwas. (Pause.) Mein Körper ist komplett mit Stoff bedeckt und an meinem Kopf ist nur ein Schlitz frei. Das ist so ein dunkles Braun. An den Füßen trage ich Sandalen. [...] Ich bin männlich, etwa vierunddreißig Jahre alt, gesund und stark.

M: Trägst du etwas bei dir?

W: Ein Schwert. Es ist silberfarben mit roten Steinen darauf. Das ist mein Schwert. Und da ist mein Pferd. (Pause.) Ich bin aber nicht alleine. Da sind noch andere ... Das sind Männer, die mir folgen. Sie sind ähnlich gekleidet und wir sind eine Gruppe ... sechs oder sieben. [...] Es fühlt sich an, als ob ich der Chef bin.

M: Was macht ihr?

W: Ich glaube, wir sind Räuber. Ja, wir sind Räuber. Wir überfallen Karawanen. (Pause.) Ich bin gerade am Auskundschaften und schaue über diese Hügel drüber. Es ist Abend und ich sehe Lichter. Auf der anderen Seite ist eine Art Lager. Da sind Zelte. (Pause.). Ich beobachte, wer dort rumläuft und wie es bewacht ist. Es ist ein großes Lager!

M: Wann werdet ihr den Raubzug beginnen?

W: Es passiert noch diese Nacht. Ich sehe jetzt eine Schatulle. Es muss um diese Schatulle gehen. Um eine Art Schmuckkasten.

M: Beschreibe mir, was passiert, wenn es losgeht.

W: Wir schleichen uns an. (Pause.) Jetzt werden die Wachen auf der einen Seite getötet. Wir gehen in das Zelt, in dem diese Schatztruhe drin ist und holen sie heraus. (Pause.) Wir verlassen das Lager, gehen zu unseren Pferden und reiten weg.

M: Was befindet sich in der Truhe?

W: Ganz viel Schmuck, Edelsteine, Gold und Silber. Wir bringen sie in unser Hauptlager. Das ist fast schon eine kleine Stadt. Dort sind nur Diebe und Räuber.

[...]

Wir sprangen vorwärts zu einem weiteren wichtigen Tag. Wie schon in dem Leben zuvor landete er am Tag seiner eigenen

Hinrichtung. Diesmal schien es jedoch nicht um eine Opferung zu gehen, sondern vielmehr um eine Bestrafung.

W: Ich bekomme gleich den Kopf abgeschlagen, weil ich etwas stehlen wollte. Ich wollte etwas von der Beute für mich selber haben, was mir aber nicht zugestanden hat.

M: Wer lässt dich hinrichten?

W: Der Chef der Räuber, meiner eigenen Leute. Ich wollte etwas für mich haben. Das wird mit dem Tod geahndet.

M: Wie fühlst du dich in dem Moment?

W: Erstaunlicherweise irgendwie stolz. Nicht so, als ob ich mich ertappt gefühlt hätte. Ich glaube, dass ich in meinem Sinne rechtens gehandelt habe. Ich habe eigentlich nur genommen, was mir zusteht. Das hat der Chef allerdings anders gesehen …

M: Hast du noch die Möglichkeit, der Situation zu entfliehen?

W: Nein. Ich gehe da auch nicht geduckt hin, sondern sehr stolz.

[…]

Ich gab ihm erneut die Suggestion, keinerlei unangenehme körperliche Empfindungen zu verspüren, und bat ihn, zu beschreiben, was passierte.

W: Ich muss mich jetzt da hinknien. Die Hände sind auf dem Rücken gefesselt. Ich lege den Kopf auf eine Art Holzklotz. Dann kommt das Messer und er wird abgehackt.

[…]

Er verließ den Körper des Wüstenräubers und konnte von dieser Perspektive aus erkennen, was er in dem Leben gelernt hatte und daraus mitnehmen konnte.

W: Ein Gefühl von Freiheit. Es war ein wildes Leben, ein freies Leben. Es war viel Spaß dabei und viel Risiko, aber es gab auch viele Erfolge, denn man hat viel Beute machen können! Es war ein schönes Leben. (Pause.) Und ein Gefühl von Stolz – auf mich. Ich habe mich gut gefühlt. Auf das, was ich gemacht habe, war ich stolz!

M: Wie haben dich die anderen in der Gemeinschaft gesehen?

W: Ich war einer von ihnen. Ich bin dort aufgewachsen. (Pause.) Die Leistung wurde gesehen und anerkannt. Es gab sogar Freundschaft. Insbesondere in meiner Gruppe, mit der ich am Ende unterwegs war; da gab es Verbundenheit.

[…]

Wir ließen den Wüstenräuber zurück und wechselten noch einmal in ein weiteres Leben. Nachdem Walther dort gelandet war, fragte ich ihn, was er um sich herum wahrnehmen könne.

W: Ich bin in einem Haus. Und ich bin eine Frau. Sie ist am Backen. Sie hat etwas Trachtenmäßiges an … ein Kleid in einem hellen Blau. (Pause.) Meine dunkelblonden Haare sind zu einem Zopf geflochten und am Kopf festgesteckt. Ich bin Mitte oder Ende zwanzig … und ich bin barfuß. (Pause.) Ich bin in einer Küche. Ich knete Teig auf einer großen Arbeitsfläche. Ich glaube, das wird Brot … Da ist ein offenes Feuer zum Brotbacken. Da kann ich das Brot nachher reinschieben. Das ist mir alles sehr vertraut. Ich bin oft hier.

M: Bist du alleine?

W: Da ist noch ein Kind. Ein kleiner Bub. Er sitzt da und spielt. Es ist aber nicht mein Kind.

M: Befindest du dich in deinem Zuhause?

W: Ja, das ist mein Zuhause. Da ist ein großer Holztisch. Er ist ungefähr so ein Meter sechzig oder ein Meter siebzig breit und viereckig. Aus ganz wuchtigem Holz. Ganz dicke Beine und eine dicke Arbeitsplatte. Rechts neben mir ist der Ofen. Er ist offen und da brennt schon ein Feuer. (Pause.) Auf dem Boden sind Fliesen. Kleine Karofliesen. Die sind farbig.

M: *Gibt es elektronische Geräte?*

W: Nein, nein, nein. Das ist irgendwann im Mittelalter oder so ähnlich. Aber es ist eine gut ausgestattete Küche! (Pause.) Ich backe für jemanden. Ich bin eine Angestellte. Ich arbeite hier.

M: *Für wen arbeitest du?*

W: (Pause.) Wenn ich zum Fenster rausgucke, sehe ich einen großen Hof. (Pause.) Da ist ein mit Steinen gepflasterter Innenhof. Ich sehe auch Leute mit Pferden und anderen Tieren. Da sind Frauen und Männer. Es ist ein sehr großer Bauernhof. (Pause.) Er gehört einer Familie. Die sind die Eigentümer. Der Herr und seine Gattin. Die haben auch Kinder. (Pause.) Der kleine Junge gehört aber zu einer anderen Magd. Er hat nichts mit den Eigentümern zu tun.

M: *Hast du selbst Familie?* (Nein)

[…]

Er beschrieb sich als eine gesunde und kräftige junge Frau mit einer »großen Klappe«, die auf dem Hof dafür bekannt war, »zu sagen, was Sache ist«. Sie war nicht die einzige Angestellte in der Küche. Ich fragte nach ihren spezifischen Aufgaben.

W: Auf jeden Fall die Küche saubermachen. Dann muss ich vom Brunnen Wasser holen gehen. Das gehört dazu. Und dann vor allem das Brotbacken.

[…]

Wir sprangen vorwärts zu einem bedeutenden Tag.

W: Ich bin im Hof und liege auf den Knien. (Pause.) Ich bin am Heulen und am Jammern. Da brennt ein Gebäudeteil. Da ist aber noch etwas anderes … Irgendjemand ist noch in diesem Haus … (Entsetzt.) Eine Frau! Da ist noch eine Frau drin!

M: Hast du eine Verbindung zu ihr?

W: Ja. Sie ist aber kein Verwandter oder etwa nur eine gute Freundin. Ich habe sie geliebt. Sie kommt anscheinend um. Alles brennt extrem. Andere schleppen Wasser herbei und versuchen, den Brand zu löschen. (Pause.) Ich kann aber nichts machen. Ich sehe nur diese Frau da drinnen und bin voller Schmerz …

M: Was für eine Funktion hatte sie auf dem Hof?

W: Sie hat der Chefin gedient. Sie war so etwas wie eine Kammerzofe. Wir hatten uns angefreundet. (Traurig.) Der Brand wird gelöscht werden, aber sie ist tot.

M: Ist noch jemand umgekommen?

W: Ein Kind. Es hat zu jemand anderem gehört. Da ist noch eine andere heulende Frau.

M: Welcher Teil des Hauses ist abgebrannt?

W: Hm, wie soll ich das beschreiben? Der Hof hat eine U–Form und es war der erste Teil hier. (Gestikuliert.) Da waren unten Ställe drin und oben waren Räume.

M: Wie war das Feuer ausgebrochen?

W: Das Stroh hatte sich durch eine Kerze entzündet. (Traurig.) Der Tod meiner Freundin schmerzt sehr …

[…]

Wir sprangen vorwärts zu einem weiteren wichtigen Tag.

W: Ich bin immer noch auf diesem Hof, aber ich bin gealtert. Ganz alt. Ich bin eine ältere Frau. Ich sitze auf einer Bank und gucke einfach nur trübselig unter mich nach dem Motto: Das Leben hat keinen Sinn mehr. (Pause.) Ich führe das auf den Verlust von damals zurück. Die Lebensfreude war nie mehr wiedergekommen. Das war ganz schlimm. Dieser Verlust war ein ganz schlimmes Ereignis für mich.

M: *Welche Rolle hatte die Frau in deinem Leben?*

W: Sie hatte mein Herz berührt. Ich glaube, ich war verliebt. Und das beruhte auch auf Gegenseitigkeit. Es war schon eine Form von Beziehung.

M: *Konntet ihr das ausleben?*

W: Nur im Geheimen.

M: *Kam danach noch jemand?*

N: Nein! Ich wäre danach gar nicht in der Lage gewesen, irgendjemanden wieder in mein Leben zu lassen! Das war zu schlimm für mich. Ich habe mein Herz danach quasi verschlossen und einfach nur noch darauf gewartet, dass ich irgendwann sterbe … Nichts hat mich mehr an das Leben gebunden. Seit diesem Ereignis ist in mir eine tiefe Traurigkeit.

[…]

Wir sprangen vorwärts zum letzten Tag des Lebens.

W: Ich liege in meinem Bett und huste. Es ist November und es ist kalt draußen. Ich liege im Bett und gehe fort …

M: *Was für letzte Gedanken gehen dir durch den Kopf?*

W: Nie wieder. Nie wieder solche Schmerzen … einen solchen Verlust …! (Pause.) Ich spüre eine ganz starke Sehnsucht nach dieser Liebe. Ich mache die Augen zu und gehe …

[…]

Er verließ den Körper der alten Küchenmagd und konnte ein weiteres Mal von dieser Position aus die Lektionen des Lebens erkennen.

W: Das Erleben dieser puren Freude durch die Beziehung zu dieser Frau. Dadurch habe ich das Leben richtig gespürt. (Pause.) Und dann dieser Schmerz durch diesen Verlust, durch diesen tragischen Verlust. Ich habe dann auch kaum noch gesprochen.

Mein Leben hatte sich komplett geändert. Ich habe vollkommen teilnahmslos mein Leben weitergelebt.

M: Wie hat sich das angefühlt?

W: Langweilig. Es hätte nicht so sein müssen. Aber ich war damals nicht in der Lage, aus dieser Situation etwas anderes zu machen. Ich war da irgendwie drin gefangen.

[…]

Wir ließen alle Persönlichkeiten der anderen Leben in Dankbarkeit zurück und riefen das Überbewusstsein ein, um mehr Informationen über die Bedeutung ihrer Erfahrungen für Walthers aktuelle Inkarnation zu erhalten.

Ich fragte zunächst, warum sie ihm zuerst das Leben als der Vorzeitmensch gezeigt hatten.

ÜB: Um ihm die Kraft zu zeigen, die in ihm steckt. Damals zeigte sie sich in Form dieses Aufopferns für die Gemeinschaft mit der entsprechenden Haltung dazu, mit dieser Intention ohne Angst.

M: In welchem Bereich seines Lebens spielt das eine Rolle?

ÜB: In der Partnerschaft. Er macht sich klein. Er muss sein Licht entzünden. Etwas muss die Flamme entzünden!

M: Wofür steht diese Flamme?

ÜB: Für Lebensfreude. Sie ist im Jahre 1930 verloren gegangen.

M: Das klingt nach einem anderen Leben? (Ja) *Was ist da passiert?*

ÜB: Eine Explosion. Nach der Explosion war alles verwüstet und er war blind. Danach war seine Lebensfreude weg.

M: Hat das noch Nachwirkungen in seinem aktuellen Leben?

ÜB: Ja.

[…]

Das war eine überraschende Information. Ich hatte vermutet, dass der tragische Verlust der Frau im dritten gezeigten Leben die Ursache für die verminderte Lebensfreude gewesen war. Dem

Überbewusstsein nach war jedoch noch ein anderes traumatisches Ereignis für Walthers Gefühl der Gleichgültigkeit und »emotionalen Flachheit« verantwortlich.

Als ich das Überbewusstsein fragte, ob sie etwas gegen den wenig hilfreichen Einfluss dieses Erlebnisses auf sein aktuelles Leben tun könnten, stimmten sie zu.

ÜB: Da ist eine Matrix, ein Gitterfeld, in einem hellen Blau. Darin sind Löcher. Diese Löcher werden nun geflickt. Mit Liebe. (Pause.) Der Prozess ist gleich abgeschlossen.

[…]

Nachdem alles zum ersten Leben gesagt war, fragte ich, warum Walther das Leben als der Wüstenräuber gezeigt bekommen hatte.

ÜB: Er soll das Leben genießen. Unbeschwert genießen. Das könnte er viel mehr tun. Damals hat er sich keine Gedanken gemacht und einfach nur gelebt.

M: Er bemerkte vorhin, dass er das Leben als sehr wild und sehr schön empfunden hat.

ÜB: Genau! Daran soll er sich erinnern.

[…]

Ich bat das Überbewusstsein, dieses Gefühl in Walther zu verankern und dabei ihr Vorgehen zu beschreiben.

ÜB: Diese Energie ist in einer Art großem Luftballon. Dieser Luftballon wird nun an seinen Körper, sein Energiesystem, gehalten und dort … hineingepustet. (Kichert.) Aus dem Ballon in sein Energiesystem. So ähnlich, wie wenn man aus einem Luftballon die Luft herauslässt.

M: Was verändert sich dadurch für Walther?

ÜB: Er erhält ganz viel Energie. Sehr belebende! (Pause.) Der Prozess ist jetzt fertig.

[…]

Im Vorgespräch hatte Walther von einem merkwürdigen Erlebnis berichtet, bei dem er wie von einer fremden Kraft gesteuert über eine rote Ampel gefahren war, obwohl er es von außen betrachtet hätte verhindern können. Er hatte diese Tat als für ihn sehr untypisch beschrieben. Ich fragte nach dem Hintergrund dieses Eingriffs in seine Motorik.

ÜB: Das war ich, sein Höheres Selbst. Es ging darum, zu schauen, wie er damit umgeht. Was er damit macht. Wie er sich dabei fühlt, eine Strafe zu bekommen – oder auch nicht zu bekommen. Hier besteht eine Verbindung zum zweiten gezeigten Leben. Es geht darum, eine Strafe in Würde anzunehmen und die entsprechenden Konsequenzen zu tragen.

[…]

Schließlich fragte ich noch, warum sie ihm das dritte Leben als die Frau auf dem Gutshof gezeigt hatten.

ÜB: Damit er sieht, wie vielfältig das Leben ist. Es gibt schöne Momente und es gibt weniger schöne Momente. Es gilt dabei, sich über die weniger schönen Momente hinwegzusetzen, um wieder schöne Momente erleben zu können. Die Frau hatte das damals nicht geschafft.

M: Warum ist es wichtig für ihn, das jetzt zu tun?

ÜB: Damit er die Möglichkeit hat, diese Liebe wieder kennenzulernen, und sein Herz nicht mehr verschließt. Das kommt von damals und sitzt tief im Energiesystem drin.

[…]

Ich bat das Überbewusstsein, dieses energetische Muster aus seinem System zu entfernen und dabei ihr Vorgehen zu beschreiben.

ÜB: Ich ziehe einfach diese Matrix aus dem Energiesystem heraus, bündele sie in einen Energieklumpen und gebe ihn frei. Er wird ins Universum entlassen.

[…]

Wir schlossen den Inkarnationsteil der Sitzung ab, und das Überbewusstsein erklärte sich dazu bereit, nun Walthers Fragenliste anzugehen. Viele der Fragen bezüglich emotionaler Zustände erwiesen sich dabei als bereits thematisiert und bearbeitet. Auf die Frage nach aktiven karmischen Verträgen erklärte das Überbewusstsein, dass es tatsächlich noch welche mit Nebenpersonen gab, die aber nicht essenziell waren und auch nicht alle im aktuellen Leben erfüllt werden könnten.

Wir kamen schließlich zum Thema Manifestieren. Hier interessierte Walther – wie viele andere Klientinnen und Klienten auch –, wie er in diesem Bereich effektiver handeln könne.

ÜB: Indem er mehr Lebensfreude in seine Gedanken und Gefühle bringt. So werden sie stärker und schließlich – mit einer Vision verbunden – Realität.

M: Lebensfreude ist hier also eine Art Verstärker?

ÜB: Ja, genau.

M: Gibt es neben ihr noch andere Frequenzen, die da gut funktionieren?

ÜB: Liebe und Dankbarkeit. Das sind die hauptsächlichen Gefühle und Empfindungen für diesen Zweck.

[…]

Eine weitere Frage auf Walthers Liste widmete sich den großen, wichtigen Aufgaben, die er sich für das aktuelle Leben vorgenommen hatte. Ich erkundigte mich nach ihnen.

ÜB: Frieden und Gerechtigkeit. Gerechtes Handeln jedem gegenüber und auf diesem Wege in einem inneren Frieden leben. […] Eine innere Ausgeglichenheit.

M: Was nicht dasselbe ist wie Gleichgültigkeit, oder?

ÜB: Ganz und gar nicht. Ein inneres Gleichgewicht ist eine Ruhe, ein Schweben über den Dingen, ein Betrachten des Lebens mit Gelassenheit. Gleichgültigkeit auf der anderen Seite hält einen davon ab, am Leben teilzunehmen. Damit das aber geschehen kann, ist nun die Lebensfreude da.

M: Wie definiert sich gerechtes Handeln?

ÜB: Das liegt immer in der Sicht des Betrachters. Es ist wichtig, dass er in jedem Moment das Gefühl hat, richtig zu handeln.

[…]

Ein weiteres Thema war Walthers Stellung innerhalb seiner Familie und Freundschaften. Dass sein jüngerer Bruder in den letzten Jahren die Rolle des Familienoberhauptes übernommen hatte, machte ihm zu schaffen.

ÜB: Walther wird von allen geachtet, nimmt das aber nur zum Teil wahr. Auch hier gilt es nun, dass die Lebensfreude, die wir heute geweckt haben, mehr zum Ausdruck kommt.

M: Was möchtet ihr zu der Situation mit seinem Bruder sagen?

ÜB: Hier ist gefordert, dass er sich aufrecht hinstellt und zeigt, dass er da ist – und wie er ist. Er soll das Licht, das wir vorhin entfacht haben, nicht mehr unter den Scheffel stellen, sondern den Raum und die Familie erhellen. Durch dieses Licht kann er seine Position klar sehen und dann definieren.

[…]

Walther hatte im Vorgespräch davon erzählt, dass er gemeinsam mit einer Freundin eine Ausbildung angegangen war, was beide jedoch schließlich abbrachen, nachdem Spannungen untereinander zu groß geworden waren. Ich erkundigte mich seiner Frage entsprechend nach dem Hintergrund dieser Entwicklung.

ÜB: Da ist ein versteckter Konkurrenzkampf zwischen den beiden, der weit zurückreicht. (Pause.) Sie lebten in einer Klostergemeinschaft. Es ging um Studien, Bücher und Wissen. Sie waren beide Schüler, aber nur der Beste durfte dort bleiben. (Pause.) Damals hatte sich Walther durchgesetzt.

M: Existiert hier ein karmischer Vertrag?

ÜB: Nein, das ist nur ein Widerhall des bereits Erlebten.

M: War es dann hilfreich, dass beide den Wettkampf abgebrochen hatten, bevor er eskalieren konnte?

ÜB: Auf jeden Fall.

M: Was muss von Walthers Seite aus erfolgen, um dieses Muster zu entfernen?

ÜB: Nichts. Ich kann das auflösen. Das wird herausgekratzt. Stell dir ein großes Buch vor, in dem all das geschrieben steht, und da wird das einfach ausradiert, als ob es nie geschrieben worden wäre.

M: Was passiert mit den leeren Seiten?

ÜB: Da ist jetzt mehr Platz für die schönen Dinge des Lebens. (Grinst.) Zum Beispiel eine Liebesgeschichte!

M: (Lacht.) Dann halten wir den Platz frei, bis sich das geeignete Material anbietet.

ÜB: Gerne.

[…]

Die nächste Frage auf seiner Liste befasste sich mit Atlantis, einem Thema, das seit jeher eine emotionale Anziehung auf ihn ausgeübt hatte. Walther wollte wissen, ob er in dieser Zivilisation jemals inkarniert gewesen war.

ÜB: (Pause.) Ja, als Wissenschaftler. Es ging um Energien und darum, wie Energien genutzt werden, um Kräfte zu kanalisieren und mit ihnen umgehen zu können.

M: Können ihm diese Fähigkeiten von damals in seinem aktuellen Leben helfen?

ÜB: Ja. Energien sind überall. Es geht nun darum, mit diesen Energien zu arbeiten, um zu erschaffen, zu manifestieren. Intention ist sehr wichtig, aber alleine zu schwach. Es ist nötig, die Energien zu bündeln, zu fokussieren, und dann dem Feld zu überlassen. Das Feld schafft dann all das, was die Intention bewirken soll.

M: Wie bündelt und fokussiert man in inkarnierter Form?

ÜB: Mit den Gedanken. Gedanken werden gebündelt. Man konzentriert sich nur auf diese Gedanken und übergibt sie dem Feld. Wichtig ist die emotionale Intensität. Zeit spielt hier letztendlich keine Rolle.

M: Und dann übergibt man sie dem Feld?

ÜB: Es wird quasi erschaffen wie eine Auftragsarbeit. Und irgendwann kommt das Paket dann zu Hause an. (Grinst.)

[…]

Das Überbewusstsein erklärte sich dazu bereit, den Kanal zwischen der Inkarnation in Atlantis und Walther weiter zu öffnen, um ihm den Zugang zum Wissen der Persönlichkeit zu erleichtern. Ich bat um eine Schilderung des Vorgehens.

ÜB: Das sieht aus wie ein großer Trichter, der quasi an sein oberes Energiefeld »angedockt« wird. Über diesen großen Trichter fließt die entsprechende Energie dann in sein Energiefeld. Es ist, als ob man zwei Rohre mit einer Muffe verbindet.

M: Kann man diesen Vorgang als inkarnierte Persönlichkeit auch selbst bewirken, oder müsst ihr dabei involviert sein?

ÜB: Nein, das geht auch ohne uns. Du kannst als Mensch alle deine Leben anzapfen.

M: Auch Leben, derer man sich nicht bewusst ist?

ÜB: Ja. Wenn du beispielsweise gewisse Fähigkeiten hast, von denen du nicht weißt, woher sie kommen, und sie dir sehr leicht fallen, kannst du diese dann noch verstärken, indem du ganz gezielt diese Verbindung herstellst.

M: Hat Walther den Untergang von Atlantis miterlebt? (Ja) *Was war seine Rolle bei diesem Ereignis?*

ÜB: Es ging damals darum, dass die Energien fehlgeleitet wurden. Es wurde einiges fehlinterpretiert. Es wurden Techniken ausprobiert, die nicht ausgereift waren. So ist es dann letztendlich zum Untergang gekommen. Es wurde alles viel zu früh angewandt.

M: Warum ist Walther zum heutigen Zeitpunkt wieder inkarniert?

ÜB: Es geht darum, die Arbeit weiterzuführen, die damals begonnen wurde. Das Arbeiten mit Energie ist sehr wichtig! […] Es arbeiten viele Menschen daran. Das ist ein Teil vom Ganzen.

[…]

Dies deckte sich mit den Informationen, die andere Klientinnen und Klienten mit Leben in Atlantis von ihrem Überbewusstsein erhalten haben. Diesen zufolge hatte ein Missbrauch von Energie durch Technologie, die noch nicht ausgereift war, zum Untergang der gesamten Zivilisation geführt. Viele derjenigen, die damals einen Teil der Verantwortung dafür getragen hatten – vor allem aus Wissenschaft und Politik –, sind in der aktuellen Zeit wieder inkarniert, um Karma zu bereinigen, Wiedergutmachung zu leisten oder auch einfach nur zu erleben, wie unsere neue menschliche Zivilisation das Thema meistern wird. Ich fragte, auf welchem Kurs sich das aktuelle Kollektiv in diesem Kontext befand.

ÜB: Auf einem guten Kurs – auch, wenn es äußerlich manchmal nicht so aussieht. Es gibt viele Wesen auf dieser Erde, die gute

Arbeit leisten. Es ist keine Arbeit, die man mit bloßem Auge erblicken kann. Daher wird sie von vielen nicht wahrgenommen.

M: *Was kann Walther in seiner aktuellen Inkarnation dazu beitragen, dass es diesmal anders abläuft?*

ÜB: Er kann Techniken verfeinern, wie beispielsweise das Manifestieren, das vorhin schon angesprochen worden ist. (Pause.) Er soll daran arbeiten, dass auch sichtbare Erfolge entstehen.

M: *In seinem persönlichen Kontext?*

ÜB: Auch. Der persönliche Kontext ist jedoch begrenzt. Es wird so sein, dass das auch ein größerer Kreis sehen sollte. […] Er wird andere Menschen treffen, die ähnliche Arbeit leisten. Das wird sich dann potenzieren.

[…]

Nachdem wir die Fragen auf Walthers Liste besprochen hatten, gingen wir zu den körperlichen Themen über. Den Einstieg bot seine allgemeine Frage, ob Gedanken tatsächlich die Kraft hätten, sich auf körperlicher Ebene in Form von Krankheitssymptomen auszudrücken. Das Überbewusstsein erklärte, wie die Ebenen miteinander verbunden waren.

ÜB: Jeder Gedanke, bewusst oder unbewusst, hat Auswirkungen. Wenn unproduktive Gedanken vermehrt gedacht werden und es keine korrigierenden Gedanken gibt, kommt es zu einem Ungleichgewicht im System. Dieses Ungleichgewicht im System, das sich zunächst im energetischen Feld und dann auf Zellebene auswirkt, führt schließlich zu Fehlfunktionen und Fehlstellungen – was dann als Krankheit bezeichnet wird.

M: *Dann ist es also auch möglich, jedes Symptom wieder zu neutralisieren?*

ÜB: Genau. Heilung ist durch entsprechende Gedanken wieder herbeiführbar.

M: Könnte man also sagen, dass körperliche Symptome fehlgeleitete Energie darstellen?

ÜB: Im weitesten Sinne, ja. Manche Krankheiten sind dem Menschen allerdings auch von Nutzen – oder er denkt, dass sie das wären. (Kichert.)

[…]

Wir kamen auf Walthers spezifisches Symptom von stark heraustretenden Venen an Füßen und Beinen zu sprechen. Ich erkundigte mich nach der Ursache dafür.

ÜB: Hier geht es um das Thema körperliche Bewegung sowie um die geringe Lebensfreude, die vorhin schon angesprochen wurde. Sie war stagniert. Das sollte allerdings durch heute behoben sein.

M: Kann er noch etwas tun, um diese Korrektur zu unterstützen?

ÜB: Ja. Er kann sich Blutgefäße vorstellen, die klar strukturiert und durchlässig sind.

[…]

Wir blieben zunächst noch im Fußbereich und ich fragte nach dem Hintergrund einer Achillessehnenverletzung, die Walther vor nicht allzu langer Zeit erlitten hatte.

ÜB: Das hat ähnliche Ursachen. Es geht hier auch um Verdichtung, um Starre. Es fehlt die Geschmeidigkeit. Es geht darum, den Lebensweg freudig zu bestreiten.

M: Dadurch würde diese Verletzung ausheilen? (Ja) *Da wir das heute bereits integriert haben, nehme ich an, dass dem nichts im Wege steht.*

ÜB: Genau. Das wird recht schnell gehen.

M: Was hat es mit der vergrößerten Prostata auf sich?

ÜB: Hier geht es um das Thema Wollen und Geduld – oder vielmehr Ungeduld. Geduld ist hier des Rätsels Lösung. Das ist pauschal gemeint, denn da ist viel Ungeduld. Hier ist ein geduldiges Warten vonnöten – vor allem beim Manifestieren, Erschaffen und der Arbeit mit Energien. Dann kommt man sich entgegen und es fällt einem viel leichter, den Dingen ihren Lauf zu lassen.

M: Was hilft in solchen Situationen akut?

ÜB: Wenn man sich die Situation von außen anschaut, in die Distanz geht und die Dinge einmal aus der Ferne betrachtet, dann verlieren sie ihr Aktualität, ihre Brisanz. Der Betrachter kann so alles besser einordnen, sieht andere Zusammenhänge und versteht das Geschehen.

[…]

Ich fragte das Überbewusstsein, ob es etwas gab, das sie bereits hier und heute tun könnten, um das Prostataleiden zu lindern. Sie erklärten sich dazu bereit, und während sie am Körper arbeiteten, bat ich sie, ihr Vorgehen zu beschreiben.

ÜB: Wir nehmen die Prostata zwischen unsere »Hände« und lassen Energie fließen. Durch die Energie wird diese aufgestaute Ungeduld aufgelöst und die Prostata schmilzt auf ihre ursprüngliche Größe zurück. (Pause.) Wir sind fertig.

[…]

Das letzte körperliche Thema war Walthers verminderte Sehstärke bzw. seine Kurzsichtigkeit, die sich bereits im Teenageralter ausgeprägt hatte. Er wollte erfahren, womit dieses Symptom verbunden war.

ÜB: Er will vieles nicht sehen – oder wollte vieles nicht sehen. Zu dem damaligen Zeitpunkt begann er, die Welt mit anderen Augen zu sehen; von den kindlichen Augen, die noch ein schönes und fantastisches Weltbild haben, veränderte sich das zu dem, das man heute im Allgemeinen gezeigt bekommt.

M: Ist diese Schutzstrategie heute noch angemessen?

ÜB: Nein. Wir denken, er wird da nun differenzieren können, was er sieht und wie er es sieht.

[...]

Ich bat das Überbewusstsein, das Symptom zu korrigieren und dabei ihr Vorgehen zu beschreiben.

ÜB: Ich nehme eine große Schere und schneide die Bilder heraus, die dazu geführt haben, dass diese Kurzsichtigkeit entstanden ist. (Pause.) Fertig.

M: Wann wird Walther die Veränderung wahrnehmen?

ÜB: Das wird sich Stück für Stück zeigen, aber er wird es relativ bald »sehen«. (Grinst.)

M: Gitter, Ballon, Rohre, Bücher, Scheren – beschreibt ihr diese Heilungsprozesse so bildlich, um sie uns verständlicher zu machen, oder sind das effektive Visualisierungen, die wir auch selbst anwenden können?

ÜB: Beides. Zum einen versteht ihr mit diesen Bildern, was da überhaupt passiert. Zum anderen ist es für den Geist einfach hilfreich, wenn er ein Bild vor Augen hat.

M: Könnte man mit solchen Visualisierungen seinen eigenen Heilprozess unterstützen?

ÜB: Auf jeden Fall.

[...]

Letzte Worte: »Wenn du in den Nachthimmel blickst, siehst du das Licht anderer Sterne. Erinnere dich daran, dass du ein Weitgereister bist. Dies hier ist nur eine Station auf deinem Weg.«

Eine starke Seele

Emma (31) wirkte leicht nervös, als sie an diesem regnerischen Frühlingsmorgen zu ihrem Sitzungstermin erschien, obwohl wir uns bereits kannten und einige Male beruflich miteinander zu tun gehabt hatten. Ein gewisser Grad an Aufregung ist normal, da man nie vorhersagen kann, was einen in seiner Sitzung erwartet. Man sollte komplett offen und bereit dafür sein, Informationen zu erhalten, mit denen der Verstand nicht unbedingt rechnet. Es gibt jedoch keinerlei Grund, Angst zu haben. Das Überbewusstsein weiß genau, was relevant und angemessen ist und was einem zugemutet werden kann. Es würde einen niemals mit etwas konfrontieren, mit dem man nicht umgehen könnte. Emma ließ sich daher im Vorgespräch rasch beruhigen und ging schließlich sehr leicht in die erforderliche Trance.

Die Liste der quirligen jungen Frau enthielt Themen aus unterschiedlichen Lebensbereichen; der Hauptfokus lag allerdings auf einer besonders traumatischen Erfahrung: Sie erhoffte sich Informationen, die ihr bei der emotionalen Bearbeitung einer Fehlgeburt helfen würden. In den letzten Jahren habe ich mit einigen Klientinnen arbeiten dürfen, die einen solchen Schicksalsschlag erlebt hatten. Dabei sind die vom Überbewusstsein dazu gegebenen Informationen jedes Mal nahezu identisch. Sie gestatten einen faszinierenden und stets respektvollen Einblick in die Intention aller Beteiligten für ein solches Erlebnis.

Bevor wir diesen jedoch erhalten sollten, wurde Emma von ihrem Überbewusstsein durch drei Leben geführt. Sie landete zunächst in einer Wüste: »Sand … Gelb … Ich stehe unter freiem Himmel. Es ist warm. Ich bin barfuß.« Sie nahm sich selbst als weiblich, jung und gesund war. Ich bat sie, an sich herabzublicken und zu beschreiben, was sie sah.

[…]

E: Ein Kleid. Einfach. Ziemlich lang. Beige. Ich glaube aus Leinen oder etwas Ähnlichem.

M: Trägst du etwas auf dem Kopf?

E: Nur Haare. Gelockt. Dunkel. Ich trage auch noch eine Kette mit irgendwelchen Steinen und einem großen, flachen, runden Anhänger aus Holz. Er passt zum Kleid.

M: Bist du alleine? (Ja) *Lebst du in der Nähe?*

E: Nicht wirklich nah, aber in einer ähnlichen Umgebung. Dort ist auch viel Sand … Zelte … Ich lebe mit anderen, aber ich erkenne keine Gesichter. (Pause.) Ich glaube, da sind meine Eltern. Es fühlt sich so an. Da ist ein Kind. Aber ich weiß nicht, zu wem es gehört.

M: Wie fühlst du dich dort, wo du gerade stehst?

E: Ein bisschen einsam, aber zufrieden. Vielleicht hatte ich etwas vor und stehe deswegen da. Ich weiß es gerade nicht. (Pause.) Ich habe nichts bei mir. Wasser holen wollte ich also nicht. (Pause.) Ich glaube, ich warte auf irgendetwas. Ich spüre nun das Kind. Es ist nicht hier, aber ich spüre etwas. Ich weiß nicht, ob es mein Bruder oder mein Kind ist. Er ist circa vier Jahre alt.

[…]

Wir sprangen zu einem bedeutenden Tag des Lebens.

E: Mein Mann bricht auf, um etwas zu tun. Er verabschiedet sich von mir. Ich weiß nicht, was er vorhat, aber er geht auf jeden Fall fort.

M: Hat er das schon mal gemacht?

E: Ja, aber diesmal ist es etwas Wichtiges! Er wird länger weg sein. Ich laufe alleine zurück – mit dem Kind. Ein Sohn. Ähnlich alt wie eben.

M: Wie fühlst du dich in dem Moment?

E: Verantwortungsvoll, weil ich nun alleine auf das Kind aufpassen muss. Ich weiß nicht so genau, was passieren wird. So lange ist er noch nie weg gewesen.

M: Was passiert nun?

E: Es vergeht viel Zeit. Und er kommt nicht wieder. Ich weiß nicht, was geplant war, aber es ist schon zu viel Zeit vergangen. Mehr, als es normal gewesen wäre. Ich mache mir Sorgen. Wir wissen nicht, ob etwas passiert ist. Er ist alleine los, um sich mit jemandem zu treffen oder etwas zu erledigen. Es sind weite Wege, aber trotzdem ist zu viel Zeit vergangen.

[…]

Wir sprangen vorwärts zu einem weiteren wichtigen Tag.

E: Ich fühle mich gerade nicht wohl. Irgendetwas ist los … (Pause.) Ich bin überfordert. Ich sehe sehr gestresst aus und keiner hört mir zu. Ich glaube, ich habe mehr Verantwortung, als mir guttut, und es klappt wohl nicht so, wie es sollte. Das Kind ist nun älter und in Ordnung, aber irgendwie muss ich auch auf andere mit aufpassen. Ich glaube, auf die ganze Siedlung, aber ich weiß es nicht genau, weil alle gerade so laut sind.

M: Hat dein Mann ein wichtiges Amt in dieser Gemeinschaft gehabt?

E: Es scheint so. Er ist nicht wiedergekommen und jemand musste die Arbeit übernehmen. Es war kein anderer da.

M: Und das war auch als Frau möglich?

E: So halbwegs. Ich kann es nie gut genug machen … Egal, was ich mache, es passiert alles unter einem sehr kritischen Auge. Es sind nicht so viele Menschen hier, aber viele von ihnen hören eher auf Männer. Das ist viel Druck – auch mit meinem Kind. Ohne seinen Vater fehlt ein wenig die Struktur, die ich ihm als Mutter alleine nicht geben kann. Er folgt mir, aber manchmal hat er Flausen im Kopf.

M: Warum ist es laut?

E: Irgendetwas ist nicht so gelaufen, wie es sollte. Und die Leute zweifeln daran, dass ich das gut mache. Es gleicht einem kleinen Aufstand. Aber ich weiß nicht, wie ernst das gerade ist. (Grübelt.) Dafür fehlen mir die Tage vorher. (Pause.) Ah, die Ernte ist wohl nicht so gut gewesen! Dadurch fehlt es hinten und vorne. Ich hätte angeblich ungerecht verteilt. Aber das kann gar nicht sein. Ich bin immer gerecht. Da muss eigentlich was anderes sein … Ich bin nicht ungerecht! Wenn das Essen knapp ist, sind Leute immer unzufriedener. Und sie wollen das nicht hören. Verständnis macht nicht satt …!

M: Was wirst du jetzt tun?

E: Ich habe versucht, jemanden in die nächste Stadt zu schicken, damit er Vorräte beischafft und die Zeit bis zur nächsten Ernte erträglicher wird. Aber von meiner Familie will ich niemanden mehr wegschicken. Sonst stehe ich wieder alleine da.

M: Was geschieht am Ende dieses Aufstandes?

E: Jemand hat sich mein Amt genommen. Jemand, der denkt, er könnte es besser. Er schafft es zwar auch nicht, aber auf ihn sind die Leute nicht so sauer. Das ärgert mich!

M: Lebst du weiterhin in der Gemeinschaft?

E: Ja. Wo soll ich auch hin? Es ist zu weit, um irgendwo alleine hinzukommen. Ich werde weiterhin respektiert, aber nicht von allen so stark. Es gibt immer welche, die denken, dass man als Frau nicht so viel wert ist.

[…]

Wir sprangen erneut vorwärts zu einem bedeutenden Tag.

E: Es wird etwas gefeiert. Mein Sohn hat geheiratet. (Betrübt.) Er lässt mich jetzt auch alleine … Ich freue mich für ihn, aber so ganz alleine ist irgendwie auch blöd. Meine Eltern sind gestorben. Und alle Menschen, die ich kennengelernt habe … das war irgendwie auch nichts. Es ist aber auch schwierig, wenn man wie eine Witwe behandelt wird, weil man nicht mehr

»frisch« ist. Ich bin gar nicht alt, aber die Männer suchen immer nur die ganz jungen Frauen. Das ist doof, liegt aber auch daran, dass sie Gemeinschaft nicht so groß ist und nicht so viele neue Leute hereinkommen. Jeder kennt hier deine Geschichte. (Lächelt.) Aber ich bin stolz auf meinen Sohn!

[…]

Wir sprangen zum letzten Tag des betrachteten Lebens.

E: Hm, ich scheine krank zu sein. Ich weiß aber nicht, ob ich tatsächlich krank bin oder einfach nur älter. Der Körper fühlt sich schwächer an, aber ich glaube, ich bin auch älter. Sonst würde ich anders aussehen. (Pause.) Ich bin in meinem Zelt. Mein Sohn und seine Frau sind bei mir. Sie sehen traurig aus. Und es ist noch jemand im Zelt. Möglicherweise eine Art Arzt.

M: Ist nun die Zeit gekommen, um den Körper zurückzulassen?

E: Ja, der hat viel geschafft. Er hat sich viele Sorgen gemacht.

M: Bist du bereit?

E: (Atmet tief ein und aus.) Okay.

[…]

Nachdem Emma den Körper der alten Frau verlassen hatte, konnte sie von dieser Position aus auf das gesamte Leben zurückblicken und erkennen, was sie in diesem gelernt hatte.

E: Ich bin noch im Zelt, aber aus dem Körper heraus. Ich sehe ihn auf dem Bett liegen. (Pause.) Ich habe gelernt, dass es möglich ist, alleine zu kämpfen, dass das aber sehr schwer ist. (Pause.) Dass es möglich ist, ein Kind alleine großzuziehen, auch wenn alle anderen sagen, das ginge nicht. (Pause.) Und dass vieles nicht so kommt, wie man es am Anfang gedacht hat. (Pause.) Das ist einem im Leben nur nicht immer so bewusst. Es ist nicht leicht gewesen. Es gibt andere, die es einfacher haben, aber das war alles schon richtig so.

[…]

Wir ließen die Frau hinter uns und begaben uns in das nächste Leben, das von Emmas Überbewusstsein ausgesucht worden war. Sie landete diesmal in einer städtischen Umgebung. »Ich sehe Kopfsteinpflaster. Ich stehe auf einer Straße und da sind Häuser. Sie sehen älter aus … Es ist kein Fachwerk, aber entweder so um die gleiche Zeit oder sogar älter. Sie sind verputzt und mit Farbe angemalt. Mit natürlichen Farben. Sie haben Fenster. Es liegt ein Geruch in der Luft, aber den kann ich nicht einordnen.« Ich bat sie, an sich herabzuschauen und sich und ihre Kleidung zu beschreiben.

E: An den Füßen trage ich Schuhe. Lederschuhe. (Belustigt.) Und ich habe große Füße! Ich glaube, ich bin gar keine Frau. Die sind zu groß dafür. Es sind Stiefel mit einem Umschlag oben. Ich sehe so aus, als wäre ich einem historischen Film entsprungen. (Erstaunt.) Ich habe gar keine Hose …! (Grübelt.) Moment, ich fange mal oben an. Ich trage einen Lederhut, einen schlappen. Aber es regnet auch, da macht das Sinn. Ich habe eine Jacke an und eine Weste drunter. Und ein Hemd, aber kein feines, sondern eher so ein grobes. Irgendwie trage ich aber keine Hose. Ich trage etwas, aber was, sehe ich nicht … Ich habe eine Tasche dabei und … eine Waffe?!

M: Ist das nötig dort, wo du bist?

E: Es ist schon gefährlich. Nicht prinzipiell, aber es kann gefährlich werden.

M: Wie alt würdest du dich schätzen?

E: Ich denke, nicht älter als dreißig.

M: Was tust du gerade?

E: Ich bin hier, weil ich etwas besorgen will. Ich komme von woanders her, aber ich wohne momentan hier in der Gegend. Ich habe auch irgendwo mein Pferd abgestellt.

M: Bewegen sich die Menschen so fort?

E: Die meisten laufen gerade, aber ich denke, ja. Das liegt hier alles zeitlich weiter zurück. Es sieht alt aus.

M: Was machst du so tagsüber?

E: Meistens helfe ich bei den Pferden. Ich sehe mich auf einer grünen Wiese mit Pferden. Pferde sind gute Seelen! (Grübelt.) Ich verstehe mich selbst nicht. Ich kenne die Sprache zwar irgendwie, aber es hört sich wie ein Zungenbrecher an. (Pause.) Ich habe auch einen Namen, aber ich kann ihn noch nicht sagen … Ich habe Familie, aber nicht in dem Ort, in dem ich jetzt bin. Sie sind weiter weg. Oder eher Verwandtschaft. Ich selbst bin alleinstehend.

M: Was wolltest du hier erledigen?

E: Ich wollte zum Schmied. Ich wollte etwas besorgen, womit ich dann wieder zum Stall zurückkehre. Ich bin nicht oft in der Stadt, aber es ist ein gewohnter Trip.

[…]

Wir sprangen vorwärts zu einem bedeutenden Tag.

E: Es ist ungefähr zwei Jahre später. Da ist eine Frau bei mir. Wir reden. Sie hat ein bisschen Angst, mit mir zu reden, aber das verstehe ich gar nicht. Ich bin doch ganz nett. Und ich mag sie. Wir kennen uns noch nicht lange, aber man könnte sagen, wir flirten miteinander. Sie ist recht neu in der Gegend. Ich glaube, ihre Familie ist erst vor kurzem hierhergezogen. Sie kommt aus einem anderen Teil von … Hm, wo sind wir hier eigentlich? (Pause.) Es ist alles ganz grün. Es muss in Europa sein. Alles ist grün und es ist schlechtes Wetter – schon wieder. Ich denke, wir sind eher im Norden. (Pause.) Sie hat mir Essen gebracht.

Aber sie versteht mich manchmal schlecht. Eigentlich sprechen wir die gleiche Sprache. Vielleicht ein Dialekt?

M: *Wie wirkt die Sprache auf dich?*

E: (Pause.) Keltisch? Ich bin mir nicht sicher. Die Menschen sehen normal aus. Die meisten haben dunklere Haare. Es gibt welche, die haben rote Haare, aber die fallen schon sehr auf. Allerdings sind alle halt auch ein wenig ungewaschen oder haben Hüte auf oder Hauben. Die Kinder auch. Da ist das schwer zu sehen. Ich fühle mich jedenfalls sehr wohl hier. Es regnet zwar schon wieder, aber das macht nichts. Regen ist hier normal.

[…]

Wir sprangen nochmal vorwärts zu einem bedeutenden Tag.

E: Ich habe mich mit ihr gezofft. Hm, gerade eben hatte ich ihren Namen noch … Sie ist sturköpfig! Aber ich auch. Ich glaube, wir sind verheiratet. Wir wohnen in einem kleinen Häuschen etwas außerhalb der Stadt. In der Stadt stinkt es! Auf Pferde passe ich immer noch auf, aber wir haben auch sonst viel zu tun. Wir haben drei Kinder. Die Jüngste ist gerade zwei geworden, der Mittlere fünf und der Große ist schon acht. Er wird langsam zum Mann, aber das dauert noch. Ich bin total stolz auf meine Kinder und auf meine Frau. E_____! Das ist ihr Name!

M: *Wie nennt sie dich?*

E: (Pause.) Hm, irgendwas mit M … Ich weiß nicht, warum wir uns überhaupt gestritten haben. Ich glaube, sie ist einfach gestresst wegen der Kinder. Vielleicht war ich nicht der perfekte Ehemann. Es ist aber auch schwer, es den Frauen recht zu machen. Sie sehen so viele Fehler, wo gar keine sind. Wir haben jedenfalls Essen auf dem Tisch und davon genug. Wir haben zu trinken und davon auch nicht wenig. Wir lieben uns.

[…]

Wir sprangen nochmal vorwärts zu einem bedeutenden Tag.

E: (Ernst.) Wir müssen unser Zuhause verlassen. Wir alle fünf. Die Kinder sind ein bisschen größer. Ich weiß nicht, ob wir vielleicht die Pacht nicht zahlen können? Aber das Haus haben wir selber gebaut …! Das kann es nicht sein. Jedenfalls war irgendjemand da und hat gesagt, dass wir gehen müssen. Irgendjemand Wichtiges. Und jetzt müssen wir uns ein neues Zuhause suchen! Ich glaube, dass das Problem ist, dass meine Frau nicht aus der Gegend ist. Ja, irgend so ein Blödsinn. Sie ist eigentlich eine Fremde. Ich glaube, es ist eine Glaubensangelegenheit … Sie kommt aus dem gleichen Land, aber aus einer anderen Gegend. Es ist manchmal schwierig, dass die Leute sie nicht immer verstehen, weil sie einen anderen Dialekt hat. Und, weil man hier auch noch eine alte Sprache spricht und nicht nur Englisch.

M: *Kannst du auch diese alte Sprache sprechen?*

E: Ja. Die habe ich zuerst gelernt. Mit E_____ spreche ich Englisch. Das andere versteht sie meistens nicht richtig. Nur Brocken davon.

M: *Und deshalb werdet ihr vertrieben?*

E: Es ist kompliziert. Sie gehört zu … (Unterbricht sich.) Moment. (Pause.) Also, wir kommen erstmal unter bei Verwandtschaft und wissen noch nicht ganz, wie wir weitermachen sollen. Das ist ein wenig schwierig zurzeit … Ich habe das Gefühl, dass jemand etwas Böses im Schilde führt. Nicht speziell mit uns, sondern generell mit dem Land. Da liegt das Problem.

M: *Wer führt euer Land derzeit an?*

E: Der König. Aber der ist nur den anderen wohlgesonnen. Ich glaube, er möchte mit uns nichts zu tun haben.

M: *Wie ist der Name des Königs?*

E: George? Ich glaube, es hat irgendwie mit den Stuarts zu tun. Mit einem Aufstand. In England. Aber der König ist mir egal. Der ist eh blöd. Er vertritt uns nicht. Er hilft nicht. Die Leute sammeln für Aufstände. Gold. Aber das ist alles nicht mein Ding. Sie sollen machen, was sie wollen, aber meine Kinder und Familie in Ruhe lassen!

[...]

Möglicherweise bezog sich Emma auf König George II., der Großbritannien von 1727 bis 1760 protestantisch regierte und dessen Thronrecht vor allem von schottischen Anhängern des katholischen James Edward Francis Stuart (»Jacob III.«) bestritten wurde. Im Zuge der Auseinandersetzungen kam es mehrmals zu sogenannten Jakobitenaufständen, für deren Finanzierung in der Bevölkerung heimlich Geld gesammelt wurde. In Verbindung mit Emmas Schilderungen bezüglich Landschaft, Klima und der Sprachverhältnisse bestärkte sich meine Vermutung, dass wir uns in Schottland befanden. Emma bestätigte sie schließlich.

M: Und zu welcher Gruppe gehörst du?

E: Schottland.

M: Erzähl mir, was passiert, wenn ihr entscheidet, euch wieder niederzulassen. Findet ihr ein neues Zuhause?

E: Ja, in der Nähe meiner Familie, weit ab vom bösen Geschehen. Das ist ein bisschen schwierig, da das Land nicht so groß ist. Aber die sollen kämpfen, wo sie wollen. Viele werden bestimmt ihr Leben verlieren. Ich habe Angst um meine Familie. Ich bin ein starker Mann, aber ich habe keine Lust, auf dem Schlachtfeld zu sterben. Dann kann ich ihnen nicht mehr helfen.

M: Wird von dir erwartet, dass du kämpfst? (Ja) *Aber du hältst dich fern davon?*

E: Ja. Aber nicht, weil ich ein Feigling bin, sondern weil ich einfach eine andere Priorität habe. Und das ist nicht so einfach ... Wir leben geheim – ich zumindest. Meine Frau lügt den Leuten vor, dass sie nicht wüsste, wo ich bin.

M: Niemand darf dich sehen?

E: Nein! Und das ist schwierig … sehr schwierig. Aber so kann ich sie trotzdem beschützen und bin für sie da und nicht für die anderen. Was will ich mit den anderen? Wenn irgendetwas schiefgeht, dann habe ich auch nichts davon. Es gibt ein paar Leute, die wissen, wo ich bin, und denken, ich bin schwach. (Entschieden.) Aber ich sehe das anders! Ich bin stark! Ich bin nur nicht für die anderen da, sondern für meine Frau und meine Kinder. Und auch für den Rest der Familie. So weit weg sind sie ja nicht. Denn wenn da die Engländer einfallen, dann nehmen sie sich einfach, was sie wollen …

M: Funktioniert das mit dem Verstecken?

E: Nun ja, mein ältester Sohn wurde umgebracht. (Traurig.) Er war dreizehn. Ich weiß nicht genau, warum. Ich glaube, er ist irgendwie zwischen die Fronten geraten. Aber es ist auch einfach eine gefährliche Zeit. Es ist nicht ungewöhnlich, dass Kinder sterben, aber trotzdem immer tragisch.

[…]

Wir sprangen vorwärts zum letzten Tag des Lebens.

E: Ich stehe am Meer. Da sind Klippen. Ich denke nach. Ich bin vielleicht fünfundfünfzig. Ich glaube, das ist der letzte Tag, an dem ich mir Sorgen gemacht habe, weil eigentlich alles ganz gut gelaufen ist und ich Ruhe empfinde. Ich stehe dort alleine, schaue aufs Meer und bin zufrieden. Wenn ich mich umdrehe, sehe ich unser Haus, vor dem meine Frau mit unserer Tochter und dem jüngeren Sohn sitzt. Unsere Kinder sind schon groß. Und da sind unglaublich viele weitere Kinder … (Lächelt.) Ich glaube, das sind alles Enkelkinder. Alle sind gemischt und sehen glücklich aus. (Pause.) Ich spüre, dass ich irgendwann einschlafe. Ich gehe einfach ins Bett und dann ist es zu Ende. Ich lege mich neben meine Frau ins Bett. Sie schläft und hat ganz weiße Haare. Sie atmet noch und kurz darauf hört sie auf zu atmen. Dann schlafe ich ein und wir sind beide weg. Ich gehe kurz nach ihr. Ich muss ja auf sie aufpassen …

[…]

Emma verließ den Körper des alten Mannes und konnte nun von dieser Perspektive aus auf das Leben zurückblicken und erkennen, was sie in diesem gelernt hatte.

E: Das Wichtigste für mich war: Egal, was für Höhen und Tiefen man hat, wenn man an die Liebe glaubt und sich an ihr festhält, ist es einfacher. Und: Ich habe meine Meinung verteidigt und das war letztendlich auch gut so. Es hat keiner hören wollen – und es war auch fast schon kriminell unter den geltenden Gesetzen –, aber es war richtig so. Die Familie ist ein Verbund, der ganz fest ist und dem man nicht viel anhaben kann, wenn er zusammenhält. Ich habe die Familie zusammengehalten, aber das haben auch die in der Familie getan, die nicht zu meinem eigenen engsten Kreis gehört haben, wie zum Beispiel meine Geschwister. Das hat es möglich gemacht, dass ich auf meine Familie aufpassen konnte. Meine Frau war toll. Sie war stark und hätte sich auch verteidigt. Aber es ist etwas anderes, wenn man auch mehr Kraft hat.

[…]

Wir ließen den glücklich verstorbenen Mann im alten Schottland zurück und entschieden uns, in ein drittes Leben einzutauchen. Emma landete wieder in einer Stadt und wieder regnete es, diesmal befand sie sich allerdings in einer moderneren Zeit. »Es ist ziemlich grau. Da sind Häuser. Das wirkt wie eine mittelgroße Stadt. Es fahren Autos auf den Straßen, aber sie sind nicht neuartig. Es gewittert. Ich stehe in einem Hauseingang und habe einen Mantel an.« Emma beschrieb sich als weiblich und etwa zwanzig Jahre alt.

E: Ich habe gerade ein beklemmendes Gefühl. Fast ein wenig ängstlich. Obwohl Leute da sind, fühle ich mich ganz, ganz, ganz alleine. Ich glaube, es ist irgendetwas passiert. (Pause.) Es könnte in Deutschland sein. Ja, das könnte passen. Das ist hier alles auch nicht so alt. Ich glaube, ich habe diese Autos im jetzigen Leben schon mal gesehen, als ich kleiner war. […] Ich habe einfache Schuhe an, einen Rock und eine Bluse. Die Beine sind frei. Einen Mantel. Nichts auf dem Kopf. Meine Haare sind kürzer, aber gewellt. (Erstaunt.) Sie sind blond.

M: Warum fühlst du dich beklemmt?

E: Ich glaube, ich habe gerade irgendetwas Schlechtes erfahren. Aber was, weiß ich noch nicht …

M: Wohnst du dort, wo du gerade stehst?

E: Ich stelle mich hier nur wegen des Gewitters unter, wohne aber eine Straße weiter.

M: Wohnst du alleine?

E: Nein … (Pause.) Ich sehe zwei männliche Personen und eine Frau. Ich glaube, die Frau ist meine Mutter? (Verwirrt.) Bei den Männern weiß ich es noch nicht. Ich glaube, ich bin verlobt. Aber eigentlich mag ich ihn nur so halb. Mein Vater hat da seine Hände mit im Spiel gehabt. Ihm ging es darum, »eine gute Partie« für mich zu finden. Nach außen hin ist es das auch, aber ich bin nicht richtig verliebt. Ich war allerdings auch noch nie verliebt, daher weiß ich auch nicht wirklich, wie sich das anfühlen könnte.

M: Was für Nachrichten hast du erhalten?

E: Ich glaube, er muss in den Krieg. Aber wir sind noch nicht verheiratet!

M: Macht es dich traurig, dass er wegmuss?

E: Ja. Auch, wenn es nicht tiefe Liebe ist, ist das trotzdem ein mit mir verbundener Mensch. Und wir wollen ja heiraten! Wir haben uns bereits besser kennengelernt und werden den Rest unseres Lebens miteinander verbringen. Da muss man dann ja wenigstens ein gewisses Gefühl von Sicherheit haben. Aber er hat die Nachricht bekommen und am Montag ist es schon so weit. Heute ist Freitag. Das geht so schnell!

[...]

Wir sprangen zu einem bedeutenden Tag in dem Leben.

E: Ich sitze an einem Tisch und bin am Zittern. Meine Mutter ist bei mir. Es liegt ein Brief auf dem Tisch. (Pause.) Es geht um meinen Mann. A_____ ist sein Name.

M: Hattet ihr inzwischen geheiratet?

E: Ja. Das war ganz viel Hektik. An dem Montag, noch bevor er abgefahren ist, sind wir schnell auf das Standesamt und haben uns im Eifer die Ringe angesteckt. Die Ringe waren die Eheringe meiner Eltern, damit wir überhaupt Ringe hatten für den Tag. Das musste schnell gehen! Es ist ja so, dass, wenn etwas im Krieg passiert wäre – oder passiert ist –, du als Verlobte keinen Anspruch hast. Als Ehefrau hast du zumindest einen kleinen Anspruch. Und das ist auch durchaus wichtig gewesen, dass da noch eine kleine Sicherheit für mich da ist. In dem Brief stand, dass er umgekommen ist. Ich glaube durch eine Bombe. Ich bin geschockt. Eigentlich war da keine tiefe Liebe, aber eine Zuneigung war es schon. Ich wusste nicht, dass das einen so herausreißen und so schocken kann – auch mit einem, den man nicht richtig liebt. Es war auch noch nicht so viel Zeit vergangen.

[...]

Wir sprangen vorwärts zu einem weiteren bedeutenden Tag.

E: Es hat an der Tür geklingelt. Ich weiß gerade gar nicht, wo ich bin. (Grübelt.) Es kann sein, dass meine Eltern hier auch irgendwo sind ..., aber es hat jedenfalls geklingelt und jemand steht vor der Tür. Er hat Blumen in der Hand. Es ist einer aus der Nachbarschaft. Ein Arbeiter? (Pause.) Er hat einen Beruf, aber ich weiß gerade nicht, was. Er hat Blumen, um mir eine Freude zu machen. Ich glaube, er hat Interesse an mir – obwohl ich verwitwet bin! Aber er kann das ja noch nicht wissen. A_____ und ich hatten keine Gelegenheit gehabt, die Ehe richtig zu vollziehen, aber das weiß ja keiner. Die meisten Witwen hatten ihre Männer schon länger. Insofern hat er eigentlich das goldene Los gezogen. Und er ist auch noch nett! (Lacht.) Er ist wirklich sehr nett und bemüht sich stark, aber dabei ist er sehr tollpatschig. (Grinst.) Das find ich allerdings ganz süß. Er wird rot, wenn er anfängt zu reden. Und er stottert dann nur noch. Meine Freundinnen sagen zwar immer, dass er total der Weichklops wäre, aber das ist nicht so dramatisch. Man kann aufgrund dessen, wie ein Mann nach außen hin wirkt, ja eh nie sicher sein, wie er innen drin wirklich ist.

M: Hat er einen Namen?

E: Ich glaube, ich habe den Namen N_____ gehört. Ich bin mir allerdings nicht sicher, ob er nicht vielleicht aus dem Ausland, aus dem Süden, ist, denn so sieht er auch ein bisschen aus. Der Krieg hat mittlerweile aufgehört, aber die Nachwehen sind noch zu spüren. N_____ hat irgendwas Körperliches, so dass er nicht kämpfen musste. Ich glaube, er hatte als Kind schon etwas am Bein. Er kann nicht lange laufen. Aber das stört mich nicht. Er ist nett und umgänglich. (Lächelt.) Und er hat mich mit den Blumen zum Frühlingsball eingeladen. Ich bin ganz aufgeregt! Meine Mama ist auch ganz aufgeregt. (Kichert.) Und nun sind wir zusammen aufgeregt.

[…]

Wir sprangen nochmal vorwärts zu einem wichtigen Tag.

E: Ich bin in einem Krankenhaus, aber ich sitze draußen auf der Wartebank. N_____ ist bei mir. Aber warum bin ich hier? Ich glaube, wir sind zur Beratung da. Es sind vielleicht fünf oder sechs Jahre vergangen. Ich scheine mit ihm verheiratet zu sein. Ich habe A_____s Ehering – der ja eigentlich der meiner Mutter ist – um den Hals hängen, aber N_____ respektiert das. Er ist nicht der Macho, der sagt: »Ich bin der einzige Mann! Der andere hat hier nichts zu suchen.« Er weiß ja, dass A_____ zuerst da war. Er ist ein sehr netter und lieber Mann. Andere haben da viel mehr Probleme. Da werden Frauen geschlagen. Das habe ich alles nicht. Er wäscht sogar das Geschirr mit ab! (Pause.) Hm, warum sind wir hier …? Es hat mit uns beiden zu tun. Der Arzt guckt so ernst. Er spricht mit uns, aber ich verstehe ihn momentan nicht. Er redet tonlos. (Pause.) Es ist gedrückte Stimmung, aber ich glaube, es ist nichts wirklich Ernsthaftes wie Krebs oder so. (Pause.) N_____ drückt meine Hand. Wir reden beide mit ihm. Es scheinen keine guten Neuigkeiten zu sein. Der Arzt sagt, dass »es nicht unbedingt immer so bleiben muss«, aber dass »die Chance sehr gering ist, dass etwas passieren wird«. Ich glaube es geht darum, eine Familie zu gründen. Kinder zu haben. Wir sind bedrückt, denn für die meisten Leute gehört das dazu. Er kann die Ursache nicht richtig begründen. Obwohl ein Problem bei N_____ besteht – er sagt das ungern, weil Männer das nicht gerne hören –, scheint auch bei mir nicht alles in Ordnung zu laufen. Ich habe ab und zu Zysten und die können hinderlich sein. Die Kombination ist also nicht perfekt. Es besteht zwar an sich immer eine Chance, wenn man Geschlechtsteile hat, die prinzipiell tun, was sie sollen, aber es kann sein, dass die Chance sehr gering ist. Ich bin traurig. Alle meine Freundinnen sind Mütter. Und ich weiß gerade nicht, wie das weitergehen soll. Der Arzt gibt uns Unterlagen mit.

M: Bezüglich …?

E: Adoption. (Betrübt.) Körperlich scheint nicht viel zu gehen. Da kann man nicht so viel machen.

[…]

Wir sprangen zum letzten Tag des betrachteten Lebens.

E: Ich habe einen Stock in der Hand und bin auf dem Heimweg. Ich bin sehr alt und kann mit den ganzen neuen Sachen um mich herum wenig anfangen … Die Fernseher sind so laut. Und die vielen Flugzeuge! (Seufzt.) Es ist ca. 1980. Ich bin gerade auf der Straße. Zuvor war ich auf dem Friedhof und habe die Blumen auf N_____s Grab erneuert. Er ist vor fünf Jahren gestorben. Ich komme nach Hause, ziehe den Mantel aus, hänge Hut und Stock in die Garderobe, setze mich in den Sessel und mache das Radio an.

M: Hattet ihr es noch geschafft, eine Familie zu gründen?

E: Nein, wir sind zu zweit geblieben. Uns war das auf Dauer zu anstrengend, das mit dem Adoptieren. Wir hatten es angefangen, aber das war sehr mühsam. Irgendwann hatten wir beschlossen, dass wir für uns bleiben. Wir hatten einen kleinen Hund gehabt – nicht als Kindersatz, sondern einfach, damit noch jemand im Haus ist und man ein wenig Beschäftigung hat. Und N_____ hat mir irgendwann einen Kanarienvogel geschenkt. (Kichert.) Aber Vögel werden nicht so alt, da war das in Ordnung. Er wurde gepflegt, solange er da war, und als er dann weg war, war das auch in Ordnung. N_____ hatte es nur lieb gemeint. […] Wir hatten das mit der Adoption zwar eine Weile lang verfolgt, haben uns dann aber dafür nicht bereit gefühlt – nicht, weil man die Kinder nicht lieben könnte, sondern einfach, weil dann nichts »Eigenes« dran ist. Das war uns suspekt und dann sind wir halt alleine geblieben. Meine Eltern sind schon länger verstorben. N_____s Eltern haben nicht in der Nähe gelebt. Geschwister hatte ich keine. Wir hatten dann ein ruhiges Leben zu zweit mit Hund. N_____ ist einfach verstorben. Er war nicht krank. Und ich sitze jetzt hier im Sessel und lausche der Musik.

M: Und was passiert nun?

E: Ich mache die Augen zu …

[…]

Nachdem Emma den Körper der alten Frau verlassen hatte, konnte sie von dieser Position aus zurück auf das Leben blicken und erkennen, was sie in diesem gelernt hatte.

E: Es war für mich sicherlich eine große Sache, dass ich mich nochmal verlieben und den Verlust von A_____ so überwinden konnte. Und, dass ich es geschafft hatte, mit N_____ auch ohne Kinder zufrieden zu sein. Klar, ich hätte lieber welche gehabt, aber wir waren zufrieden mit dem, was wir hatten. Wir hatten damit auch Vorteile: ein bisschen mehr Geld und niemanden, der mit schmutzigen Füßen hereinkam und mir den Boden dreckig gemacht hat. (Kichert.) Nur mein Mann. (Lacht.) Und der Hund. Es war auch angenehm, mit meinem Mann gleichberechtigt gewesen zu sein. Das war zu der Zeit nicht normal. Frauen wurden oft untergebuttert. Aber wir waren uns einig gewesen und er half mir oft.

[…]

Die Zeit war gekommen, um das Überbewusstsein einzurufen und mehr Informationen zu erhalten. Ich fragte zunächst, warum es Emma das Leben als die Frau in der Wüste gezeigt hatte.

ÜB: Sie hat dort hilfreiche Erfahrungen gemacht: mit Verlust umzugehen und sich durchzusetzen. Ich wollte ihr damit auch zeigen, dass sie mit der Erfahrung nicht alleine ist, jemanden zu verlieren, den man liebt, damit sie merkt, dass das vielen so geht. Den einen auf tragische, anderen auf »normalere« Weise.

M: Besteht da eine Parallele zu ihrem aktuellen Leben?

ÜB: Nicht personenbezogen, aber erfahrungsbezogen. Und damals hat sie das stärker gemacht, während sie momentan das Gefühl hat, dadurch geschwächt zu werden.

M: Warum ist es so, dass wir Lektionen, die wir in anderen Leben schon gelernt haben, nochmal lernen müssen?

ÜB: Nicht alle empfinden es so. Manche denken, dass sie von vorneherein besser mit etwas umgehen können als andere, wobei das dann oft einfach eine Erfahrung ist, die sie zuvor schon gemacht haben. Manche schieben sie einfach beiseite. Andere sind einfach ein wenig blauäugig – und ich glaube, da können wir Emma dazuzählen. Sie merkt oft, dass sie Begebenheiten schon kennt, aber wenn es um die wichtigen Sachen geht, dann leider oft nicht. (Seufzt.)

[…]

Wir kamen auf das zweite gezeigte Leben zu sprechen und ich fragte, warum es für Emma wichtig gewesen war, in die Existenz des Mannes in Schottland einzutauchen.

ÜB: Weil sie sich immer fragt, warum sie dieses Land so mag, obwohl sie bisher noch nicht dort gewesen ist, und warum sie kein Problem hat, der alten Sprache dort zu folgen. Sie hat ein Buch über Schottland gelesen, in dem Gälisch vorkam. Sie versteht die Sprache jetzt nicht so, wie sie Deutsch oder Englisch verstehen würde, aber sie hat kein Problem, sich die Wörter zu merken, und fragt sich die ganze Zeit, warum das so ist, denn eigentlich ist sie kein großes Sprachtalent. Auch das mit der Aussprache macht sie gut, und sie wundert sich stets innerlich, woher das kommt. Nicht von ungefähr! Das ist das eine. Und das andere ist, dass die Zeit damals sehr, sehr schwer war und man trotzdem ein glückliches Leben führen konnte, während man heutzutage so viele Probleme hat, obwohl die Zeiten viel leichter sind. Vielleicht könnte man einfach glücklicher sein mit dem, was man hat …

M: Das hat sie damals in der Tat geschafft. Gibt es noch weitere Gründe, warum ihr Emma dieses Leben gezeigt habt?

ÜB: Sie ist sehr familiär, sehr verbunden mit ihrer Familie. Und er war auch sehr familienverbunden, sonst hätte er sich nicht für die Familie und gegen den Krieg entschieden – was als Mann damals sehr ungewöhnlich war. Sie sollte erkennen, dass es immer weitergeht, wenn man an die Liebe glaubt – egal, was ein Leben so bringt. Wir haben ihr dieses Leben gezeigt, weil es eines der stärksten ist, das sie hat. Würde man es bildlich darstellen, wäre es ein vor Kraft strotzender Mensch – egal, ob weiblich oder männlich. Wir unterscheiden da nicht. Voller Lebensenergie! Und das trotz der »schlechten« Ereignisse.

M: Wäre es gut für sie, mal nach Schottland zu reisen?

ÜB: Ja, das könnte sie erden. Ihre Familie war damals von der Westküste. Die Stadt kann ich nicht genau benennen, aber es war definitiv der Westen und auch eher höher gelegen als niedriger. Also eher in den Highlands als in den Lowlands.

[…]

Wir gingen zum dritten gezeigten Leben über, welches zur Zeit des Zweiten Weltkriegs in Deutschland begonnen hatte. Ich erkundigte mich nach der Relevanz für die aktuelle Inkarnation.

ÜB: Emma hat viel Angst vor Verlust. Und zwar egal, vor welcher Facette von Verlust oder von Alleingelassen-Werden. Ich wollte ihr erklären, wo das herkommt, und zeigen, dass es nicht nur, weil es einmal schlecht läuft, schlecht weiterlaufen muss. Sie weiß das eigentlich, aber es ist ihr momentan nicht bewusst.

M: Als ich sie am Todestag fragte, in welchem Jahre wir uns befänden, sagte sie 1980 – relativ kurz vor ihrer Geburt im aktuellen Leben.

ÜB: Ja, sie war neugierig. Das ist sie immer noch. Und wissbegierig!

M: Gibt es jemanden im heutigen Leben, der auch damals vorhanden war?

ÜB: Ja, die Großmutter ihres heutigen Mannes. Sie hat sie in dem anderen Leben häufig als junge Frau beim Einkaufen gesehen, in einem kleinen Lädchen nicht weit von hier in [Region]. Der Kontakt war nicht bedeutend, aber die beiden kannten sich zumindest. Als Emma das erste Mal die Geschichte der Großmutter hörte, wie diese ihren Lebenspartner kennengelernt hatte, war sie verwundert, dass ihr diese bekannt vorkam. Es ist eine recht abenteuerliche Geschichte, und Emma hatte immer, wenn die Oma das erzählte, das Gefühl, sie hätte die Geschichte vorher schon einmal gehört …

M: Lebt die Oma noch? (Ja) *Das heißt, sie könnte sich an die Frau erinnern, die Emma damals war?*

ÜB: Das wäre möglich. Man könnte sicherlich versuchen, das herauszufinden. Es kann aber sein, dass die Oma das nicht richtig greifen kann, denn sie ist ja jetzt auch schon etwas älter.

[…]

Es ist faszinierend, wie verwoben unsere aktuellen Leben mit unseren »vergangenen« sein können. Ohne sich dessen bewusst zu sein, hat möglicherweise ein (älteres) Mitglied der eigenen Familie einen selbst als eine andere Persönlichkeit im vorigen Leben angetroffen. So entstehen »lebende Brücken« zwischen dem aktuellen Selbst und einem vergangenen. Diese Verbindungen existieren öfter, als man denkt – vor allem für Seelen, die zwischen Inkarnationen nicht lange pausieren und sich in diesen auf eine bestimmte geographische Region fokussieren.

Wir schlossen die Besprechung der Leben ab und wandten uns den Fragen auf Emmas Liste zu. Die erste betraf das starke Heimweh, das Emma stets auf Reisen verspürte, jedoch rational nicht verstand. Ich erkundigte mich nach dessen Ursprung.

ÜB: In fast all ihren Leben ist sie stets an Ort und Stelle geblieben und nicht weit von dort weggekommen. So ist es auch im aktuellen Leben. Sie ist daher immer sehr mit ihrer Heimat verbunden und mag ihre vier Wände, ihren privaten Bereich, ihre Welt. Im Urlaub trauert sie dann tatsächlich ihrem Zuhause hinterher. In Schottland und Skandinavien würde sie sich jedoch heimisch fühlen; das sind aber auch ähnliche Gebiete. Obwohl einige ihrer Leben auch in anderen Gebieten gespielt haben, sind die, mit denen sie sich ganz stark verbunden gefühlt hat, fast alle im Norden gewesen.

M: Wo hat das Leben in der Wüste gespielt?

ÜB: Das war in Afrika gewesen.

M: Hatte sie auch schon Leben woanders auf der Erde?

ÜB: Da müssen wir nachschauen. (Pause.) Emma war fast immer europäisch. Sie war also beispielsweise nie dunkelhäutig oder chinesisch oder indianisch. Sie hatte auch mal eine Geschichte auf dem Kontinent Australien.

M: Hatte sie auch Leben, die nicht auf der Erde stattfanden?

ÜB: Nein. Deswegen fühlt sie sich auch so verbunden mit Gras, Bäumen, Wald und Wiese. Ihren Entwicklungsprozess als Seele hat sie hier begonnen. Dafür hat sie allerdings schon viele Leben hier gehabt.

[…]

Ein weiteres Thema war Emmas Selbstbewusstsein, das sie selbst stets als zu gering empfunden hatte. Ich fragte das Überbewusstsein nach dem Hintergrund.

ÜB: Sie führt noch sehr viele »alte« Leben als Frauen mit sich. In diesen waren Frauen oft weniger wert, und das hat man zu den Zeiten auch gemerkt. Sie war schon immer eine starke Frau gewesen, aber die Gesellschaft hat Frauen einfach nicht so respektiert, und dieses Gefühl, das schon so lange mit ihr verbunden ist, ist nicht so einfach zu entfernen. Das geht schon fast 1500 Jahre so! Es ist schwierig, sich davon freizumachen, wenn man derart viele alte Leben hinter sich hat, die so tief gehen. Seelen, die nicht so viele alte Leben haben, fällt das leichter – wie auch denen, die öfter Männer waren. Emma war sehr oft Frau, und damals war es einfach üblich, dass Frauen weniger zu sagen hatten. Das hört sich hart an, aber es waren einfach andere Zeiten gewesen. Das Bewusstsein für diese Leben wird ihr helfen, um gegen deren Einfluss anzukämpfen.

[…]

Ein für Emma wichtiges Thema war noch übriggeblieben: der unerfüllte Kindeswunsch. Ich sprach die traumatische Erfahrung der Fehlgeburt an und erkundigte mich nach deren Ursache.

ÜB: Sie braucht sich keine Vorwürfe zu machen, denn es wäre so oder so geschehen. Man hätte eine Woche vorher etwas sehen müssen, damit es hätte aufgehalten werden können – was aber so nicht vorgesehen war. Es ist passiert, um anderen Leuten zu zeigen, dass so etwas passiert. Sie geht mit dem Thema offen um, während die Gesellschaft einfach totschweigt, dass Kinder mitten auf dem Weg »verloren« werden. Nicht jede Schwangerschaft geht positiv aus – tatsächlich sogar die wenigsten. Diese ganz kleinen Lichter – wir nennen sie jetzt mal Seelen, auch wenn sie in dem Sinne keine Seelen sind – werden oft gar nicht gesehen, weil sie medizinisch betrachtet bis zur zwölften Woche faktisch noch nicht da waren. Ansonsten hört man nur von Totgeburten: Das sind Kinder, die am Ende der Schwangerschaft sterben. Von denen zwischendrin hört man nie. Das ist aber tatsächlich eine große Gemeinschaft von Betroffenen! Uns war es daher wichtig, dass es jemanden geben muss, der darüber redet. Und das tun Emma und ihr Mann. Sie reden mit anderen darüber. Sie erzählen ihre Geschichte und hören dann auch immer wieder, dass sie damit nicht alleine sind. Es geht also darum, anderen zu helfen. Und da Emma eine ungemein hilfsbereite Persönlichkeit ist, war sie genau die Richtige, um sich dazu bereitzuerklären, das zu machen. Sie und ihr Mann sind dadurch besondere Eltern!

M: Es wäre also in jedem Fall passiert?

ÜB: Ja. Es war nur nicht ganz klar, in welchem Zeitrahmen es passieren wird. Es hätte auch schon vier Wochen früher geschehen können. Es gab vorher bereits Komplikationen und es hätte quasi bei jeder Komplikation so weit sein können. Warum es ausgerechnet an dem Tag geschehen ist, ist schwer zu definieren. Wir rechnen ja nicht mit speziellen Daten. Es ist dann einfach ein Zeitrahmen.

M: *Gab es eine Seele, die geplant hatte, geboren zu werden?*

ÜB: Es gibt eine Seele und sie war auch zwischendurch da, aber das Kind hat nichts vom Leid mitbekommen. Emma weiß auch, dass da jemand war. Die Seele ist aber noch – wie soll man das erklären? – auf dem »Parkplatz«, könnte man sagen. Wir wissen noch nicht, ob die Seele bei ihr aus dem Körper kommen wird oder ob sie vielleicht schon zu einem anderen Kind gehört. Das können wir nicht – oder: wollen wir auch nicht – benennen. (Schmunzelt.) Wir wollen auch nicht sagen, ob es nicht vielleicht zu einer Adoption kommt oder nicht. Vielleicht kommt es auch zu beidem. Das ist momentan alles möglich und offen, da der Weg noch nicht ganz vorherbestimmt ist. Er ist noch nicht fertig. Es ist noch nicht so weit. Sie wird den richtigen Zeitpunkt erkennen.

M: *Sie meinte vorhin, dass das Thema noch sehr präsent für sie ist und sie das mit dem Loslassen noch nicht so richtig hinbekommt.*

ÜB: Sie hängt definitiv noch daran. Das ist aber ein Kommen und Gehen und die Abstände zwischen den Wellen werden immer größer werden. Momentan ist das noch engmaschig, aber es wird langsam abflachen. Für uns ist sie dazu bestimmt, Mutter zu sein. Man kann vieles vorausplanen, aber nicht alles. Zu dem Thema gehören zwei Seelen, zwei »Uns«, zwei »Wir« – oder sogar noch mehr, denn der Partner spielt ja auch eine Rolle. Emma und ihr Mann gehen hier einen gemeinsamen Weg und diese Geschichte ist noch nicht abgeschlossen.

[…]

Letzte Worte: »Sie soll nicht aufgeben. Sie schafft das!«

Kriegerin des Lichts

Es war ein gnädig frischer Sommertag inmitten der heißesten Woche des Jahres, als Daniela (55) zu ihrem Termin erschien. Mit forschem Schritt, burschikosen Stiefeln und einer quer umgehängten Feldposttasche betrat sie das Studio und begann unmittelbar, lebhaft von sich zu erzählen.

Im Vorgespräch wurde klar, dass die zierliche, dabei aber sehr energiegeladene Frau bereit dafür war, den Ballast der Vergangenheit hinter sich zu lassen und sich ihrer Aufgabe für die Zukunft bewusst zu werden. Sie erhoffte sich von ihrem Überbewusstsein Informationen, die ihr dabei helfen würden, ihre Bestimmung in diesem Leben zu finden. Als Pflegerin mehrerer Familienmitglieder fühlte sie sich in ihrer Lebenssituation gefangen. Sie spürte, dass ihre Berufung in einem anderen Bereich lag, wusste allerdings nicht konkret, worin. Zudem plagten sie einige körperliche Leiden, denen sie auf den Grund gehen wollte.

Daniela sprach sehr gut auf die Hypnose an, und nachdem sie die erforderliche Trancetiefe erreicht hatte, begann sie ihre Seelenreise, auf der sie drei Leben zu sehen bekommen sollte. Wir landeten zunächst an einer mit Gras bewachsenen Küste. Am Himmel erblickte sie Möwen, die sich vom frischen, salzigen Wind tragen ließen. »Das ist hier eine Inselküste. Das Wasser ist blau und ruhig. Das Land ist nicht sehr stark besiedelt …« Ich fragte sie, was sie noch erkennen könne, während sie sich in ihrer Umgebung umsah.

[…]

D: Natur … Leute in einem Dorf … wie bei den Wikingern oder Kelten. Ich stehe nicht so weit weg davon. Ich befinde mich in der Nähe vom Wasser und schaue hinaus auf das Meer.

[…]

Ich bat sie, an sich herabzublicken und sich und ihre Kleidung zu beschreiben.

D: Lederschuhe. Braun. So etwas wie eine Toga bis zu den Knien. Ein Gürtel. Ein langes Schwert. Ich habe etwas umhängen – eine Tasche oder so etwas – aus Leder. In ihr befindet sich Proviant. Ich habe lange Haare. Sie sind dunkelblond und hinten zusammengebunden. Ich bin männlich. Weder jung noch alt. Stark. Groß. Ich bin jemand Bedeutendes. Ich halte Ausschau nach etwas und passe auf die anderen auf.

M: Wonach hältst du Ausschau?

D: Nach fremden Schiffen.

[…]

Er schien eine Art Späher zu sein. Ich fragte ihn nach der Gemeinschaft, in der er lebte. In dieser gab es viele Krieger, die die Angriffe anderer Stämme bisher immer erfolgreich abgewehrt hatten. Der Mann hatte auch eine Familie.

D: Eine Frau. Zwei Kinder. Junge und Mädchen. Nicht mehr ganz klein … vielleicht so um die acht und zehn Jahre alt. Mutter und Vater. Bruder und Schwester.

M: Du sagtest, du hast eine besondere Position in der Gemeinschaft?

D: Ich passe auf die anderen alle auf. Sie vertrauen mir. Ich bin klug. Ich passe auf sie auf.

M: Wer führt die Gemeinschaft an?

D: So welche wie ich. Zusammen. Wir erwarten einen Angriff. Es wurden Schiffe gesichtet. Ich bin entschlossen, uns zu verteidigen.

M: Wird heute etwas passieren?

D: Nein, ich passe auf!

[…]

Wir sprangen vorwärts zu einem bedeutenden Tag des Lebens.

D: Ich bin im Dorf. Auf dem Platz kommen alle zusammen und diskutieren, wie es weitergehen soll. Ob wir bleiben oder weggehen. Ob wir stark genug sind.

M: Ist etwas passiert?

D: Ein Angriff. Es hat Verluste gegeben. Wir müssen die Frauen und Kinder in Sicherheit bringen. Bald ist Winter. Es ist zu gefährlich.

M: Und welche Meinung vertrittst du?

D: Wegzuziehen. Weiter höher und weg von der Küste. Wir brauchen das Wasser nicht unbedingt.

M: Gibt es welche, die deine Meinung teilen?

D: Ja, sie hören auf mich.

M: Gibt es auch welche, die das anders sehen? (Mhm) *Für was entscheidet ihr euch?*

D: Wir gehen. Wir packen alle Vorräte auf Wagen mit Pferden, nehmen alle Materialien mit und ziehen höher in die Berge. (Pause.) Da gibt es noch andere. Wir treffen andere. Wir schließen uns mit ihnen zusammen.

M: Hat deine Familie auch Verluste erlitten?

D: Ja, mein Vater und mein Bruder. Er war älter. Im Kampf. Ich konnte ihm nicht helfen.

M: Hatte er auch Familie?

D: Ja, er hatte auch Kinder. Ich nehme sie mit. Wir leben nun gemeinsam.

M: Was passiert noch an dem Tag?

D: Es ist kalt. Wir müssen uns Unterkünfte bauen und alles neu organisieren. Aber wir sind zäh!

[…]

Wir sprangen erneut vorwärts zu einem bedeutenden Tag.

D: Ich bin älter. (Pause.) Ich bin in einem Kampf verletzt worden. In einer Auseinandersetzung mit Schwertern. Meine Kinder sind größer und ziehen in eine Stadt am Meer. Sie ist ein paar

Stunden entfernt. Weiter als das Dorf damals. Ich fühle mich alt und nicht gebraucht. Ich muss irgendwie meinen Platz finden.

M: *Wie ist der Zustand deines Körpers?*

D: Ich habe überall Wunden und bin zu krank, um mitzugehen. Ich will auch, dass sie alleine gehen und auf sich aufpassen. Ich kann ihnen nicht mehr helfen. Sie ziehen weg. Das ist auch gut so. Die müssen auf sich aufpassen.

M: *Hast du noch Familie, die bei dir bleibt?*

D: Meine Frau ist noch da. Und meine Mutter. Sie ist ganz alt. Leute aus dem Dorf fragen mich immer noch um Rat.

M: *Wie fühlst du dich?*

D: Ich vermisse meine alte Kraft. Ich hocke einfach nur am Feuer rum, möchte aber etwas machen. Aber ich kann nicht mehr. Hilflos. Wehmütig. Götterdämmerung …

M: *Was meinst du damit?*

D: Ein Zeitenwandel. Ich weiß, ich muss bald gehen. Dann bekomme ich eine neue Aufgabe. Das macht mich ein bisschen traurig.

M: *Meinst du damit den Tod?* (Mhm) *Was denkt deine Gemeinschaft, was nach dem Tod passiert?*

D: Man geht in die Götterwelt ein. (Emotional.) Das macht mich traurig. (Tränen fließen.) Diese Kraft, dieses ganze Wissen, die Gemeinschaft – das löst sich alles auf. Es zerrinnt. Es kommt zwar etwas Neues, aber ich bin nicht mehr Teil davon … Das ganze Wissen und die ganze Kraft!

M: *Habt ihr Mittel und Wege, wie ihr das weitergeben könnt?*

D: Ich gebe es weiter, kann das aber nicht mehr aufhalten. Ich kann nur hoffen, dass etwas Neues entsteht und dass andere meine Rolle übernehmen.

M: *Gibt es junge Krieger, die dafür infrage kommen?* (Ja) *Gibt es noch andere wie dich in deiner Gemeinschaft?*

D: Ja, wenige. Aber die bedeuten mir auch nichts mehr. Es verlässt einen diese Kraft. Ich denke mir: »Das ganze Wissen und alles, was man erlebt hat, das geht alles verloren.« Ich möchte das abgeben, aber ich kann halt nur so viel tun. Ich bleibe zurück und weiß nicht, was an Neuem kommt.

[…]

Wir sprangen zum letzten Tag des betrachteten Lebens.

D: Da ist ein Feuer in einer Hütte. Ich liege zugedeckt auf einem Bett und alle stehen drumherum. Manche weinen ein wenig. Ich werde immer schwächer. Ich bin auch nochmal älter geworden. Diese Wunden haben meinem Körper ganz schön zugesetzt. Sie haben meinen Körper geschwächt, aber mein Geist ist wach. Ich habe allerdings keinen Willen mehr. (Pause.) Der fließt so dahin … ganz langsam, als ob ich wegschwebe.

M: Wen kannst du um dich herum erkennen?

D: Meine Tochter. Meinen Sohn. Ihre Kinder. Meine Frau. Sie ist ganz alt.

M: Was empfindest du, wenn du in ihre Gesichter blickst?

D: Ich spüre ein Gefühl von Trauer, von Leere. (Flüstert.) Ich bin jetzt ein bisschen zu weit weg. (Pause.) So viel Kraft und Ballast geht jetzt weg …

M: Wenn du bereit bist, kannst du den Körper zurücklassen.

D: Oh, ja! Er ist schwer, schwer …

[…]

Sie verließ den Körper des alten Kriegers und konnte nun von dieser Position aus auf das Leben zurückzublicken und beschreiben, was sie in diesem gelernt hatte.

D: Ich habe aufrecht gestanden wie ein Fels. Ich habe niemanden im Stich gelassen. Ich war immer da! Ich war stark! Aber ich habe auch einen Preis dafür bezahlt. Man hat nicht viele Freunde. Man steht aufrecht und alleine und trägt das ganze Gewicht, aber es kommt niemand wirklich nah an einen ran.

Dass ich aufrecht gestanden bin, erfüllt mich jedoch mit Stolz. Ich habe meine Leute verteidigt und beschützt, aber ich bin einsam gewesen.

M: *Was hast du noch gelernt?*

D: Ich bin dankbar, dass ich stark sein konnte. Ich hätte nicht schwach sein wollen. Vielleicht hätte ich trotzdem kompromissbereiter sein können und mich nicht so belasten müssen. Nicht alles alleine tragen müssen …

M: *Warum hast du das getan?*

D: Ich dachte, niemand außer mir kann es, aber das stimmt nicht. Das war viel Ballast. (Flüstert.) Wie ein Stein.

M: *Was kannst du daraus für dich mitnehmen?*

D: Zu vertrauen. In sich selbst und in die eigene Kraft. Aber auch in das Bewusstsein von Gemeinschaft, von Wärme, von Miteinander. Es gab keine Konkurrenz. Man hat sich einfach respektiert. Vielleicht ein bisschen zu viel Abstand gehalten. (Pause.) Ich wünschte, ich hätte noch andere Fähigkeiten gehabt – Menschen zu heilen oder ihnen anders zu helfen. Nicht einfach nur, wie ein Fels dazustehen. Andere Aufgaben. Das habe ich mir für das nächste Leben vorgenommen: andere Aufgaben.

M: *Bist du bereit, in das nächste Leben zu gehen?*

D: Ja.

[…]

Wir ließen den Krieger zurück und begaben uns in ein weiteres Leben von Daniela. Es begann vor einem eleganten Landhaus inmitten eines großen Gartens. Sie trug ein fein gearbeitetes, langes Kleid mit kurzen Ärmelchen, das unter der Brust zusammengefasst war, und kleine Stiefelchen. Sie ordnete ihre Kleidung und die Umgebung in die Zeit um etwa 1800 ein.

D: Ich lese viele Bücher, blättere in Karten rum. Meine Mutter ruft mich. Jemand spielt Klavier. (Pause.) Ich bin zwanzig Jahre alt.

M: Du lebst mit deiner Familie? (Ja) *Wer gehört dazu?*

D: Eine jüngere Schwester, ein jüngerer Bruder, ein älterer Bruder. Mein kleiner Bruder ist krank. Er hustet viel. Und er liegt sehr viel im Bett. (Pause.) Ich lese viel. Es passieren viele gesellschaftliche Sachen. Leute kommen vorbei und es wird viel diskutiert. (Betrübt.) Aber mein Bruder ist krank. Das ist traurig. Er ist krank geworden. Man versteckt ihn im Zimmer.

M: Wo befindet sich euer Haus?

D: Auf dem Land. In England.

M: Was für einen Beruf hat dein Vater?

D: Irgendetwas Wichtiges in der Stadt. Wir sind wohlhabend. Aber ich weiß nicht wirklich, was er macht. Meine Mutter ist herzlich, aber sie ordnet sich immer unter. Ich will nicht so sein! Ich bin etwas aufmüpfig. Ich habe meinen eigenen Kopf.

M: Wie findet dein Vater das?

D: Nicht gut. Unser Verhältnis ist angespannt. Ich kümmere mich um Frauenrechte. Meine Mutter hat da keine Meinung. Sie ist eigentlich nur Mutter.

M: Wer kümmert sich um deinen Bruder?

D: Mutter und die Bediensteten. (Traurig.) Er ist schwächlich. Er hustet viel.

M: Wie ist die Verbindung zwischen euch?

D: Er tut mir leid. Ich gehe oft zu ihm. Wir reden und lachen viel!

[…]

Wir sprangen vorwärts zu einem bedeutenden Tag.

D: (Traurig.) Mein Bruder stirbt. Es sind alle im Haus. Mein Mann ist auch dabei. Ich habe einen dunklen, langen Rock an. So eine Art Kostüm. (Flüstert.) Mein Bruder stirbt …

M: Du bist verheiratet?

D: Ja, aber mein Mann ist auch mein Freund. Nicht so wie mein Vater und meine Mutter. Wir verstehen uns gut.

M: Wie viel Zeit ist vergangen?

D: Etwa zwanzig Jahre.

M: *So lange ist dein Bruder krank gewesen?* (Ja) *Hast du selbst Kinder?*

D: Ja, zwei. Sie sind auch dabei. Die ganze Familie ist da. Sie gehen rein, sie gehen raus, sie sitzen ein wenig am Bett rum. (Tränen fließen.) Es bricht mir das Herz. Es ist so traurig. Ich will nicht, dass er geht!

M: *Woran hat er gelitten?*

D: Lungenkrankheit. Ich will deswegen Arzt werden! Aber Frauen können noch nicht studieren. Das ist schwer.

M: *Hast du etwas Zeit alleine mit deinem Bruder?*

D: Einen kleinen Moment. (Schluchzt.) Ich sage ihm, dass es mir leidtut, dass ich ihn nicht retten kann. Er sagt, er versteht das. Er ist froh, zu gehen. Er sagt, er kommt eh wieder. Für unser Wiedersehen treffen wir eine Abmachung. Wir verabreden uns in einem anderen Leben. Er verspricht mir, dass er mir im nächsten Leben helfen wird. Er ist dankbar. (Pause.) Die anderen Frauen, die da sind, sind immer eifersüchtig und nicht mit mir einverstanden gewesen. Deswegen war mein Bruder immer mein Verbündeter.

M: *Welche Frauen meinst du?*

D: Die Schwestern zum Beispiel. Die Tanten. Ich bin halt anders als die anderen. Ich bin ein Trotzkopf. Mein Mann weiß, dass ich sein Freund bin. Er versteht das gut. Ich schreibe Sachen für eine Zeitung – aber nur, was die Leute damals hören wollten. Das ist immerhin akzeptiert.

M: *Wie fühlt sich dieser Job an?*

D: Gut. Ich bin selbstbewusst.

M: *Beschreibe mir, was mit deinem Bruder passiert.*

D: Er stirbt. (Tränen fließen.) Ich muss rausgehen. Ich halte es drinnen nicht aus. Wir haben uns verabschiedet. (Schluchzt.) Ich laufe raus und durch den Garten hin zu den Pferden. Die waren immer meine Freunde. Jetzt sitze ich alleine im Pferdestall.

M: Es ist völlig in Ordnung, traurig zu sein. Du hast gerade deinen Bruder verloren – und einen Verbündeten. Aber er wird wiederkommen und ihr werdet euch wiedersehen.

D: Ja, das hat er auch gesagt.

[…]

Wir sprangen vorwärts zu einem weiteren bedeutenden Tag.

D: Die Leute kommen wieder zusammen. Meine Tochter heiratet! Ich bin stolz auf sie, weil sie mehr Sachen machen kann, als ich es konnte. Die Zeiten haben sich geändert. Sie kann studieren! Das konnte ich noch nicht.

M: Was will sie studieren?

D: Medizin. (Lächelt gerührt.) Das war auch mein Traum.

M: Wie alt bist du nun?

D: Ungefähr achtundvierzig oder fünfzig.

[…]

Die ersten weiblichen Studenten Großbritanniens wurden im Jahre 1868 an der *University of London* zugelassen. Danielas Schilderung dieser sozialen Veränderung in Verbindung mit der Erwähnung der aufkommenden Frauenrechtsbewegung sowie den präzisen Altersangaben ermöglichte es, das Leben mitten im 19. Jahrhundert zu verorten.

M: Wie fühlst du dich?

D: Ich bin stolz. Mein Mann ist auch dabei. Wir sind glücklich. Wir sind Freunde. Unser Sohn ist noch etwas jünger, aber er hat auch schon seine Freundin dabei. Wir haben alle ein gutes Verhältnis miteinander. Aber es ist schwierig, in mein Elternhaus zurückzukehren. Es ist hier so, als ob die Zeit stillgestanden hätte. Mein Bruder und meine Schwester leben noch hier, aber ich komme nur her für Familienanlässe. Ich gehe dann immer lieber zu den Pferden … und zu den Bauern in der Umgebung, wenn sie gerade Zeit haben. Die freuen sich. Ich gebe ihnen immer etwas Geld, wenn ich kann.

M: *Leben deine Eltern noch?*

D: Meine Mutter. Sie lebt mit meinem Bruder und meiner Schwester und deren Familien. Das Haus ist groß. (Pause.) Ich treffe heute lauter alte Bekannte wieder, aber da ist trotzdem dieses Gefühl von Distanz. Ich bin immer anders gewesen. Gerade mit den Frauen werde ich nicht warm. Die mögen mich nicht. Ich bin nicht wie sie.

M: *Gibt es jemanden in deiner Familie oder in deinem Umfeld, der dich versteht?*

D: Ja, auf der Arbeit. Bei der Zeitung gibt es andere Frauen wie mich. Diese Verbindungen sind gut.

M: *Gibt es eine Frauenbewegung?*

D: Ja, aber es ist manchmal etwas gefährlich. Man muss aufpassen, dass man nicht ins Gefängnis kommt oder Ärger kriegt …

M: *Bist du schon mal im Gefängnis gewesen?*

D: Ja, aber das macht mir nichts aus!

[…]

Wir sprangen vorwärts zum letzten Tag des Lebens.

D: Ich bin im Krankenhaus. (Pause.) Ich weiß nicht, was ich habe … Krebs? Ich bin krank. Ich habe graue Haare. Sie sind immer noch lang, aber hochgesteckt. Ich bin etwa zweiundsiebzig. (Pause.) Ich mag Krankenhäuser nicht. Das sind Endstationen. Aber ich weiß, dass ich sterben muss.

M: *Bist du bereit?*

D: Ja, aber ich spüre auch Bedauern, weil ich nicht weiß, was danach kommt. Ich weiß, ich muss alle zurücklassen. Sie sind gut versorgt, aber ich habe ein bisschen Angst. Ich weiß nicht, was danach kommt. Ich habe so viele Fragen! Und es gibt noch so viele Antworten zu finden.

M: Bist du alleine?

D: Nein, mein Mann sitzt noch hier bei mir.

M: Ihr wart also lange verheiratet.

D: Ja. Die Kinder kümmern sich um ihn. Er weiß das.

M: Was ist aus deiner Tochter geworden?

D: Sie ist Arzt und lebt ein bisschen weiter weg. (Tränen fließen.) Ich habe es geschafft! Ich habe es trotz allem geschafft, an mein Ziel zu kommen; obwohl ich Frau gewesen bin und so viele Beschränkungen hatte.

M: Wie geht es deinem Sohn?

D: Gut. Er ist auch bei der Zeitung. Sie haben beide viel mehr Möglichkeiten, als ich damals hatte. Alles ist viel offener. Es ist eine neue Zeit! Ich will auch Teil dieser Zeit werden. (Flüstert.) Ich komme wieder. Und ich weiß, ich sehe meinen Bruder eines Tages wieder. Ich weiß nicht, was seine Aufgabe sein wird, aber das ist egal. Ich sehe ihn wieder. Wir haben uns verabredet. (Tränen fließen.) Ich möchte meine Tiere wiedersehen … die Pferde und den Hund. (Emotional.) Ich mag sie. Sie sind echt. (Lächelt.) Gute Freunde.

[…]

Nachdem sie schließlich den Körper der alten Frau verlassen hatte, konnte sie auf das Leben zurückblicken und die Lektionen erkennen, die sie in diesem gelernt hatte.

D: Dass man an Widerständen wachsen kann. Dass man nicht aufgeben soll. Dass man Zuversicht haben muss. Dass man dankbar sein kann für die Chancen, die man kriegt. Dass immer eine neue Zeit anbricht. Dass nicht immer alles perfekt sein kann, aber dass sich Warten lohnt.

M: Das klingt nach wichtigen Lektionen.

D: Ja. Ich bin auch entschlossen, alle wiederzusehen. Ich gebe nicht so leicht auf! Ich will noch mehr verstehen und mehr lernen. Ich möchte echte Sachen lernen. Und das nächste Mal möchte ich kein Mädchen mehr sein. Ich möchte wieder ein Mann sein.

M: *Das klingt nach einem Plan. Gibt es noch etwas, das du zu dem Leben sagen möchtest?*

D: Ich war zufrieden. Ich war dankbar für die Chancen, die ich hatte, und für die Leben, die ich verändern konnte, für den Wohlstand, den ich genießen konnte, und für die Menschen, die ich treffen konnte.

M: *Du hast viele inspiriert und weitergebracht.*

D: Ja, vor allem andere Frauen. (Flüstert.) Die Frauen …

M: *Das klingt nach einem sehr erfolgreichen Leben.*

D: Ich weiß nicht, ob es erfolgreich war, aber es war definitiv nicht ohne Sinn.

[…]

Wir ließen die Frau in England zurück und begaben uns in ein weiteres von Danielas Leben.

In diesem war sie ihrem Wunsch entsprechend wieder ein Mann, genauer gesagt ein Soldat, der sich mitten in einem Krieg befand: »Da ist ein Lager, in dem wir uns sammeln. Ich bin kein normaler Soldat, sondern Teil der Kriegsplanung. Schrecklich! Es ist verkehrt! Das ist alles verkehrt! Es ist kein guter Krieg. Er ist falsch. So viel Leid.« Ich fragte, wer sich miteinander im Krieg befand.

D: Deutsche, Franzosen, Engländer und so weiter und so fort …

M: *Auf welcher Seite kämpfst du?*

D: Auf französischer Seite. Ich habe so eine Wut auf die Deutschen, weil sie den Krieg angefangen haben. Sowas von unnötig …!

[…]

Daniela beschrieb sich als zweiunddreißig Jahre alt. Es war das Jahr 1918 und der Soldat kämpfte bereits seit drei Jahren. Ich fragte ihn, wo er sich befand.

D: In einem Lager. Wir planen den nächsten Angriff. Vielleicht in einer Woche oder bereits in ein paar Tagen. Es ist laut. Viele Verletzte. Matsch. Es regnet.

M: Bist du soweit gesund?

D: Ein bisschen angekratzt. Bin auch verletzt gewesen. Ich habe keine Lust mehr. Ich möchte nach Hause.

M: Kannst du nach Hause?

D: Nein. Ich kann die anderen nicht im Stich lassen. Es gibt kein Zurück. (Pause.) Wir besprechen gerade gemeinsam Verteidigungsstrategien.

M: In welchem Land befindet ihr euch gerade?

D: Frankreich.

M: In einer Stadt?

D: Nein, auf dem Land. Wir müssen die Städte schützen. Da leben so viele Leute, so viele Zivilisten.

M: Hast du Familie?

D: Ja. Frau und Kinder, aber die sind zu Hause. Zwei Mädchen und ein Junge. Sechs, zwölf und acht Jahre alt. Sie sind noch klein.

M: Hast du noch mehr Familie?

D: Vater. Mutter. Bruder. Er ist älter und Arzt in einer Stadt.

[…]

Wir sprangen zu einem wichtigen Tag in dem Leben.

D: Ich bin auf dem Schlachtfeld. In einer Stellung. Ich kann die Deutschen fast hören. (Flüstert.) Ich habe einen Plan, wie wir sie austricksen und wie wir weiterkommen können. (Pause.) Wir werden uns in der Nacht heimlich hindurchschleichen …

Ich werde an der Spitze sein und alles auf eine Karte setzen, weil es weder vor noch zurück geht. Es ist gefährlich, aber ich bin entschlossen. Dieser Wahnsinn muss aufhören!

M: *Was würde passieren, wenn dein Plan gelingt?*

D: Wir würden die Stellung durchbrechen und auf die andere Seite gelangen.

M: *Was würde passieren, wenn er nicht gelingt?*

D: Wir würden aufgeben und in Gefangenschaft geraten.

M: *Beschreibe mir, was geschieht.*

D: (Flüstert.) Wir machen den Plan. Wir gehen im Dunkeln. Wir sind leise. Aber irgendeiner verliert die Nerven … Ein Schuss löst sich. Ein Gewehr geht los. Wir fangen an zu laufen!

M: *Wie viele seid ihr?*

D: Zwanzig, dreißig Mann. Wir laufen. Wir müssen da durch. Aber die fangen an zu schießen. Ich werde getroffen. Das tut weh! Richtig weh.

[…]

Ich gab Daniela Suggestionen, die es ihr ermöglichten, das Geschehen zu beschreiben, ohne jegliches körperliche Unwohlsein dabei zu empfinden.

D: Wir schreien alle und laufen geduckt los. Ich treibe die anderen an. »Los! Los! Weiterlaufen! Weiterlaufen!« Wir schaffen es auch weitgehend alle, ein paar jedoch nicht. Irgendetwas trifft mich am Arm. Ich falle hin. Jemand zieht mich weg durch den Matsch. Der Kamerad schleift mich mit, aber ich merke nichts mehr. Ich verliere ziemlich viel Blut. Viel Blut! Ich höre noch ein Schreien. Dann wird es dumpf. Dann nichts mehr …

M: *Wirst du das überleben?* (Ja) *Wo kommst du wieder zu dir?*

D: In einem Hospital. In einem französischen. Die meisten haben es geschafft – bis auf zwei oder drei.

M: *Wie geht es dir?*

D: Ich kann nicht gut atmen. Der Arm schmerzt. Es gibt nicht genügend Verbandmaterial. Aber sie kümmern sich um mich. Meine Familie ist da. Mein Bruder kümmert sich um mich. Ich werde verlegt in ein Krankenhaus in seiner Nähe. Er kümmert sich. Aber ich komme nicht mehr wirklich auf die Beine. Ich habe eine Blutvergiftung … oder eine Entzündung im Körper? Irgendetwas in der Art. Es gibt nicht genügend Medizin. Meinen Arm kann ich nicht mehr bewegen. Ich glaube, den kann ich nie wieder bewegen. Mein Kopf ist auch verletzt.

M: *Aber du lebst.*

D: Mir wäre es lieber, ich wäre dabei gestorben. Das ist kein gutes Leben: krank, schlapp und schwach.

M: *Ich bin sicher, deine Frau und deine Kinder sind froh, dass du lebst.*

D: Ja, sie kommen mich besuchen. Sie sind aber besorgt, weil sie sehen, dass es mir nicht gutgeht.

M: *Was wird mit dir passieren? Musst du wieder kämpfen?*

D: Nein, das wird nichts mehr. Ich komme nach Hause. Eine kleine Stadt. Vater hat eine kleine Fabrik.

M: *Ist der Krieg noch im Gange?*

D: Ja, aber es geht zu Ende. Jetzt fängt die Grippe überall an. Das auch noch!

[…]

Im Jahre 1918 brach – Berichten nach zunächst in US-amerikanischen Militärlagern – die berüchtigte Spanische Grippe aus, die bis ins Jahr 1920 hinein wütete und weltweit je nach Schätzungen 20–100 Millionen Menschen dahinraffte. Sie hinterließ damit mehr Tote als der Erste Weltkrieg (1914–1918), in dem insgesamt rund 17 Millionen Menschen umkamen.

M: *Wie geht der Krieg aus?*

D: Wir haben gewonnen, aber mit welchen Verlusten?! (Flüstert.) So ein Blödsinn! Blödsinn! Wir alle wurden ewig zurückgeworfen von dem, was wir hatten. In die Dunkelheit.

Sinnlos. (Pause.) Ich habe versucht, meine Kameraden zu verteidigen und habe auch bestimmt ein paar Leben gerettet. Aber zu was für einem Preis?!

M: *Musstest du auch Leben nehmen?*

D: Ja. (Pause.) Das tut mir leid. Aber ich habe Frankreich verteidigt. Wenn ich angegriffen werde, muss ich mich verteidigen. Da gibt es keine andere Wahl. Meine Frau ist jedoch böse, dass ich kämpfen gegangen bin.

M: *Hattest du als Mann eine Wahl?*

D: Nein, keine Wahl. Und ich habe mich auch nicht aus der Verantwortung gezogen. Aber so viel Leid, so viel Tod – das macht mich wütend, unglaublich wütend. Die ganzen Tiere! Die ganze Welt!

[…]

Wir sprangen vorwärts zu einem weiteren bedeutenden Tag.

D: Ich bin noch zu Hause. Meine Kinder sind groß. Sie gehen ihre eigenen Wege. Meine Frau ist sehr unabhängig. Sie kommt und geht und ich fühle mich total nutzlos.

M: *Bist du an das Haus gebunden?*

D: Ja, wie eingesperrt. Ich kann mich nicht gut frei bewegen. (Pause.) Mein Kopf tut weh. Meine Arme tun weh. Alles tut weh. Ich laufe mit einem Stock. Viele Männer sind in meiner Situation. Aber ich habe auch keine Lust, mit denen zusammen zu sein, weil sie mich sonst wieder daran erinnern.

M: *Was würdest du gerne machen?*

D: Ich möchte gerne Wegbereiter für ein neues Zeitalter sein. Ich möchte den [unverständliches Wort] einfach sagen, wie blöd sie sind und dass sie das nicht mehr machen sollen. Ich möchte mich wirklich mit denen anlegen! Es geht doch nur um Profit und um Ego und so … (Pause.) Das ist einfach so weit verbreitet. Ich habe so viel gesehen. Zu viel gesehen. Da kann man nicht mehr zurückblicken. Zu viel gesehen …

M: Wie alt bist du?

D: Zweiundsechzig. (Seufzt schwer.) Der nächste Krieg hat bereits angefangen. Und ich will das nicht mehr sehen! Ich bin bereit, zu gehen. Das war es für mich. Ich kann das nicht nochmal. Es ist alles zu dumm, zu unintelligent.

[…]

Wir sprangen zum letzten Tag des betrachteten Lebens.

D: Ich liege in meinem Bett zu Hause. Meine Frau ist da. Meine Kinder sind gekommen. Sie sind unten in der Küche. Ich möchte allerdings lieber alleine sterben. Ich möchte nicht, dass jemand dabei ist und zuguckt. Das ist privat. Ich möchte nicht, dass jemand sieht, wenn ich schwach bin. Das muss ich mit mir selber ausmachen.

M: Und kommt es so?

D: Ja. Die Frauen sitzen herum und reden leise. Meine Frau weint ein bisschen. (Flüstert.) Aber ich sterbe dann, wenn sie alle unten sind und keiner dabei ist. Das ist auch gut so. Ich schlafe einfach ein. Endlich.

[…]

Sie verließ den Körper des alten Mannes. Von dieser Position aus konnte sie erkennen, was die Lektionen des Lebens gewesen waren und was sie daraus mitnehmen konnte.

D: Dass zu viel Kampf zu nichts führt. Und, dass man nur in Verständigung miteinander irgendetwas bewegen kann. Kämpfen nützt nichts. Gewalt erzeugt wieder Gewalt. Ich hatte zwar versucht, mein Bestes zu tun, aber das ist in dem Fall nicht das Beste gewesen. Ich hätte vor dem Krieg einfach mit meiner Familie wegziehen können. Vielleicht nach Schweden oder Norwegen.

M: Was hast du noch gelernt?

D: Kameradschaft ist wichtig. Füreinander einzustehen ist wichtig. Wenn es darauf ankommt, gucken alle zu dir wie zu einem Licht und du musst sie dann einfach führen. Sie vertrauten mir, aber ich weiß nicht, ob ich die richtige Entscheidung getroffen hatte, mich zum Krieg zu melden und daran teilzunehmen.

M: Wäre es als junger Mann damals nicht kriminell gewesen, dies nicht zu tun?

D: Ja, ich hätte aber trotzdem die Wahl gehabt – und hatte auch immer die Wahl. Ich hätte ja wegziehen können.

M: Was ziehst du für dich da raus?

D: Man hat immer eine Wahl. Man muss sie nur nutzen! Das hat nichts mit Verantwortung zu tun. Man kann sich einfach ausklinken. Von der anderen Seite aus kann man auch helfen. Ich möchte nicht mehr in der Dunkelheit sein. Ich möchte ins Licht. Ich möchte mich befreien von dieser ständigen Verantwortung in meinem Leben für andere. Es ändert ja sowieso nichts – nicht auf diese Weise. Man kann auch anders helfen als durch Widerstand. Die Tapferkeit nützt nichts. Man muss sich klug verhalten. Mitgefühl kann man auch anders zeigen.

M: Dieser Krieg muss für viele Menschen eine große Belastung gewesen sein.

D: Ja, das war wie eine dunkle Wolke über der Menschheit. Aber es hätte auch ganz anders kommen können, wenn man mutiger gewesen wäre, einfach andere Wege zu gehen. Aber irgendwie war es auch nötig, dass die Menschheit durch diesen Tunnel geht. Ja, sie müssen durch diesen Tunnel hindurch, sonst sehen sie nie das Licht. (Pause.)

M: Möchtest du noch etwas zu dem Leben sagen?

D: Ich habe Sympathie für alle Soldaten, aber ich muss ihnen sagen: »Ihr seid auf der falschen Seite! Das ist nicht das, was man machen sollte. Es ist der falsche Kampf. Auf der falschen Seite. Ihr werdet nur manipuliert.«

[…]

Wir ließen den alten Kriegsveteranen zurück. Es war nun an der Zeit, das Überbewusstsein einzurufen und mehr Informationen zu den besuchten Leben zu erhalten. Ich fragte, warum sie Daniela zunächst die Inkarnation als der Krieger in dem Küstendorf gezeigt hatten.

ÜB: Sie soll wissen, wie stark sie ist, wie viel sie erreichen kann und wie wichtig Gemeinschaft ist. Das fehlt ihr aktuell. Sie muss ihre Gemeinschaft und ihren Platz darin finden.

M: Wie wird sie diese finden?

ÜB: Mit einer neuen Tätigkeit in einer anderen Stadt.

M: Ein Umzug? (Ja) *War sie sich dessen bereits bewusst?* (Nein) *Gibt es noch einen weiteren Bezug zum heutigen Leben?*

ÜB: Die Schwere der Verantwortung, die sie hatte. Das war schwer. Aber sie muss es heute nicht mehr so schwer nehmen. Andere haben ihre eigene Aufgabe zu erfüllen. Sie meint, sie ist für andere verantwortlich. Sie soll sie aber nur begleiten. Sie ist nicht für sie verantwortlich.

M: Worin liegt der Unterschied?

ÜB: Begleiten bedeutet, da zu sein und sich zu kümmern, aber nicht, sich emotional zu sehr damit zu verbinden oder sich etwa darin zu verlieren. Das Schicksal von anderen ist ihnen jeweils so bestimmt. Das haben sie selbst mitentschieden. Sie brauchen also nur Begleitung und das Licht. Daniela macht es so hell für sie! So hell, dass sie sich fast selbst dabei verbrennt.

M: Möchtet ihr noch etwas zu dem ersten gezeigten Leben sagen?

ÜB: Es geht immer weiter. Da muss sie keine Angst haben. Es gibt jede Menge Aufgaben, die sie übernehmen kann. Aber die sind nicht so schwer wie damals. Die werden sie nicht erdrücken. Sie soll sich einfach leichtmachen, sich freimachen und das Licht verbreiten. Sie muss nun anders kämpfen: mit Worten und mit Licht! Damit Leute berühren. Die klingeln dann wie kleine Glocken. Sie macht das ständig, ohne dass sie es merkt.

M: In was für einem Land hat dieses Leben gespielt?

ÜB: Das war Keltisch. Deswegen ist sie heute so eine starke Frau. Bei den Kelten hatten Frauen eine starke Rolle gehabt. Sie waren sehr selbstbewusst. Sie hatte dort zwar ein männliches Leben, aber Frauen haben dort eine starke Rolle gespielt. Sie waren weitestgehend gleichberechtigt.

[...]

Wir gingen zur nächsten Inkarnation über und ich fragte das Überbewusstsein, warum sie Daniela die Existenz im England des 19. Jahrhunderts gezeigt hatten, in der sie als Frau für Gleichberechtigung kämpfte.

ÜB: Das war eine andere Art Kampf, ein anderes Engagement – was sie auch kann! Und das, ohne diesen ganzen Druck zu spüren. Es galt dort, ihre Nische und ihren Platz in der Gesellschaft zu finden, erfolgreich und anerkannt zu sein und andere Leute zu inspirieren.

M: Das hat sie gut gemeistert.

ÜB: Ja. Sie hat viele Kompromisse gemacht, aber nicht gegen Widerstände gekämpft. Sie hat stattdessen inspiriert. Sie hatte viele Widerstände einfach ignoriert. Das war schlau!

[...]

In dem Leben hatte die Frau einen chronisch kranken Bruder gehabt. In Danielas aktuellem Leben war das ebenfalls so. Ich fragte nach dem Hintergrund dieser sich wiederholenden Situation.

ÜB: Er ist auch heute wieder ihr Bruder. Sie muss diesmal vor allem lernen, zu akzeptieren, was sie damals nicht akzeptieren konnte: dass er selbst seinen Weg so gewählt hat. Er lernt dabei auch etwas ...

M: Was meinte der Bruder damit, dass er ihr das nächste Mal helfen würde?

ÜB: Er hilft ihr bereits dabei, ihre Kräfte kennenzulernen. Und sie kann ihm helfen, indem sie ihn seinen Weg gehen lässt. Alles ist unendlich. Nichts ist endlich. Auch er wird sich befreien. Sie kann ihn dabei begleiten und ihn unterstützen, aber soll nicht daran verzweifeln, sondern ihn dann einfach gehen lassen. Das ist die Übung. Es ist schwer, aber anders schwer.

M: Löst er mit dem heutigen Leben seine Vereinbarung ein?

ÜB: Absolut! Er hat sich bereiterklärt, ihr zu helfen, und hat seine »Schuld« damit beglichen. Es ist aber keine Schuld im Sinne von »Schulden zurückzahlen«, sondern eher eine Möglichkeit – oder ein Sprungbrett – zu etwas Anderem, etwas Größerem. Quasi ein Freundschaftsdienst. Dieses Leben ist für ihn wie die Dauer einer Sekunde, bevor es weitergeht, und für sie ist es einfach eine Übung.

M: Möchtet ihr noch etwas zu dem zweiten gezeigten Leben sagen?

ÜB: Es war der richtige Weg: weg vom Krieger. Es ist eine andere Art Krieg, die man mit Worten, Inspiration und Licht führt.

[…]

Wir kamen schließlich auf das dritte Leben zu sprechen, in dem sie als französischer Soldat zu Beginn des 20. Jahrhunderts wieder Teil eines körperlichen Krieges gewesen war.

ÜB: Sie muss sich endlich auf ihre weiblichen Kräfte besinnen und die männlichen weglassen.

M: Warum habt ihr Daniela dann dieses Leben gezeigt?

ÜB: Damit sie sich dessen sicher wird und nun Gewissheit hat. Es war ein sehr männliches Schicksal. Nun geht es aber um die Förderung ihrer weiblichen Energien: Mitgefühl, Inspiration, Liebe zu anderen Menschen, Tieren und zur Umwelt, Empathie, Verständnis, Tatkraft, Energie, Gewaltlosigkeit. Kein körperlicher Widerstand mehr, sondern geistiger und emotionaler! Das Ausstrecken der Hände zu anderen Menschen, das Verändern von Schicksalen, das Teilen von

Erfahrung. Sie kann so viel. Aber sie muss verstehen, dass sie kein herkömmlicher Krieger mehr ist, sondern ein Krieger des Lichts.

M: *Was sind die positiven Aspekte ihrer männlichen Energie?*

ÜB: Geballte Willenskraft, Stärke, Sinn für Kameradschaft, Gerechtigkeit, Ordnung und Strategien, Fürsorge.

M: *Gibt es noch einen weiteren Grund, warum ihr Daniela das Leben als Soldat gezeigt habt?*

ÜB: Wegen des Ernstes der Lage in der Welt. Es braucht Lichtkrieger. Es braucht Menschen, die aufstehen und sich aufrappeln – aber eher so wie im zweiten Leben: Menschen, die die Nase hochhalten, wenn alle runterschauen. Menschen, die inspirieren und andere berühren.

M: *Wofür kämpft man, wenn man das tut?*

ÜB: Für das Licht, für Frieden und für das Mitgefühl; die Sachen, auf die es eigentlich ankommt. Dann muss man mit dem Schwert den ganzen Schrott beiseiteschieben, indem man – wie damals in dem Krieg – einfach einen Plan macht, losläuft, die Linien durchbricht und möglichst viele mitnimmt, die mitkommen wollen und können. Indem man einfach vorangeht.

M: *Was steht dem in ihrem aktuellen Leben entgegen?*

ÜB: Die Energien aus den alten Leben, an die sie gebunden ist. Es ist wichtig, dass sie das abschließt und sich davon befreit. Dass sie quasi einfach wegsegelt und es gut ist, weil sie es zu Ende bringen konnte. So würde sie die Aufgaben der anderen Leben einfach stellvertretend mitabschließen. Sie muss es nicht mehr tragen. Wenn sie das geschafft hat, dann ist es Zeit, zu gehen.

M: *Solange das nicht abgeschlossen ist, wird sie bleiben?*

ÜB: Das muss sie. Sie weiß das.

M: *Wenn sie sich aus jedem dieser drei Leben jeweils eine hilfreiche Essenz mit in das aktuelle mitnehmen sollte, welche wären das aus eurer Perspektive?*

ÜB: Aus dem ersten das Vertrauen in die eigene Kraft und der sinnvolle Umgang damit. Aus dem zweiten das Licht, den aufrechten Blick und die Stärke, die man anderen Menschen gibt. Dass man einfach vorangeht und Dinge macht, statt zu kämpfen. Und aus dem dritten Leben, wie wichtig es ist, dass eine neue Welt geschaffen wird. Das Begrenzen der alten Welt und der Beginn einer neuen. All diese Erkenntnisse, die man gewonnen hat, mit denen man Türen aufgestoßen und dann gesehen hat, wie die neue Welt aussehen wird! Je mehr Menschen daran glauben, desto schneller kommt das. Türen aufstoßen: Das ist die Aufgabe!

[…]

Nachdem die Leben besprochen waren, war es nun an der Zeit, die Fragen auf Danielas Liste anzugehen.

M: Wie kann sie ihre Aufgabe für das aktuelle Leben am besten erfüllen? In welche Richtung sollte sie gehen?

ÜB: Menschen aus verschiedenen Kulturen über ein Thema verbinden. Das kann sie wunderbar. Verschiedene Sprachen sprechen, Leute zusammenführen, Leute verbinden, sie einweisen, sie aufklären, ihnen den Weg zeigen, schauen, dass sie mitkommen, darüber berichten, darüber schreiben. Das ist so, als ob du eine Glocke schlägst und alles schwingt und die Schallwellen dann eine Menge Leute erreichen.

M: Was wäre hier ein sinnvoller erster Schritt für sie?

ÜB: Aus ihrem Kreis heraustreten – so, wie sie es auch heute gemacht hat. Das war mutig. Etwas machen, das sie nicht für möglich gehalten hätte – oder, dass sie das überhaupt machen würde! Und dann einfach erleben, dass es doch geht und dass man wieder einen Schritt gegangen ist. Sie ist wie ein kleines Kind, das anfängt, mit dem Licht zu spielen. Sie muss einfach ein bisschen üben, die richtigen Menschen treffen und Verbindungen suchen.

M: Welche besonderen Talente bringt sie mit?

ÜB: Sie hat keine Angst, auf Leute zuzugehen. Sie kann Menschen führen. Sie kann sie überzeugen. Sie kann sie wirklich führen! Sie kann richtig kämpfen. Das wissen die anderen auch. Sie hat Sachen erlebt. Sie ist echt. Sie lässt sich nicht unterdrücken. Sie hält den Kopf auch dann noch hoch, wenn er bei den anderen schon im Matsch ist. Wenn es sein muss, legt sie sich mit jedem an – und nicht nur für ihre Familie. Für jeden! Sie ist ein Lichtkämpfer. Sie hat das Schwert schon längst. Das weiß sie gar nicht. Sie braucht es nur anzuknipsen. (Grinst.) Sie ist ein Yedi-Ritter!

[…]

Im Vorgespräch hatte Daniela die Absicht zum Ausdruck gebracht, Menschen als Heilerin helfen zu wollen. Wie viele andere, die ebenfalls eine große Motivation verspüren, die Menschheit bei ihrer Entwicklung zu unterstützen, hatte auch sie aufgrund der großen Menge an Literatur zum Thema Heilen den Eindruck erhalten, dass man dafür in diesem Bereich tätig sein müsse. Ich erkundigte mich nach der Perspektive des Überbewusstseins dazu und erahnte bereits die Antwort.

M: Gehört Heilen zu ihrer Aufgabe im aktuellen Leben?

ÜB: Sie ist kein Heiler in dem Sinne. Sie ist ein Lichtkämpfer! Sie macht den Weg frei. Sie hat eine sehr wichtige Aufgabe bekommen und sie merkt es gar nicht.

M: Man hört sehr oft von den Domänen Energie und Heilung.

ÜB: Ja, das hat sie irritiert. Sie dachte, sie muss auch heilen und diese Fähigkeiten haben. Und es hat sie sehr irritiert, dass sie das nicht kann. Vor lauter Heilen hat man vergessen, dass man auch anders »heilt«. Und das können nicht viele! (Pause.) Aber sie muss wissen, dass sie weicher werden wird. Sie ist jetzt kein Mann mehr. Das ist diese weibliche Aufgabe, die sie hat. Sie muss anders kämpfen. Gewalt erzeugt wieder Gewalt und zu viele Widerstände. Wieder diesen Weg gehen? Das bringt nichts. Die Zukunft ist weiblich. Die Neue Erde ist weiblich.

M: *Welcher Weg wäre sinnvoll für sie?*

ÜB: Der weiche Weg, der feminine Weg, der persönliche Weg – so, wie in dem zweiten Leben. Solange sie diese männliche Energie hat, wird sie übrigens auch immer Probleme mit Frauen haben! Sie fühlen sich von ihr bedroht. Sie spüren diese geballte Energie und haben da echt ein Problem mit.

M: *Warum erhielt sie im Vorfeld die Information, dass sie ihre Sitzung unbedingt bei einem Mann machen sollte?*

ÜB: Weil sie endlich Frieden mit dieser männlichen Energie schließen muss. Es war eine lange Zeit, in der auch du als Soldat gegangen bist und all das Gewicht getragen hast. Das verstehen Frauen nicht so gut. Sie kommt wegen dieser klaren Linie auch immer gut mit Männern zurecht. Kameradschaft – das ist etwas, was sie schätzt. Frauen sind nicht immer Kameraden. Sie müssen oft erst lernen, das zu werden. Wer als Frau inkarniert, hat nicht so viele Gelegenheiten, um diese Fähigkeiten zu entwickeln.

M: *Aber Daniela hat diese Erfahrungen gemacht und daraus gelernt?*

ÜB: Absolut. Ihr müsst lernen, die produktiven Aspekte weiblicher und männlicher Energie zu verbinden!

[…]

Viele Menschen pflegen Angehörige, die nicht in der Lage sind, sich selbst zu versorgen. Daniela kümmerte sich alleine um nicht weniger als drei Familienmitglieder. Oft basieren diese Konstellationen auf unterbewussten Verträgen, die die beteiligten Seelen miteinander geschlossen haben. Die entsprechende Information kann die oft als Verpflichtung oder Belastung empfundene Verbindung in ein neues Licht rücken.

ÜB: Deswegen hat sie im aktuellen Leben auch die Eltern und den Bruder begleiten müssen: damit sie diese ganzen Widerstände, diese männliche Energie, ablegt. Sie alle helfen ihr dabei.

M: Sie hatte vorhin den Wunsch geäußert, dass sie aus dieser Pflegerolle gerne raus möchte.

ÜB: Die Mutter wird sterben. Daniela wird den Bruder irgendwann zu sich holen und einfach wissen, dass sie sein Leben zu Ende begleiten muss. Aber da wird nicht mehr diese starke Emotionalität sein wie im zweiten Leben. Sie wird einfach wissen, dass das ihre Aufgabe ist, und akzeptieren, dass sich auch die anderen ihren Lebensweg ausgesucht haben. Dann werden die ganzen Energien gelöst werden. Das ist wie ein Knoten, der zerschlagen wird – aber im Guten. Sie wird auf ihr Leben zurückblicken wie der Krieger im ersten Leben auf seines, aber diesmal mit anderen Erkenntnissen. Sie kann stolz auf sich sein. Das war eine verdammt schwere Aufgabe. Im Leben des Soldaten waren es drei Angehörige, die sie gepflegt haben, nun ist sie es, die drei Angehörige pflegt. Das können nicht viele.

M: Existiert hier eine karmische Verbindung?

ÜB: Nur noch durch den Bruder. Das hat allerdings seine Funktion. Sie muss vorsichtig auf diesem Weg weitergehen, aber das Schlimmste liegt bereits hinter ihr. Sie verabschiedet sich bereits allmählich von ihm. Es wird aber nicht mehr diesen einen Moment des Abschieds geben wie in dem zweiten Leben. Das ist zu schmerzhaft. Es ist vielmehr wie ein langsames Hinweggleiten. Das ist klüger und besser.

M: Die beiden scheinen auf seelischer Ebene eng miteinander verbunden zu sein.

ÜB: Das sind sie. Aber es ist so, dass sie denkt, dass er schwächer ist, und sie ihn hinter sich zurücklassen würde. In Wirklichkeit ist er jedoch viel stärker und schon viel weiter als sie. Er ist ihr Meilen voraus! Das zu wissen, ist gut für sie. Sie wird nun kein schlechtes Gewissen mehr haben.

[…]

Viele Menschen, die in Deutschland leben, kommen trotz der hohen Lebensqualität nicht mit der speziellen Energie dieses Landes zurecht und fühlen sich hier nicht wohl. Nichtsdestotrotz kann es – wie auch in Danielas Fall – Gründe geben, warum sie an diesem Ort »stationiert« sind.

M: Warum fühlt sie sich in Deutschland am »falschen« Ort?

ÜB: Weil sie es ist. Sie gehört eigentlich nicht nach Deutschland. Aber sie ist hier platziert worden, damit sie Sachen lernt. Es gibt viele Dinge, die sie anders sieht als die Menschen hier, aber sie muss sich daran gewöhnen, damit umzugehen. Es ist eine Übung. Deutschland ist dafür ein sehr gutes Land.

M: Was kann man hier besonders gut lernen?

ÜB: Mit Widerständen zurechtzukommen und Sachen zu akzeptieren, die nicht leicht zu akzeptieren sind. Viele setzen einem hier Grenzen, zeigen einem die rote Karte oder sind unbeweglich.

M: Wird ihr Umzug sie in ein anderes Land führen?

ÜB: Nicht unbedingt. Aber sie kann jederzeit in andere Länder reisen. Für sie ist es gut, wenn sie mit Menschen aus dem Ausland zu tun hat. Sie kommt prächtig mit ihnen zurecht.

[…]

Schließlich gingen wir zu den körperlichen Themen auf Danielas Liste über. Die Informationen werden natürlich stets individuell für den Klienten gegeben, können aber eventuell dem einen oder anderen Leser als inspirierender Anstoß für eigene Überlegungen und innere Erkundung dienen.

M: Woher kommen ihre Schlafschwierigkeiten?

ÜB: Von energetischen Frequenzumstellungen. Ihre Frequenzen ändern sich. Das ist okay. Sie braucht nicht mehr so viel Schlaf. Sie hat sich umgestellt. Das ist nun kein Thema mehr.

[…]

M: Wie schaut es mit den Knoten in ihrer Schilddrüse aus?

ÜB: Ihr ganzer Ärger bleibt dort hängen. In dem Maße, in dem sie mehr Entspannung und weniger Widerstand findet, werden sich auch die Knoten lösen.

M: Gibt es etwas, das ihr bereits hier und heute energetisch bewirken könnt?

ÜB: Ja. Wir schicken Licht. Viel Licht.

[…]

M: Woher kommen die Darmprobleme?

ÜB: Das ist ebenfalls ein Symptom der Umstellung des Körpers auf neue Frequenzen. Er ist nun einfach wacher. Und das dauert seine Zeit, bis sich das reguliert. Sie hat viel zu verarbeiten gehabt. Licht hilft hier ebenfalls.

M: Kann sie das mit dem Licht auch selbst visualisieren?

ÜB: Das kann sie, aber sie braucht hier Hilfe von ihren Seelenführern. Die sind allerdings an ihre Aufforderung gebunden.

M: Wie kann sie sich mehr mit ihnen verbinden?

ÜB: Sie muss lernen, zu meditieren. Stillhalten. Hinsetzen. Nichtstun. Meditieren. Sie muss lernen, sich einfach mal für zehn Minuten still hinzusetzen, die Augen zu schließen und auf sich selber zu hören. Sie muss die Lichtenergie spüren und sich einfach mal für zehn Minuten davon durchfluten lassen – wie an einer Tankstelle. Licht tanken! Am besten setzt sie sich draußen auf einen Stein oder an einen Baum. Die geben Energie ab.

[…]

M: Was hat es mit dem Brennen in ihrer Blase auf sich?

ÜB: Druck. All der Stress und Druck manifestiert sich da. Sie muss mehr meditieren, Ruhe finden und mehr trinken. Wasser ist gut! Und Freude finden. Die fehlt. Immer nur Soldat sein, hilft nicht. Sie muss Leichtigkeit finden.

M: Was bringt ihr Freude?

ÜB: Interaktion mit anderen Menschen. Sachen, auf die sie stolz ist. Zum Lachen gebracht werden. Erlebnisse, die man teilen kann. Diese neue Zeit fängt jetzt erst für sie an. Sie hat sich mühselig freigeschaufelt.

M: Das klingt, als ob ein neues Kapitel für sie beginnt.

ÜB: Deswegen ist sie heute hier.

M: Woher kommen die Hautausschläge?

ÜB: Die sind ein Spiegel ihrer Seele.

M: Was wird hier gespiegelt?

ÜB: Die ganze Verantwortung, die sie auf sich geladen hat. Sie hat das alles viel zu ernst genommen. Der ganze Körper ist dadurch übersäuert.

M: Ich bin sicher, dass die Informationen, die sie heute hier erhalten hat, einiges in ihr verändern werden.

ÜB: (Grinst.) Sie wird wie ein Lichtklumpen hier weggehen! Alles wird sich langsam auflösen. Das kann man nicht aufhalten. Aber sie nimmt das mit der Haut eh nicht so ernst. Wäre sie eitler, wäre das ein größeres Problem, aber sie geht da einfach drüber wie eine Dampfwalze.

M: Wie kann sie dieses Symptom trotzdem ablegen?

ÜB: Damit Frieden schließen, dass Probleme auftreten. Diese dann einfach anerkennen und mit ihnen umgehen. Darüber-hinweg-Walzen ist keine Lösung. Man muss nicht immer funktionieren. Man kann auch mal schwach sein.

M: Was könnt ihr zu der Steifheit und den Schmerzen in ihrer Schulter sagen?

ÜB: Das kommt von der Kriegsverletzung des Soldaten. An der Stelle ist sie sensibel.

[…]

Nachdem sich das Überbewusstsein damit einverstanden erklärt hatte, dieses Trauma aufzulösen, bat ich sie noch, zum Abschluss einen *Body Scan* durchzuführen. Für diesen gingen sie durch den gesamten Körper und überprüften den Fluss und das Gleichgewicht der Energien. Dabei kamen sie wieder auf das Thema Weiblichkeit zu sprechen.

ÜB: […] Sie muss ihre Weiblichkeit lernen – wirklich lernen! Sie kann hier von ihrer Tochter lernen: sich die Fußnägel bemalen lassen, gemeinsam Klamotten kaufen und vor allem auch denken, dass das okay ist, und sich nicht wie ein Clown vorkommen. Sie muss das echt akzeptieren. Genau deswegen hat sie zwei Töchter! Wenn sie Söhne gehabt hätte, wäre sie wieder in die männliche Energie gegangen. Das hätte sie dann nicht geschafft. Die beiden müssen natürlich auch ihren eigenen Weg gehen. Sie haben ihre eigenen Aufgaben. Aber für Daniela sind sie da, um diese weibliche Seite zu fördern. (Pause.) Wir sehen hormonelle Schwankungen. Die haben ebenfalls mit der Ablehnung der Rolle als Frau zu tun. Sie will eigentlich lieber ein Junge sein – was sie aber diesmal nicht ist und auch im nächsten Leben nicht sein wird. Die Zukunft ist feminin – aber nicht, weil das Männliche unterdrückt werden wird, sondern weil das Weibliche so lange unterdrückt war. Ihre Hormone werden sich in dem Maße stabilisieren, in dem sie sich mit ihrer Rolle als Frau aussöhnen kann.

[…]

Letzte Worte: »Sie soll wissen, dass wir da sind, und lernen, mit uns Kontakt aufzunehmen. Meditation ist wichtig. Wasser ist wichtig. Leichtigkeit ist wichtig. Die richtigen Menschen zu treffen ist wichtig. Sich einfach über die Dinge erheben und weitergehen. Frieden mit sich selber finden. An sich selbst glauben. Und Wasser trinken nicht vergessen!«

Dem Schicksal ergeben

Sven (64) hatte über einen Bekannten, der wenige Monate zuvor im Rahmen einer Online-Sitzung auf Seelenreise gegangen war, von Quantenhypnose erfahren. Aufgrund der großen räumlichen Entfernung entschied auch Sven sich für diese Form der Durchführung. Und so kam es, dass wir uns an einem milden Morgen im März mehr als 500 Kilometer entfernt voneinander per Webcam begrüßten und mit dem Vorgespräch begannen.

Im Fokus stand für Sven vor allem ein bedrückendes Gefühl der Schwere, das ihn schon sein ganzes Leben lang begleitete und im Laufe der Jahre die Türe zu anhaltenden Phasen von Erschöpfung und Depression geöffnet hatte. Bis auf den Kontakt zu sehr wenigen Bekannten hatte er sich größtenteils von anderen Menschen zurückgezogen und lebte alleine. Zudem fand er sich seit einigen Jahren immer wieder in einem mysteriösen Albtraum wieder, aus dem er stets mit dem Gefühl erwachte, keine Luft mehr zu bekommen. Was Svens körperliche Themen anging, nahmen wir uns vor, chronischen Rückenschmerzen sowie Verspannungen im Bereich der Halswirbelsäule auf den Grund zu gehen.

Nachdem er sich in die erforderliche Trance begeben hatte, landete Sven auf hartem, glattem Steinboden, der von Moos überzogen war. Seine Umgebung beschrieb er als dunkel und größtenteils in den Farben Schwarz und Grün gehalten. »Das ist eine Landschaft mit schroffen, großen Steinen – so ähnlich wie Schottland, würde ich sagen. In der Ferne ist ein Wald. Ein dunkler Wald, aber er ist weit weg. Das ist eine sehr weite Landschaft. In der Ferne sehe ich auch das Meer.« Ich fragte ihn nach dem Wetter.

[…]

ÜB: Dunkle Wolken. Bedeckter Himmel. Am Horizont ein heller Streifen … dort, wo die Wolken aufhören. Rechts geht ein Berg hoch. Nein, eher ein großer Hügel. Ich stehe inmitten dieser wilden Landschaft auf Steinen.

[…]

Ich bat ihn, an seinem Körper herabzublicken und sich selbst zu beschreiben. Er nahm sich als männlich und »um die siebzig« wahr.

S: Ich würde sagen, das sind nackte Füße. (Pause.) Eine abgerissene, dunkle Stoffhose. Das rechte Bein ist unten abgerissen. Ich sehe nur ein Hosenbein. […] Dann so etwas wie eine Weste oder Jacke mit silbernen Knöpfen. Nein, metallische Knöpfe. Nicht aus Silber, sondern Blech. Die Weste ist schwarz-blau, dunkel, samtig. Eine Art fester Samt. So etwas wie ein kurzärmeliges Hemd. Ziemlich zerschlissen. Auch dunkel. […] Auf dem Kopf ein Tuch. Ein Kopftuch wie ein Pirat. (Pause.) Und ich sehe so etwas wie eine Krücke. Ja, auf der linken Seite habe ich auch eine Krücke, die unter dem Arm klemmt. Ich sehe auch nur ein Bein und einen Fuß. Ich sehe ja ziemlich abgerissen aus … (Pause.) Die Krücken sind so wie in den alten Filmen: ein Stock, der nach oben hin breiter wird, und dann ist da oben so ein T–Stück, das man sich unter den Arm klemmt. (Pause.) Ich habe zwei Krücken und stakse da so in den Steinen herum. Ich weiß nicht, wohin …? Und ich weiß auch nicht, wie ich hier hingekommen bin …?

M: Fühlt sich der Ort vertraut an?

S: Nein, das ist wie in der Fremde. Vielleicht bin ich vom Meer her gekommen? Ich sehe aus wie ein gestrandeter Seebär auf einem Niemandsland …

[…]

Um herauszufinden, wie er an diesen Ort gekommen war, ließ ich Sven in der Zeit zurückgehen und bat ihn, die Umstände seiner Ankunft zu beschreiben.

S: Das ist so etwas wie Schiffbruch. Ich bin aus diesem gestrandeten, kaputten Schiff an Land gegangen.

M: Hast du dich dabei verletzt?

S: Nein. Ich habe das Gefühl, das Bein war schon vorher weg. Ich spüre keine Verletzung. Die Krücken, auf denen ich humple, sind zu dem Zeitpunkt auch schon fertig gewesen. Ich muss das schon vorher gehabt haben.

M: Bist du alleine an diesem Ort gestrandet?

S: Ich bin zumindest alleine an Land gegangen. Entweder sind da noch welche auf dem Boot oder ich bin der einzige Überlebende. Ich weiß es gerade nicht. Aber das Boot ist schon etwas größer.

M: Beschreibe es mir.

S: Es sieht aus wie eine Kogge. Und die ist anscheinend auseinandergebrochen. (Pause.) Das kann ich nicht alleine gefahren haben. Die Mannschaft … das müssen mindestens zehn Leute gewesen sein.

M: Wie kam es zu dieser Strandung?

S: Da muss ich weiter zurückgehen … (Pause.) Das ist irgendwo unbeabsichtigt aufgelaufen. Auf einen Felsen, der unter Wasser war. Und daran ist das dann zerbrochen. Ich weiß aber noch nicht, wie ich an Land gekommen bin …?

M: Waren zum Zeitpunkt des Auflaufens noch andere an Bord?

S: Da waren noch andere, ja. Ich habe das Gefühl, dass da ein riesiger Streit ausgebrochen ist. Als ob die mit ihren Köpfen aneinandergeraten sind.

M: Weswegen?

S: Schuldzuweisungen. Wer da nun dran Schuld hat. (Pause.) Ich sehe, dass sie sich mit ihren Degen oder etwas Ähnlichem bekämpfen und erstechen. Ich habe auch auf einen eingestochen mit einem Degen. (Pause.) Und ich bekomme von hinten irgendetwas an den Kopf … So fühlt sich das jedenfalls an. Es kämpfen mehrere.

[…]

Mithilfe geeigneter Suggestionen stellte ich sicher, dass Sven keine unangenehmen körperlichen Empfindungen verspürte.

S: Das ist ja wie im Film! Die kämpfen an Deck. (Grübelt.) Eins, zwei, drei, vier, fünf … Ja, so vier oder fünf sind es. Einen habe ich hier bei mir; den habe ich wohl erstochen. Einer greift mich von hinten an. (Pause.) Dann drehe ich mich um und kriege den auch.

M: Obwohl du körperlich so beeinträchtigt bist?

S: Ja, ich weiß auch nicht wirklich, wie ich das mache …? Auf jeden Fall habe ich in der rechten Hand so einen Degen und links noch eine Krücke.

M: Du scheinst ein guter Kämpfer zu sein.

S: Ja. Auf einem Bein und mit Krücke! Und dann muss ich auch den hinter mir erledigt haben … (Grübelt.) Einer läuft weg. Ich glaube, der springt über Bord. Die zweite Krücke liegt auf dem Fußboden. Dann ist keiner mehr da. Also keiner, der noch kämpft – oder am Leben ist.

M: Was tust du nun?

S: Das Schiff ist noch am Auseinanderbrechen. Ich kann von ihm auf den Felsen … und dann auf Steinen durch das Wasser zu der Küste gehen. So bin ich an Land gekommen. Aber da ist nichts … kein Lebewesen. Ich muss irgendwie Leben finden auf diesem Eiland oder was das hier ist, habe aber bisher nichts gefunden.

[…]

Ich ließ Sven die Zeit verdichten und zu einem Zeitpunkt wechseln, an dem etwas Bedeutendes passieren würde.

S: Ich gehe über diesen Hügel. (Erstaunt.) Da ist eine Hütte! Eine relativ kleine Hütte. Ein Dach mit Moos. Sieht aus wie ein

Fenster. Da ist auch jemand drin … Sieht aus, als wenn da eine Frau ist … mit einem Gewehr!

M: *Was tut sie?*

S: Sie hält es in meine Richtung. Ich gehe mal langsam dahin. (Pause.) Das ist jetzt wirklich unwahrscheinlich, aber es ist so, als ob wir uns kennen. Oder sie erkennt zumindest mich …? Ich weiß es nicht. (Pause.) Sie nimmt das Gewehr runter. Ich sehe sie nicht genau. Sie nimmt mich mit in die Hütte. Ich setze mich an den Tisch … und sie gibt mir etwas zu trinken. (Pause.) Das sieht aus wie ein Krug. Aber irgendetwas ist komisch. Ich bin mir nicht sicher, was mit der alten Frau los ist … Sie sieht jedenfalls sehr alt und ziemlich hässlich aus. (Pause.) Ich habe etwas getrunken, aber mir ist jetzt wirklich komisch … Sie hat mich vergiftet! Ich lege mich auf die Bank … und ich fühle mich, als ob das Ende naht. Die Frau geht jetzt auf mich los und drückt mir den Hals zu. Sie würgt mich. Ich bin wehrlos.

M: *Weißt du, warum sie das tut?*

S: Es ist so, als ob sie mich irgendwie erkannt hat. Ich weiß aber nicht, wer sie ist. Sie wirkt wie eine Hexe auf mich. »Hab ich dich endlich!«, hat sie gesagt, oder so etwas Ähnliches. Sie beschimpft mich. (Erstaunt.) Und sie haut mir noch etwas über den Kopf!

M: *Verstehst du, was sie meint?*

S: Ich glaube, sie hat auch gesagt: »Du hast meinen Sohn umgebracht!« Kann das sein?! Ich bin nicht mehr ganz da. Alles verschwimmt.

M: *Was fühlst du, wenn sie das sagt?*

S: Ich weiß nicht, wer ihr Sohn ist. Ich weiß es nicht. Ich kenne ja auch sie nicht. (Angestrengt.) Ich muss mich bemühen, in der Szene zu bleiben!

M: *Das liegt wahrscheinlich daran, dass sie gerade versucht, dich zu töten. Was geschieht?*

S: Sie schlägt noch mit irgendetwas auf mich ein. Sie haut mir ziemlich stark auf den Kopf. Und ich glaube, da geht auch etwas kaputt am Kopf … Ich versuche, sie mit dem Fuß zu treten, aber sie haut mir etwas Schweres auf den Kopf! Ob das allerdings tödlich ist, weiß ich nicht … (Pause.) Ich falle von der Bank runter … liege jetzt auf dem Bauch … und versuche, da irgendwie wegzurobben. (Pause.) Sie sticht jetzt mit irgendetwas von hinten auf mich ein. Ob das das Gewehr ist, dass sie mir da noch in den Rücken und zwischen die Schultern rammt …? (Pause.) Sie dreht mich um … (Grimasse.) Sie ist ziemlich hässlich! Ganz verpickelt im Gesicht. Sie will mich umbringen! Jetzt gießt sie mir Wasser über den Kopf … Sie muss ja wirklich wütend auf mich sein!

M: Es scheint so.

S: Ich versuche es und kriege sie irgendwie zu fassen und zu packen. Dann ziehe ich sie runter und kann mit dem Knie auf sie drauf. Und dann sieht es aus, als ob jetzt ich versuche, sie umzubringen. Mit dem Knie auf ihrem Hals. Ich bin mit meinem ganzen Gewicht drauf. (Ungläubig.) Sag mal, was ist das denn für eine Geschichte?! (Pause.) Jetzt scheint die Spannung aber erstmal raus zu sein … Ich lehne mich zurück … Sie ist nicht mehr bei Bewusstsein. Ich bin noch am Leben. Ja, ich bin verwundet und muss mich ausruhen, aber es ist noch alles dran an mir. Ich weiß nicht, wie es jetzt weitergeht, aber die Frau bewegt sich jedenfalls nicht mehr … Ich kann mich aber auch nicht groß bewegen. Ich glaube, ich kann nicht aufstehen.

M: Liegst du am Boden?

S: Nein, ich hänge in einer Art Stuhl oder Bank und lehne mich an. Im Moment geht es nicht weiter.

M: Wirst du noch in der Hütte bleiben?

S: Ja, um mich zu erholen und zu stärken.

[…]

Ich ließ Sven die Szene verlassen und in der Zeit vorwärtsspringen zu einem weiteren bedeutenden Tag im Leben des alten Seemannes, der gerade ein sehr mysteriöses und dramatisches Attentat überlebt hatte.

S: Das könnte immer noch auf dieser Insel oder diesem Land sein. Ich scheine die Hütte irgendwann verlassen zu haben, denn ich werde von einigen anderen Leuten aufgegriffen und gefangengenommen. Die wollen mich für etwas bestrafen …!

M: Weißt du, für was?

S: Da empfinde ich eine Verbindung zu dem Schiff. Es könnte sein, dass wir etwas mit dem Schiff gemacht haben – als ob wir so etwas wie Piraten gewesen sind. Jedenfalls bin ich von diesen Leuten aufgegriffen worden. Sie stehen um mich herum und nehmen mich gefangen, weil sie mich für irgendetwas bestrafen wollen. Das sind normale Bürger. Die leben hier. Sie sind aufgebracht!

M: Was werfen sie dir vor?

S: (Pause.) Ich habe ihnen etwas weggenommen … Vielleicht habe ich …? Ja, ich nehme etwas mit Kindesentführungen wahr. Ich könnte etwas damit zu tun gehabt haben, dass Kinder entführt wurden. Ja, es hat etwas mit Kindern zu tun. (Pause.) Eine üble Geschichte …! Wir haben die Kinder der Bevölkerung entführt und die Leute damit erpresst.

M: Sie machen dich dafür verantwortlich?

S: Ja. Ich weiß nicht, ob wir die Kinder zurückgegeben haben oder nicht …? Auf jeden Fall halten sie mich jetzt fest und wollen mich verurteilen. (Pause.) Die machen eine Art Tribunal mit mir. (Erstaunt.) Es wirkt, als ob ich an eine Art Pranger gestellt werde. Ich werde gefesselt. Sie schlagen mich.

[…]

Ich verstärkte die Suggestionen für Sven, dass er einfach wie ein Beobachter berichten konnte, was geschah, ohne jegliche unangenehmen körperlichen Empfindungen verspüren zu müssen.

S: Ich glaube, die wollen mich umbringen. Also mich praktisch sofort bestrafen. (Pause.) Ich bin an einen Pfahl gefesselt. Und da wird etwas mit meinem Hals gemacht … Ich glaube, ich habe einen Ring um den Hals … und dann wird da von hinten etwas dagegen gedrückt … wie eine große Schraube. Ich glaube, dass ich schreie. Sie halten mich fest. Zur Folter? Nein. Ich glaube, dass ich so umgebracht werden soll. Durch diese Schraube und durch den Halsring. Ja, ich sehe, dass eine Schraube von hinten durch den Pfahl in meinen Hals geschraubt wird. Und vorne ist ein Ring. (Pause.) Also eben habe ich noch geschrien. Und sie halten mich solange fest. (Pause.) Ich sehe den Körper jetzt, wie er schlaff runterhängt. Kopf und Arme … Ich glaube, dass sie mich getötet haben. Ich hatte auch eben die ganze Zeit so eine Anspannung und das hat jetzt nachgelassen. Die Zuschauer tanzen … oder freuen sich zumindest.

[…]

Nachdem er den Körper des hingerichteten Mannes verlassen hatte, konnte Sven auf das Leben zurückblicken und erkennen, was er aus den Erfahrungen gelernt hatte.

S: Ich habe wohl mehrere schlimme Sachen gemacht. Es fühlt sich an wie mehrere Verbrechen. (Pause.) Ich ging einer verbrecherischen Tätigkeit nach und sie haben mich dafür bestraft. Ich glaube, ich habe sogar eingesehen, warum sie mich umgebracht haben. Ich habe zumindest keinen Groll gegen die Leute verspürt, die mich verurteilt haben. Ich glaube, ich habe das einfach hingenommen und mich gar nicht gewehrt. Man könnte sagen, das ist in Ordnung gewesen. Ja, es fühlt sich von hier oben aus vollkommen in Ordnung an.

M: Kannst du erkennen, was die alte Frau damit zu tun hatte?

S: Ich glaube, dass ich ihr einen erwachsenen Sohn genommen hatte. Vielleicht ist das ein anderes Verbrechen gewesen. Und ich sehe, dass ich durch das Schicksal genau dort an Land gekommen bin, damit die Leute Rache – oder Recht – an mir ausüben konnten. Komischerweise fühlt sich das nicht unrecht an. Es mag komisch sein, aber es ist völlig in Ordnung. (Emotional.) Davon bin ich jetzt sogar richtig berührt. (Tränen fließen.) Es könnte sein, dass ich viel Schuld auf mich genommen habe, denn ich habe da ziemlich böse Sachen gemacht: Menschen umgebracht, Kinder entführt, Leute erpresst … Ich kann es nur wiederholen: Ich war schuldig. Und im Nachhinein fühlt es sich gerecht an, dass sie mich verurteilt und getötet haben.

[…]

Nach diesem Resümee war die Zeit gekommen, um das Überbewusstsein einzurufen und weitere Informationen zu erhalten. Ich fragte sie zunächst, warum sie Sven genau dieses Leben von ihm gezeigt hatten.

ÜB: Er war rücksichtslos; ohne Rücksicht auf andere Menschen oder Menschenleben. Er war rücksichtslos und er lebte rücksichtslos.

M: Warum war es wichtig für ihn, heute in dieses Leben einzutauchen?

ÜB: Um nicht zu glauben, dass er immer nur gut war. Und um nicht zu glauben, nichts Böses tun zu können.

M: Warum ist es wichtig für ihn, das zu verstehen?

ÜB: Damit er das im Hinterkopf behält und sein Verhalten in Zukunft kritisch hinterfragt, wenn er negative Gedanken hat und auch mal ungerecht denkt und handelt. Damit er sich besser einschätzt und lernt, gerechter zu sein.

M: Warum ist es wichtig für ihn, das zu lernen?

ÜB: Um ein besseres Verhältnis zu Menschen zu bekommen.

M: Warum ist sein Verhältnis zu Menschen so, wie es ist?

ÜB: Schlechte Erfahrungen, könnte man sagen. Daraus hat er den Entschluss gezogen, sich zurückzuziehen. Er fühlte sich ungerecht behandelt und konnte das nicht verzeihen.

M: Wie kann ihm die Erfahrung aus dem anderen Leben helfen?

ÜB: (Emotional.) Er weiß nun, dass er selber auch mal so gehandelt und anderen Unglück und Trauer gebracht hat – und das unwiderruflich. Insofern hat er selber bereits viel Schuld aufgenommen. Das war ebenfalls ein Grund dafür, sich zurückzuziehen und mit Verzeihen in Verneinung zu sein.

M: Wir möchten sicherstellen, dass Sven keinerlei beeinträchtigende Gefühle aus anderen Leben in sein aktuelles überträgt. Gibt es hier noch Ballast?

ÜB: Ja. Schuldgefühle.

M: Sind die noch angemessen?

ÜB: Nein. Das muss Vergangenheit sein. Sonst wird es schwierig. Das hilft nicht mehr und hindert am Leben.

[…]

Sven hatte im Vorgespräch davon berichtet, dass er schon immer das Gefühl gehabt habe, dass ihn etwas vom Leben und dessen Gelegenheiten, Chancen und Erfahrungen abhielt. Das Überbewusstsein erklärte sich dazu bereit, die Schwere der alten Emotionen zu lösen und diese zu integrieren.

M: Er hat entschieden, sich dem zu stellen, weil er bereit dafür ist, das zu ändern. Sonst wäre er heute nicht hier.

ÜB: (Tränen fließen.) Das ist die Trauer, die gerade hochkommt. Es erleichtert. (Seufzt.) Damit mehr Frohsinn in sein Leben kommt und der Humor die Oberhand gewinnt.

[…]

Im Anschluss an die Integration der Emotionen bestätigte das Überbewusstsein, dass der wiederkehrende Albtraum, der die Erinnerung an das traumatische Gefühl des Gewürgt-Werdens – sowohl durch die alte Frau als auch bei der Hinrichtung – beinhaltete, nun nicht mehr nötig sein würde. Er hatte seinen Zweck erfüllt und Sven letztendlich dazu bewegt, sich seinen unbearbeiteten Themen zu stellen.

Die Zusammenarbeit mit seinem Überbewusstsein erfolgte trotz der von außen betrachtet unangenehmen Erinnerungen und Erkenntnisse stets im Bereich dessen, was Sven verarbeiten konnte, und erwies sich somit wie gewohnt als hocheffektiv.

Letzte Worte: »Die Zeit der Schuld ist vorbei und es ist nicht mehr notwendig, sich zurückzuziehen oder unnötig zu grübeln. Diese Schwere brauche ich nicht mehr! Vielleicht musste ich das eine Zeit lang durchleben. Wahrscheinlich hätte ich es vorher nicht verstanden.«

Durch die Zeit und aus der Matrix

Amelie (35) war eine junge Frau, die gemeinsam mit ihrem Mann und ihren Kindern auf einem vieh- und landwirtschaftlichen Hof in der erweiterten Region lebte. Sie liebte die Natur über alles, und das Wohlergehen der Lebewesen um sie herum lag ihr sehr am Herzen. Ihre Sitzung bot Amelie nicht nur die Möglichkeit einer kleinen Auszeit von ihrem geschäftigen Alltag als Bäuerin und Mutter, sondern führte sie auch zu den Antworten auf ihre vielfältigen Fragen. Zudem erhielten wir vom Überbewusstsein interessante Informationen bezüglich des derzeitigen Entwicklungsstandes des Planeten und der Menschheit.

Draußen erhellte die warme Julisonne die belebten Straßen der Nachbarschaft meines Studios, als wir die Jalousien herabließen, um Amelies Seelenreise zu beginnen und herauszufinden, was ihr Höheres Selbst für sie vorbereitet hatte.

Sie landete auf Kopfsteinpflaster und konnte um sich herum die Fachwerkhäuser einer Stadt wahrnehmen. »Es ist dunkel und feucht. Ich sehe Häuser … ziemlich dicht bebaut und alt, aber kein Licht. Ich sehe ein großes Fenster, ein Schaufenster eines Ladens. Es ist Nacht. Ich kann keine Laternen sehen. Es brennt kein Licht in den Häusern. Sie sehen leer aus.« Ich bat Amelie, an sich herabzublicken und sich zu beschreiben. Sie nahm sich selbst als ein Mann von etwa fünfzig oder sechzig Jahren wahr, mit grauen Haaren, blasser Haut und einer Glatze. Ich fragte, ob er etwas am Körper oder bei sich trug.

[…]

A: Schwarze Lederschuhe … dunkle Hose. Ich würde sagen, das ist ein Anzug … grau oder dunkelgrau … mit langen Ärmeln. Ein dunkelgrauer Hut und ein … Lederkoffer? (Pause.) Nein, eine Tasche! Wie ein Aktenkoffer, aber nicht eckig.

M: Warum bist du an diesem Ort?

A: Ich habe eine Aufgabe. In der Tasche befinden sich Akten. Verträge. Es geht um Immobilien.

M: Mitten in der Nacht?

A: Ich suche eine Unterkunft. Ich bin nicht von hier. Gerade eingetroffen aus einem … anderen Land. Aber die Zeit stimmt nicht … Ich bin zu einem anderen Zeitpunkt gekommen! (Pause.) Es ist keiner da. Es ist niemand da! Ich weiß nicht … Ich bin der Einzige hier. Da ist sonst niemand. Ich sehe immer nur dieses große Schaufenster. Es ist ein Haus in der Stadt. Sieht aus wie aus den 1920er Jahren. Es steht leer. Ich glaube, ich will es kaufen … oder wollte es kaufen? Nun ist es verlassen. Ich weiß nicht, woher ich gekommen bin. Ich erinnere mich an eine Zugfahrt, aber ich weiß gar nicht, wo der Bahnhof ist.

M: Weißt du noch, wie du in diese Straße gekommen bist?

A: Ich bin bei Tag im Zug gefahren, aber ich bin irgendwie viel später hier angekommen. Die Zeit stimmt nicht …! Der Zug war einfach weg. Er ist in einen dunklen Nebel hineingefahren und dann bin ich zu spät hier angekommen. (Grübelt.) Aber ich bin nicht hierher gelaufen …

[…]

Amelies Schilderungen waren äußerst mysteriös. Ich ging davon aus, dass wir später mehr Informationen dazu erhalten würden, und so ließ ich sie zum Tag der Begegnung mit dem Besitzer des Hauses wechseln. Interessanterweise sprang Amelie jedoch nicht wie erwartet vorwärts in der Zeit, sondern noch weiter in die Vergangenheit zurück.

A: Ich bin bei dem Geschäft, aber viel … eher. (Erstaunt.) Das ist ein Fahrradgeschäft. Der Name steht im Geschäft. Ich sehe den Besitzer und kenne ihn. Der Name des Geschäfts ist »Neu-Rad«. Es ist sonnig. Ich will den Laden kaufen und spreche mit dem Besitzer. Er lehnt aber ab. Das Geschäft geht gut. Er möchte nicht verkaufen. Ich habe ihm ein gutes Angebot gemacht, aber er möchte nicht. Er hätte Familie, sagt er.

M: *Was machst du nun?*

A: Ich gehe weiter. Ich habe noch andere Ziele. Ich bin vor allem hier, um den Mann zu sehen. Um ihn kennenzulernen. (Pause.) Ich glaube, ich reise in der Zeit …

[…]

Kaum waren diese letzten, überaus interessanten Worte ausgesprochen, wurde Amelie überraschend aus der Szene gezogen und landete in einer komplett anderen Existenz. Im Hypnosekontext wird ein derart spontaner, unerwarteter Wechsel als *leapfrogging* (Bocksprung) bezeichnet. Nachdem Amelies neue Umgebung mehr und mehr Form angenommen hatte, konnte sie mir beschreiben, wo sie sich nun befand.

A: Das ist jetzt eine urzeitliche Landschaft. Es ist warm und tropisch. Da sind ganz viele verschiedene Bäume und Farne und es ist neblig. (Überrascht.) Ich fliege! Ich bin ein Vogel oder so etwas … Ich bin groß! (Pause.) Ich glaube, das ist der Körper eines Flugsauriers. Mit kleinen Federn … braun, rot, grün und ein paar gelbe Federn in den Flügeln.

M: *Hast du ein bestimmtes Ziel?*

A: Ja! Ein großer Baum. Ein ganz, ganz großer Baum. Viel größer als die anderen Bäume. Das ist der Familienbaum. Da lebt meine Familie, mein Clan. Ich glaube, ich bin der Vater … einer der Väter. Es ist eine große Gemeinschaft. Viele Kinder, viele Älteste. Ich bin noch kein alter Vogel, aber ich bin erwachsen und bereits Vater.

M: *Gibt es einen Anführer in deinem Clan?*

A: Ja, eine alte Weise. Ich bin ein Beschützer und Späher.

M: *Gibt es Gefahren für euch?*

A: Ja, die Natur. Vulkanausbrüche zum Beispiel.

M: *Gibt es noch andere wie euch, die in Bäumen leben?*

A: Ja, aber wir sind alle gut miteinander. Es gibt keine Kämpfe.

[…]

Wir sprangen vorwärts zu einem wichtigen Tag, der sich bereits als der letzte dieses Lebens herausstellen sollte.

A: (Besorgt.) Eine Katastrophe! Die großen Bäume fallen! Ein Feuersturm! Es ist heiß, furchtbar heiß. Funken fliegen überall. Viele von uns sehe ich gar nicht mehr … Sie sind weg. Sie sind mit dem Baum gefallen. Nicht alle können fliegen … Die kleinen noch nicht und die alten nicht mehr. Meine Kinder waren auch dabei … Ich kann kaum etwas sehen, denn da ist überall Qualm. Alle, die überlebt haben, sind jetzt verteilt. Hier kann man nicht mehr atmen, aber ich bin geblieben.

M: Warum?

A: Ich wollte helfen. Aber ich konnte nicht helfen. Ich kann nichts sehen und ich kann nicht atmen. Aber ich bleibe. (Tränen fließen.) Ich bin ein Beschützer! (Flüstert.) Ich kann nicht gehen. Ich muss bleiben. Bis zum Ende …

M: Du hast deine Aufgabe nun erfüllt. Wie fühlst du dich?

A: Es war meine Aufgabe. Ich konnte keinen retten. Das war einfach zu gewaltig. Alles hat gebrannt. Aber ich habe meine Aufgabe trotzdem erfüllt.

[…]

Nachdem sie den Körper des Flugsauriers verlassen hatte, war Amelie in der Lage, zu erkennen, was die Lektionen des Lebens gewesen waren und was sie daraus hatte mitnehmen können.

A: Zusammenhalt. (Pause.) Versprechen halten. (Pause.) Dass ich fliegen kann! (Kichert.) Loslassen. Man muss die Seelen gehen lassen. Man muss sie loslassen.

[…]

Wir ließen das Leben des Flugsauriers zurück und begaben uns in eine weitere Inkarnation von Amelie. Diese begann auf der Lichtung eines Waldes.

A: Da ist eine Wiese. Ein Mischwald ist ringsherum. Es ist ein wenig bergig. Grünes Gras. Saftiges Gras. Das ist ein großes Stück Weide. Wie eine Bergweide. Eine sehr große Wiese. Ich bin auf der Wiese und hüte … Ziegen.

[…]

Ich bat sie, an sich herabzublicken und sich und ihre Kleidung zu beschreiben.

A: Ich sehe meine Füße. Sie sind dreckig. Ich habe einen Stab in der Hand aus einem Wurzelknollen. Wie so ein Merlin-Stab. (Kichert.) Ich trage ein einfaches Gewand aus so etwas wie Laken und einen Gürtel. Beige. Naturweiß. Es ist dreckig.

M: Wie fühlt sich dein Körper an?

A: Weiblich. Eher alt. Sehr alt. Ich habe lange, graue, glatte Haare. Mein Gesicht ist faltig. Ein altes Gesicht. Mager. Auf dem Kopf trage ich – was ist das? – einen einfachen Hut aus … Filz ist es nicht. Als Sonnenschutz.

M: Trägst du sonst noch etwas bei dir?

A: Ja. Ich sammle Kräuter. Und Pilze. Dafür habe ich einen Sack oder so ähnlich aus Ziegenfell.

M: Lebst du hier in der Nähe? (Ja) *Alleine?* (Ja) *Nur du und deine Schafe?*

A: Nein, das sind Ziegen. Ich lebe von der Milch und von den Pflanzen, die ich sammle. Die Ziegen halte ich nur für mich, aber ich nehme nur so viel, wie sie übrig haben.

M: Gibt es noch andere Menschen in deiner Umgebung?

A: Da sind welche, aber ich habe keinen Kontakt. Das möchte ich, glaube ich, auch gar nicht. Meine Familie hat sich von mir abgewendet. Ich habe das Gefühl, dass ich ausgegrenzt bin. Ausgegrenzt wurde. Ich bin anders … Mein Äußeres? Beides. Mein Äußeres und mein Inneres haben ihnen nicht gepasst. Die

Menschen sind nicht tolerant. Sie haben mich abgelehnt wegen meiner äußeren Erscheinung. Ich habe einen krummen Rücken seit meiner Geburt. Ich wollte mich aber nicht unterdrücken lassen und dann bin ich in die Natur gegangen. Sie haben mich wegen meines Aussehens degradieren wollen, aber ich sah mich selber als ihnen geistig überlegen.

M: *Hast du diese Entscheidung jemals bereut?* (Nein!) *Bist du glücklich so, wie du lebst?*

A: Ja. Ich bin nicht glücklich damit, wie die Vergangenheit gewesen ist, aber ich bin jetzt zufrieden. Ich bin frei. Keiner beschimpft mich. Meine Tiere sind gut zu mir und ich bin gut zu meinen Tieren.

M: *Leben noch andere Tiere mit dir?*

A: Eichhörnchen kommen immer mal zu Besuch. Steinböcke. Und ein Rabe! (Lächelt.) Der ist bei mir aufgewachsen.

M: *Das klingt, als ob du sehr im Einklang lebst mit der Natur um dich herum.* (Ja) *Gibt es etwas, das du vermisst?* (Nein)

[…]

Wir sprangen vorwärts zu einem wichtigen Tag in dem Leben der Ziegenhirtin. Dieser Tag sollte sich zugleich als ihr letzter herausstellen.

A: Ich bin zu Hause. In meiner Hütte. Es ist nicht viel Zeit vergangen. (Lächelt.) Ich verabschiede mich … Ich gehe. (Tränen fließen.) Meine Tiere sind alle hier bei mir. (Flüstert.) Das ist schön. Mein Rabe sitzt neben mir. Ich kann mit ihm telepathisch sprechen. Wir fühlen uns. Wir bedanken uns gegenseitig. Ich sage ihm, er soll auf sich aufpassen. Meine Ziegen sind frei. Die werden okay sein.

M: *Wie fühlst du dich in diesem Moment?*

A: (Ergriffen.) Glücklich. Es gibt nichts mehr zu tun.

[…]

Sie verließ den Körper der alten Frau und konnte nun aus dieser Perspektive die Lektionen des Lebens erkennen, das hinter ihr lag.

A: Die Menschen gehen zu lassen. Die Menschen loszulassen. Die Menschen zu studieren. Ihre Art. Ihre Programmierung. Ich habe gesehen, wie sie mich behandelt haben und wie die Kleinen es den Großen nachgemacht haben, wie man jemanden behandelt, der anders ist. Von den Tieren habe ich gelernt, dass das gar nicht so sein muss. Sie sind offen, wenn du offen bist. (Pause.) Ich habe gelernt, dass ich selbst für mich sorgen kann. Die Natur hat alles. Sie hält alles bereit.

[…]

Der Zeitpunkt war gekommen, um das Überbewusstsein einzurufen und mehr Informationen zu erhalten. Ich fragte zunächst, warum sie Amelie das Leben des mysteriösen Immobilienhändlers gezeigt hatten.

ÜB: Es handelte sich um ein Wiedersehen mit dem Ur-Großvater aus dem aktuellen Leben. Er war der Fahrradverkäufer.

M: Hat sie ihren Ur-Großvater schon einmal getroffen?

ÜB: Nicht im jetzigen Leben. Nur in dem gezeigten Leben.

M: Ihr meint, sie hat ihn nicht als Amelie kennengelernt?

ÜB: Nein, nur als der Mann. Die beiden sind verbunden. Sie hat Wurzeln. Das ist wichtig für sie! Es war ihr nicht immer klar, wo die Wurzeln genau liegen. Wurzeln sind wichtig, um sich nach oben entfalten zu können. Die Erfahrung heute wird ihr dabei helfen. Sie durfte Familie sehen. Seine Kinder. Ihre Großmutter als kleines Mädchen. Sie hat sie gesehen. Sie hat die Kinder mit dem Ur-Großvater vor dem Laden gesehen. Das war wichtig!

M: Gibt es noch einen weiteren Aspekt dieses ersten gezeigten Lebens, der für Amelie relevant ist?

ÜB: Ja. Zeit existiert nicht. Der Handlungsreisende war auch ein Zeitreisender. Zeit ist eine Frage der geistigen Einstellung. Das hat Amelie selbst schon so erfahren. Indem man sich auf Zeit nicht konzentriert, verschwindet sie. Das ist eine wichtige Erfahrung. Es wird zunehmen, dass Zeit verwischt. Amelie weiß, wie das funktioniert. Das Leben ist wie ein Traum. Es ist möglich, dass man zur selben Zeit an unterschiedlichen Orten und in unterschiedlichen Rollen lebt. Man hat jederzeit darauf Zugriff, auf der Erde ist das allerdings schwierig umzusetzen. Es ist für die Menschen hier schwierig, in parallele Realitäten zu springen. Das ist schwierig in der dritten und vierten Dimension. In der fünften Dimension wird das möglich. Das ist ein Prozess. Die Menschen springen derzeit zwischen der dritten und der fünften Dimension. Sie springen – oder schweben vielmehr – und die Zeit verwischt dabei. Realitäten verschwimmen. Deshalb ist es für viele derzeit im Alltag schwierig, sich zu konzentrieren und sich ihm einfach hinzugeben. Aber es wird Ordnung geben. Das ist ein Aufräumen. Und wenn man aufräumt, entsteht immer erst noch mehr Chaos, bevor es dann ordentlich wird. Aber da gehen alle durch. Auf der Erde ist das im Moment der Prozess, den die Menschen durchlaufen.

M: Ist der Handlungsreisende bewusst in der Zeit gereist?

ÜB: Er hatte sich bewusst für seine Aufgabe entschieden, aber im Körper war er sich dessen nicht immer bewusst.

[…]

Wir gingen zum zweiten gezeigten Leben über. Ich fragte das Überbewusstsein, warum sie für Amelie das Leben als Flugsaurier ausgewählt hatten.

ÜB: In dem Leben hat sie gelernt, dass alles einem göttlichen Plan folgt. Ihr Bewusstsein war damals sehr von Instinkt geleitet. Sie konnte aus ihrem Bewusstsein heraus akzeptieren, dass alles so in Ordnung ist, wie es kommt. Sie hatte ihre Aufgabe erfüllt, so gut sie dazu in der Lage war. Und es ist gerade wichtig für sie, zu lernen, dass es diese Grenzen gibt. Man tut, was man kann, und wenn man seine Grenze erreicht hat, dann muss man lernen, loszulassen. Das war die Lehre.

M: *In welchem Lebensbereich würde ihr das helfen?*

ÜB: Im Umgang mit ihren Mitmenschen, ihren Mitgeschöpfen. Jeder hat seinen Lebensplan und man kann – oder darf – nur bis zu einem gewissen Grad eingreifen und unterstützen. Es gibt Verträge. Es gibt Vereinbarungen, die die Seelen treffen, bevor sie inkarnieren. Diese Pläne sollte man nicht durchkreuzen.

M: *Ist das überhaupt möglich? Sind sie nicht gesichert?*

ÜB: Der Versuch ist möglich, aber es kostet sehr viel Energie, dagegen zu arbeiten. Das ist etwas, das die Menschen jetzt lernen. Es ist nicht gut, so viel Energie für eine Sache aufzuwenden. Eine gute Sache braucht immer nur wenig Energie.

M: *Gibt es noch etwas, das ihr zu dem zweiten Leben als Flugsaurier sagen möchtet?*

ÜB: Es ist wichtig für Amelie, zu wissen, dass die Möglichkeiten im Universum unerschöpflich sind. Auf der Erde, inkarniert in einem fleischlichen Körper, ist der Raum sehr beengt. Es ist hier schwierig, sich zu entfalten. Man stößt an Ecken und Kanten und es ist anstrengend. Aber Fliegen … Fliegen ist ganz einfach. Fliegen ist wunderbar. Fliegen ist leicht. Fliegen ist überall möglich. Nur für die Seele in einem beengten Körper ist es hier auf der Erde im Moment noch nicht ohne Weiteres möglich. Es gibt tatsächlich Zustände der Levitation, aber das ist verbunden mit sehr viel Arbeit und sehr viel Konzentration. Das kostet im Moment alles noch sehr viel Energie. Es wandelt sich jedoch. Es wird alles einfacher.

[…]

Schließlich erkundigte ich mich noch nach der Relevanz der dritten gezeigten Inkarnation – die der Ziegenhirtin – für Amelies aktuelles Leben.

ÜB: Amelie hat manchmal Zweifel, ob es ihr gelingt, sich mit ihrem Umfeld, mit der Natur, mit der Tierwelt und der Pflanzenwelt zu verbinden. Durch das gezeigte Leben hat sie die Möglichkeit, wieder bestärkt zu sein, weil sie nun weiß, dass sie das kann, dass sie das schon gemacht hat und dass es funktioniert. Sie wird weitere Informationen darüber erhalten, wie sie telepathisch kommunizieren kann. Sie hat bereits in Träumen Informationen dazu erhalten. Dass das jetzt hier auf der Erde noch nicht einfach so funktioniert, liegt daran, dass die Frequenzen noch nicht so stimmen und dass die Menschen noch nicht so offen dafür sind. […] Das Beste, was man tun kann, ist, seinen Mitgeschöpfen einfach Liebe zu schenken, sich in Liebe zu verbinden und aus dem Herz heraus eine Verbindung zum Herzen des anderen Wesens herzustellen. Man kann in diese Verbindung auch seine Worte legen und sehr wirkungsvoll visualisieren, wie ein Strahl von Worten das Herz des anderen erreicht. Das Tier wird das verstehen. Es ist möglich, auf diesem Wege mit Tieren zu kommunizieren. Positive Affirmationen sind auch in diesem Fall sehr wirkungsvoll. Es ist ein Prozess der Öffnung. Das ist Übungssache, aber es ist möglich. Und es ist besser als jegliche physische Intervention. Durch physische Intervention – so, wie es auch eure Medizin macht – werden schnell neue Konflikte ausgelöst. Das führt dazu, dass sich dann an anderen Stellen im Körper wieder neue Dinge manifestieren können; Ängste, die sich dann in der Materie niederschlagen.

M: Das Bild war ein Strahl der Worte von Mund zu Herz?

ÜB: Von Herz zu Herz. Ein goldener Strahl aus Liebe, in den man seine Worte legen kann, um sie dem anderen Wesen zu vermitteln – egal, ob Mensch oder Tier. Bei Tieren ist es einfacher. Tierkommunikation ist grundsätzlich einfacher auszuführen als wortlose Kommunikation mit Menschen, denn das Tier ist grundsätzlich offen oder öffnet sich gerne, wie auch eine Pflanze das gerne tut. Die beschriebene Methode mit dem Öffnen des eigenen Herzens und dem Senden eines goldenen Strahls aus Liebe ist das Ersuchen um Verbindung. Und die Verbindung wird hergestellt werden. Das Tier und auch die Pflanze werden sich öffnen. Es bedarf natürlich einiger Übung, allerdings ist jede noch so subtile Wahrnehmung gut und richtig. Es kann ein Bild sein. Es kann ein Wort sein. Es kann gehört werden oder gesehen werden. Von Tier zu Mensch. Von Pflanze zu Mensch. Das kann vom Menschen wahrgenommen werden! Die Art der Kommunikation macht dabei keinen Unterschied. Wichtig ist das Vertrauen des Menschen. Dass der Mensch nicht denkt, sein Verstand würde ihm Worte oder Bilder eingeben. Dadurch macht er sich tatsächlich klein und verschließt sich. Er kann dann nicht die Botschaften empfangen, die er tatsächlich bekommt. Je mehr sich der Mensch für diese Botschaften öffnet – ganz gleich, in welcher Form sie ankommen mögen –, desto deutlicher werden diese Botschaften mit der Zeit und dann entsteht eine richtige Kommunikation.

[…]

Ich fragte das Überbewusstsein, ob sie noch etwas zum dritten gezeigten Leben sagen wollten.

ÜB: Es ist auch im aktuellen Leben ihr Wunsch, mal isoliert von allem zu sein. Das war heute also ein kleiner Ausflug für sie, von dem sie noch lange zehren wird. (Lächelt.) Es war der Urlaub, den es für sie sonst nirgends gibt. Sie kann sich nicht vorstellen, an welchem Ort sie wirklich Ruhe und Entspannung finden könnte, da sie so viel Verantwortung hat – der große Hof, die vielen Tiere – und sich viele Gedanken um ihre

Mitlebewesen macht. Und obwohl sie schon so viel Verantwortung trägt, würde sie sogar noch viel mehr tun. Ihre Aufgabe ist es aber jetzt, zu lernen, lieber etwas weniger zu machen. Mehr zu helfen, indem man zurücktritt, und loszulassen. Es ist sehr wichtig, dass der Mensch ganz bleibt, stark bleibt, gesund bleibt. Wenn Amelie dagegen das Gefühl hat, dass sie in der Mitte steht, die Stricke in der Hand hält und jeder, der ihr wichtig ist, an einem zieht, dann fühlt sie sich zerrissen. So kann das nicht funktionieren. Sie muss lernen, diese Stricke loszulassen. Jeder folgt seinem Plan und sie folgt ihrem. Sie wird in ihre Mitte kommen und sie wird sich gut fühlen. Sie wird gesund sein. Sie wird stark sein. Und sie wird ihre Fähigkeiten voll einsetzen können. Die Voraussetzung dafür ist allerdings, dass sie sich auf sich selbst konzentriert. Und auch ihr Umfeld profitiert davon, wenn sie in ihrer Mitte und in ihrer Kraft ist – viel mehr, als wenn sie ihre Hände überall hin ausstreckt und überall helfen will, aber keiner möchte das. Die Zeichen kommen immer ganz von selbst.

M: (Lacht.) Wenn ich gewusst hätte, dass das Leben wie ein Urlaub für sie war, hätte ich sie länger dort gelassen!

ÜB: (Lacht.) Es war gut so für sie. Genau richtig. Und es ist jetzt einfacher für sie, sich wieder dort einzutunen. Die Brücke ist geschlagen.

[…]

Wir gingen zu den Fragen auf Amelies Liste über. Im Zuge deren Beantwortung wurden viele Informationen gegeben, die nicht nur für sie, sondern sicherlich auch für einige Leserinnen und Leser von Nutzen sein können.

Die erste Frage befasste sich mit Amelies Gefühl, sich im Alltag oft »wie hinter einem Vorhang« aus ununterbrochenen, chaotischen Gedanken zu befinden. Ich erkundigte mich beim Überbewusstsein, was es damit auf sich habe.

ÜB: Dieses Gefühl betrifft viele Menschen. Eure Führung benutzt Mittel und Frequenzen, um eure Gedanken in einem bestimmten Rahmen zu halten, euch möglichst wenig Zeit zu lassen und euch möglichst gut zu beschäftigen, damit ihr nicht zu kreativ werdet. Dazu gehört auch diese ständige Gedankenarbeit. Dieses Gedankenkarussell, das Menschen so einnimmt, besteht nicht unbedingt aus produktiven oder konstruktiven Gedanken. Es dient eher der Ablenkung und schafft eine Gedankenspirale, die oft zu keinem Ergebnis führt. Eine sehr gute Methode ist hier, sich zu erden und sich bewusst von diesen Gedanken abzuwenden. Ihnen den Rücken zuzukehren, indem man einfach etwas anderes tut. Das kann eine ganz banale Sache sein, wie zum Beispiel eine kalte Dusche. Es ist eigentlich ganz einfach. Kinder können das sehr gut! Kinder sind noch in diesem Bewusstseinszustand bzw. sind noch nicht aus ihm herausgekommen. Sie können sich noch wunderbar von ihren Gedanken ablenken. Das ist etwas, das die Erwachsenen auch wieder lernen sollten. Bewusstes Atmen ist auch eine sehr gute Möglichkeit. Viele Menschen haben Schwierigkeiten, sich auf das Geistige – auf die geistige Arbeit – zu konzentrieren. Sie brauchen noch einen körperlichen Ruck. Daher das Bild mit der kalten Dusche, die tatsächlich dabei hilft, auf andere Gedanken zu kommen.

[…]

In diesem Zusammenhang kamen wir auf ein Gefühl zu sprechen, das Amelie im Vorgespräch beschrieben hatte und das mir öfter in der Arbeit mit meinen Klientinnen und Klienten begegnet: das Gefühl, dem Leben hier auf der Erde »überdrüssig« zu sein. Ich fragte das Überbewusstsein, ob sie dazu etwas zu sagen hätten.

ÜB: Ihr seid großartige Seelen! Ihr solltet beginnen, euch das wieder zu sagen. Und wenn ihr es vor dem Spiegel übt, sagt und fühlt es! Verbindet euch miteinander! Nehmt euch an den Händen oder setzt euch gemeinsam in einen Kreis und verbindet euch. Spürt, wie eure Energiefelder ineinanderfließen. Spürt, wie eure Energiefelder mit denen der Bäume, Pflanzen und Tiere ineinanderfließen. Tauscht positive Energien aus. Und sagt euch oft: »Ich bin großartig!« (Pause.) Ihr werdet es schaffen! Es wird leichter besser als gedacht. Und es wird schneller besser als gedacht. Zeit ist relativ.

[…]

Sie schienen sich mit diesen Worten auf die gegenwärtige Bewusstseinsentwicklung der Menschheit zu beziehen, die ein immer wieder auftretendes Thema in Sitzungen darstellt.

Ich fragte, ob sich der Selbstwert und das Gefühl der Verbundenheit noch zu unseren Lebzeiten in das kollektive Bewusstsein der Menschheit integrieren würden. Daraufhin nahm uns Amelies Überbewusstsein auf einen kleinen Lernexkurs mit.

ÜB: Die Lebzeiten der Menschen hängen ab von ihren Programmierungen. Der menschliche Körper ist dazu in der Lage, sich zu regenerieren. Jede einzelne Zelle kann sich regenerieren und immer wieder regenerieren. Der Körper ist dazu in der Lage, zu heilen und sich sogar zu verjüngen. Aber es gibt eine Matrix. Die Matrix ist das Hauptprogramm. Und dann gibt es Unterprogramme durch Erziehung und durch das Heranwachsen.

M: Begibt man sich mit der Geburt in diese Matrix hinein?

ÜB: Ja, die Seele entscheidet sich bewusst dafür. Diese Matrix ist ein künstliches Konstrukt, erschaffen von einer künstlichen Intelligenz. Die Erde ist in die dritte Dimension abgesunken durch die künstliche Intelligenz, die die Matrix erschaffen hat. Aber auch diese folgt der göttlichen Ordnung. Alles folgt der göttlichen Ordnung.

M: Hat diese künstliche Intelligenz einen Namen?

ÜB: (Kichert.) Menschen lieben Namen … Wir nennen sie »künstliche Intelligenz«, die Menschen sagen zum Beispiel »Archonten« oder »dunkle Mächte«. Es ist eine Energie. Und auch diese Energie kommt aus der Quelle. »Künstliche Intelligenz« ist im Prinzip auch nur ein Ausdruck, den Menschen verstehen, weil sie ihn selbst benutzen. Diese Intelligenz hat im Laufe der Zeit eine gewisse Eigendynamik angenommen, wodurch das Dunkle auf der Erde mehr Zuwachs und zeitweise mehr Stärke bekommen hat. Allerdings spielen da viele Faktoren mit rein. Das ist für den Menschen schwer zu verstehen, und es ist für uns schwierig, das in menschliche Worte zu kleiden. (Pause.) Alles im Universum – im Kosmos – ist in Bewegung. Dieses Sonnensystem bewegt sich. Und es bewegt sich aktuell in eine Region mit einer deutlich höheren, intensiveren Schwingung. Zuvor befand die Erde sich in einem Bereich, in dem schwere Energien lagen, denen sie dann natürlich ausgesetzt war.

M: Mit »zuvor« meint ihr …?

ÜB: … die letzten Jahrtausende. Die Jahrtausende des Abstiegs.

M: Und wann begann die Phase des Aufstiegs?

ÜB: Um es auf dem menschlichen Zeitstrahl zu zeigen, könnte man sagen: mit der Inkarnation von Jesus Christus. Da waren aber auch noch andere Propheten. Die Menschen haben lange gebraucht, um die Lehren zu verstehen und umzusetzen. Durch Unterstützung von außen ist es nun möglich, dass die Erde aufsteigt – mit den Menschen.

M: Was ist mit der Zerstörung, die seit der Geburt von Jesus hier gewaltet hat? War sie auch ein Teil des Aufstiegs?

ÜB: Du musst verstehen, dass Zeit für die Menschen auf der Erde sehr zäh ist. Alles dauert hier sehr lange. Zudem ist die Lebenszeit stark beschränkt worden. Das ist Teil der Matrix. Deshalb empfinden Menschen das als sehr langwierig. Das hat dazugehört. Es ging ganz langsam in die Richtung, in höhere Frequenzbereiche, in höhere Schwingungsbereiche. Natürlich ist mit dem Erscheinen Jesu der Umschwung weder garantiert noch sofort umsetzbar gewesen. Die Menschen waren noch nicht reif. Es ist alles ein Prozess der Entwicklung. Allerdings sind zweitausend Jahre auf der Erde ein Wimpernschlag im Universum. Und wir wissen, dass Zeit nicht wirklich existiert und alles tatsächlich zur gleichen Zeit geschieht. Das ist für Menschen auf der Erde schwer zu verstehen, aber sie werden noch dahinterkommen.

M: Alleine das Beschreiben eines Zeitalters des Aufstiegs im Anschluss an ein Zeitalter des Abstiegs impliziert eine Entwicklung, ein Nacheinander. Das ist nicht wirklich so?

ÜB: Nein. Es ist möglich, Zeitlinien zu verändern. Es gibt viele Wissenschaftler, Ärzte und Heiler, die das schon sehr lange so tun und das verstehen. Alles spielt sich im Geist ab. Das ist die Programmierung, die der Mensch auslebt. Es gibt die Möglichkeit, vergangene Erlebnisse umzuwandeln und Verletzungen in kürzester Zeit heilen zu lassen, indem die Zeitlinie einfach gewechselt wird. Es ist nun an der Zeit, dass solche Informationen wieder an die Oberfläche gelangen und umgesetzt werden können. Die Menschen waren zuvor nicht in der Lage, mit solchen Informationen umzugehen. Sie konnten es nicht für sich umsetzen, wobei es immer wieder Unternehmungen gab, um eine neue Bewegung einzuleiten. Diese hätten als »himmlische Interventionen« bezeichnet werden können. Man hat allerdings sehr gut verstanden, diese Bewegungen zu unterdrücken und das Bewusstsein zu beeinflussen. Die sogenannte »Hippiebewegung« in den 1960er Jahren wurde beispielsweise mithilfe bewusstseinsverändernder Substanzen davon abgehalten, den Aufstieg schon eher einzuleiten. Aber die Seelen, die zu dieser Zeit hier inkarniert waren, hätten das Potenzial dazu gehabt.

M: Wer hat sie davon abgehalten?

ÜB: Ihr nennt sie »Archonten«. Es sind die Dunkelwesen, die eure Matrix aufrechterhalten. Ihr habt sogar Filme darüber … Diese Filme geben relativ verständlich wieder, was tatsächlich passiert.

M: Warum wird es gestattet, diese Filme zu veröffentlichen? Hätten die Archonten nicht ein Interesse daran, solche Filme zu unterbinden?

ÜB: Sie können nicht alles unterbinden. Es gibt aktuell eine sehr starke Bewegung – sogar stärker als die damals in den 60er/70er Jahren! Sie ist nicht mehr aufzuhalten. Es ist unmöglich, sie aufzuhalten. Und die Geschwindigkeit, in der Veränderung passiert, potenziert sich.

M: Sind sich die Archonten dessen gewiss?

ÜB: Sie können höhere Schwingungen nicht wahrnehmen. Sie versuchen, das System aufrechtzuerhalten, das sie geschaffen haben und in dem sie Meister sind – und das den Menschenseelen tatsächlich auch gedient hat. Es hat allen gedient. Es war wichtig. Das ist von Bedeutung.

M: Inwiefern hat es uns gedient?

ÜB: Die Entscheidung, die die Seelen getroffen haben, war, bis zum möglichst dunkelsten Punkt in die Materie einzutauchen. Das sollte nun geschehen sein. Die Archonten können allerdings nicht mit aufsteigen. Wie der Wind in den Segeln eines Segelbootes verhält sich die künstliche Intelligenz mit diesen Energiekörpern oder auch mit denen, die fleischlich inkarniert sind. Sie sind nicht dazu in der Lage, mit aufzusteigen. Sie sind nicht dazu in der Lage, die höheren Schwingungen zu ertragen. Sie sind dafür nicht gemacht. Ihre Seelen werden zurückgeführt werden zur Quelle. Sie werden in ihr aufgelöst werden. Sie werden wieder zur Quelle zurückkommen und sie werden wieder von vorne beginnen.

M: Sind sie die berüchtigte Elite, die auf unserem Planeten alles steuert?

ÜB: Es sind die, die sogar über dieser Elite stehen. Nur die wenigsten von ihnen befinden sich in körperlicher Form. Und es besteht für sie zu jeder Zeit die Möglichkeit, zurückzukehren. Sie könnten zu jeder Zeit – es ist schwierig, das mit dem begrenzten menschlichen Wortschatz zu erklären – kapitulieren, umkehren und sagen: »Ich wende mich dem Guten zu.« Und wenn die Bitte erfolgt, dann wird man ihnen die Tore nicht verschließen.

M: Ist das schon mal passiert?

ÜB: Einige eurer Obrigkeiten sind in der Tat dabei, im Kurs umzukehren, aber andere sind es nicht. Sie werden diesen Planeten verlassen und bekommen dann eine neue Chance woanders. Das ist jedoch unterschiedlich: Manche bleiben in der dritten Dimension, inkarnieren auf einem anderen Planeten und alles geht wieder von vorne los in der Materie. Wieder andere werden zur Zentralsonne zurückgebracht und in diese aufgelöst. Sie gehen zurück zur Quelle und beginnen dort wieder von vorne.

M: Diese Wesen können also in der Form nicht höher gehen als die dritte Dimension?

ÜB: Es gibt Wesenheiten und Energien aus dieser Gruppe, die bis in die vierte Dimension hineinreichen, aber über die vierte Dimension hinaus nicht, denn in der fünften Dimension gibt es diese Negativität nicht mehr.

M: Kann also jeder von uns hier selber die Entscheidung treffen, aus der Matrix auszusteigen, indem er auf eine höhere Dimension wechselt?

ÜB: Mit dem Tod. Solange die Matrix und dieses Vertragsverhältnis existieren, besteht nur die Möglichkeit, mit dem Ableben, mit dem Verlassen des Körpers, in eine andere Richtung zu gehen als die vorgegebene. Ihr seht beispielsweise das berühmte »Licht am Ende des Tunnels«, wenn ihr geht. Und es wird euch suggeriert, dass ihr durch den Tunnel gehen müsst, um ins Licht zu gelangen, und dass dort dann viele Seelen und liebe Bekannte auf euch warten. Ihr seid allerdings dieses Licht! Ihr braucht den Tunnel nicht! Der Tunnel ist der Weg zurück in den nächsten Vertrag mit ihnen. […] Nach dem Ableben bekommt ihr vermeintliche Situationen gezeigt, die für euch noch nicht gelöst sein sollen. Und daraufhin entscheidet ihr euch mit eurem freien Willen, wieder zurückzukehren und eine neue Aufgabe für euch anzunehmen. Diese Mühle kostet euch sehr viel Energie. Und die Energie, die euch das kostet, ist die Energie, von denen diese Wesenheiten leben und mit der sie dieses System aufrechterhalten.

M: Das klingt so, als ob man – wortwörtlich – hinters Licht geführt wird.

ÜB: Die Archonten haben natürlich nicht nur die physische Ebene für sich eingenommen, sondern auch die ätherische.

M: Was ist, wenn man sagt: »Ich will da raus. Ich will da nicht mehr mitmachen!«?

ÜB: Das ist verständlich. Und das ist auch Amelies Thema. Wir können eure Ungeduld verstehen. Wir können das vollkommen nachempfinden. Es ist alles sehr zäh bei euch. Dennoch habt ihr euch aus gutem Grund entschieden, da zu sein. Ihr habt eine ganz wichtige Aufgabe.

M: Vor dem Ableben ist ein Austritt also nicht möglich?

ÜB: Es gibt einen Seelenplan, einen Lebensplan, und die Zeit ist gekommen, wenn sie gekommen ist. Die Menschheit befindet sich im Wandel, in der Umwandlung, in der Auflösung dieser Matrix. Alle Seelen, die inkarniert sind, haben die Aufgabe, bei diesem Wandel mitzuwirken – alleine durch ihre Anwesenheit und durch ihr Strahlen. Sie sind hier, um daran mitzuwirken und die Schwingungen anzuheben.

M: Wird Reinkarnation danach noch nötig bzw. möglich sein?

ÜB: Es wird dann eine bewusstere Entscheidung geben, zu reinkarnieren. Derzeit habt ihr noch Verträge, aber dieses System ist an sein Ende gekommen. Die Zeit läuft immer schneller und das potenziert sich. Ein Event beschleunigt die Zeit bis zum nächsten. Das geht unvorstellbar viel schneller für euch als noch vor wenigen Jahren. Es ist verständlich, dass die Menschen ihres Lebens, des Systems und der Energieverschwendung überdrüssig sind, die überall offensichtlich ist und so viel Kraft kostet. Aber: Ihr seid mittendrin! Ihr seid mittendrin in den Umwälzungen! Ihr seid mittendrin im Aufräumen! Es ist der Prozess, auf den alle gewartet haben! Und die inkarnierten Seelen sind mittendrin und in der glücklichen Situation, das alles zu erleben und aktiv mitwirken zu können. (Eindringlich.) Ihr müsst verstehen und begreifen, welch große Seelen ihr seid! Wie groß und stark ihr seid! Wie lichtvoll ihr seid! Wie liebevoll ihr seid! Ohne eure

Unterstützung würde das alles nicht funktionieren. Alle, die da sind, werden gebraucht. Und alle, die da sind, sind bewusst hierhergekommen auf die Erde, um zu diesem Zeitpunkt ihr ganzes Wissen, ihre ganze Liebe und ihre ganze Hingabe einzubringen, um das alles umzuwandeln und die Liebe und das Licht auf die Erde zu bringen, um die Frequenzen zu erhöhen und mit der Erde gemeinsam den Aufstieg zu vollziehen. Versucht, von eurer Ungeduld herunterzukommen. Geht in die Natur! Erdet euch! Malt euch die Neue Erde in den schönsten Bildern aus, die ihr euch vorstellen könnt! Radiert alles heraus, das euer Auge stört und das der Mensch nicht braucht! Der Mensch ist sehr einfach gestrickt. Er ist ein liebendes Wesen. Er braucht nicht viel. Und wenn er anfängt, seine Liebe wieder in die Erde zu bringen, sich zu erden und wieder den Austausch mit ihr beginnt, dann wird die Erde auch wieder erblühen. Sie wird ihre Krusten abwerfen. Sie wird wieder strahlen. Die Erde wird den Menschen geben, was sie brauchen – in Hülle und Fülle.

[…]

Ich fragte, ob es im Licht dieser Informationen noch förderlich sei, den Medien, die größtenteils die Frequenzen der »alten« Erde aufrechterhalten, große Aufmerksamkeit zu schenken.

ÜB: Auch darüber habt ihr Filme gedreht … Eure Medien haben vor allem einen Sinn: euch zu programmieren. Ihr wisst überhaupt nicht, was in anderen Teilen der Welt wirklich los ist. Ihr könnt es überhaupt nicht wissen, denn der Mensch schätzt seine Augen sehr. Und alles das, was seinen Augen gezeigt wird, das glaubt er auch sehr gerne. Aber es ist nicht alles wahrheitsgemäß, was eure Medien euch zeigen. Es hat den einzigen Grund, dass ihr so steuerbar seid, regierbar seid. Ihr werdet gespalten. Und nur dadurch, dass ihr gespalten werdet, seid ihr lenkbar. Wenn euch bewusst wäre, wie viel Kraft ihr gemeinsam entfalten könntet, würde sich das potenzieren! Es wäre möglich, die Erde innerhalb von Tagen komplett zu verwandeln, wenn alle Menschen einen ähnlichen Gedanken hätten. Das ist euren Führern durchaus bewusst. Sie wissen ganz genau, warum sie euch ihre Bilder so einpflanzen müssen, wie sie es tun. Sie wissen ganz genau, warum sie euren Geist verwirren müssen.

M: Gibt es auch Wesen, die für unser Wohl arbeiten?

ÜB: Ja. Es gibt sehr viel Unterstützung von außen. Es gibt Sternenfamilien. Es gibt Sternengeschwister. Es gibt im Moment sehr viele andere – ihr würdet sagen: Rassen – um die Erde herum und auf der Erde – auch inkarnierte! – aus unterschiedlichen Dimensionen. Sie alle unterstützen diesen Prozess. Die Erde ist im Moment der Mittelpunkt des Geschehens. Alle schauen auf die Erde und freuen sich, dass hier so viel los ist und dass es so gut läuft. Übt euch in Geduld. Wendet euch ab von allem, was euch belastet. Von allem, was euren Geist belastet und verdirbt. Von allem, was euch weh tut. Hört auf euer Herz. Hört auf euren Bauch. Was euch in den Magen fährt, das ist nicht gut für euch. Was euer Herz schwer macht, das ist nicht gut für euch.

M: Was ist mit denen, die ihren Fokus eher auf diesen beschwerenden Input lenken und von dessen Konsum nicht loszukommen scheinen? Wie kann man ihnen helfen?

ÜB: Auch das ist eine von Amelies Eigenschaften gewesen: das Bedürfnis zu haben, diese Leute da rauszuholen. Aber das ist nicht möglich. Es ist wegen des freien Willens nicht möglich. Sie haben ihren Plan. Ihre Zeit wird kommen – ganz gleich, ob sie aufwachen oder ob sie den Körper und sogar den Planeten verlassen. Es ist ganz gleich. Und es ist für euch in der Tat das Beste, wenn ihr euch auf euch selbst konzentriert, zentriert in eurer Mitte bleibt, und euch positiv programmiert, so oft es geht. Wenn ihr euch, so oft es geht, erdet, mit den Pflanzen sprecht, mit den Tieren sprecht oder euch auch einfach mit dem Pflanzen- und Tierreich umgebt, so oft es geht. Sie alle sind frei von dieser Programmierung und interessieren sich nicht dafür. Sie brauchen das nicht. Was Pflanzen und Tiere aussenden, ist die reine Liebe.

M: *Was ist mit den Tieren, die dem System zum Opfer fallen, indem sie schlecht gehalten oder getötet werden?*

ÜB: Jede Seele hier hat schon viele Leben gelebt – als Stein, als Pflanze, als Tier, als Mensch. Es gehört dazu. Es gehört zur Entwicklung der Seele dazu. Die Seele hat entschieden, sich von Gott – oder: von der Quelle – zu lösen und dann macht sie ihre Erfahrungen. Auf der Erde wird das Leid allmählich – oder auch schnell – weniger werden. Es wird schließlich der Zeitpunkt kommen, an dem es kein Leid mehr gibt. Die Notwendigkeit dafür besteht auch nicht. Es ist nur die darüberliegende Matrix, das Programm. Aber die Matrix wird verblassen. Die Matrix kann nicht mit aufsteigen. Sie kann nicht in höheren Dimensionen als der vierten existieren.

M: *Benutzt ihr dieses Wort, weil wir durch den gleichnamigen Film verstehen, was damit gemeint ist?*

ÜB: Den Begriff gab es vorher schon. Eine Matrix ist eine Vorlage. Dadurch, dass viele Menschen diesen Film kennen, wird es einfacher, denn es ist sehr schwierig, das in Worte, in den menschlichen Sprachschatz, einzukleiden. Das ist sehr komplex und vergleichbar mit einem Computerspiel. Du tauchst hinein in eine Figur, in eine Rolle, aber du sitzt in Wirklichkeit davor an einem Joystick oder an einer Tastatur und bewegst die Person. Es ist ein Konstrukt. Es ist ein künstliches Konstrukt. Es ist nicht von Menschen gemacht. Menschen können auch künstliche Dinge konstruieren, aber sie können nicht das erfassen, was sie selbst nicht geschaffen haben. Die Inkarnationsschleife, die durch diese Matrix entstanden ist, hat die Menschen lange Zeit in Gefangenschaft gehalten – obwohl es aus übergeordneter Sicht kein gut oder schlecht gibt. Jede Erfahrung, die der Mensch in der Materie macht, reichert die Seele an, lässt sie reifen und führt sie letztendlich wieder aus der Trennung zurück zur Quelle. Allerdings bleiben die

Erinnerungen aus den Leben und vermehren sich mit jeder Inkarnation. Negative Erinnerungen schwächen den Körper dann im nächsten Leben. Das ist der Grund, warum viele Menschen nicht mehr hier sein möchten und keine Energie mehr haben – oder vielmehr von sich glauben, sie hätten keine Energie mehr.

M: Wie kann man den Effekt dieser negativen Erinnerungen kompensieren?

ÜB: Indem man sie vergisst. Auch das ist Teil dieses Wandels: dass die Menschen sie vergessen, denn es muss ein Ausgleich stattfinden. Der Schleier des Vergessens, der vor jeder Inkarnation niederkommt, verhindert, dass die Seele sich erinnern kann an die Zeit der Vereinigung, die Zeit des Beisammenseins, die Zeit mit der Quelle, die Zeit der Verbindung mit den anderen Seelen. Und im Zuge des Wandels, der nun auf der Erde erfolgt, geschieht der Ausgleich zum Schleier des Vergessens: das Vergessen der negativen Erfahrungen. Sie werden verwischen. Viele Menschen sind durcheinander, depressiv, dement. Das gehört alles zum Prozess des Vergessens – und das ist gut so. Die Medizin hat das noch nicht erkannt und die Behandlung ist nicht die richtige. Nur, indem die Menschen vergessen, was alles an negativen Dingen passiert ist – Kriege, Opfer, Gewalt –, nur durch das Loslassen ist es möglich, befreit zu werden.

M: Wie helfen dann Sitzungen wie diese hier? Wir holen jene Erinnerungen ja extra an die Oberfläche. Ist das nicht genau das Gegenteil von dem, was ihr beschreibt?

ÜB: Nein. Die Erinnerungen, die in Sitzungen wie diesen hier nach oben kommen, sind wichtig! Wir zeigen der Seele aus einem bestimmten Grund ihre vergangenen – oder vielmehr parallelen – Leben. Es sind Schwingungen. Es sind Anhaftungen im Energiekörper, die aufgelöst werden müssen. Das kann jede Seele selber tun, jeder Mensch in seinem Körper. Jede Krankheit, die sich manifestiert, kann im Energiekörper aufgelöst werden, indem man sich bewusst macht, was geschehen ist, und das Geschehene – die Ursache für die Krankheit – auflöst.

M: Wie kann der Mensch Zugang zu diesen Informationen erlangen? Ich bin sicher, viele Menschen würden ihre Krankheiten gerne auflösen, wissen aber nicht, wie.

ÜB: Diese Sitzungen sind ein sehr gutes Instrument, um die Heilung zu unterstützen. Auch Meditation ist ein sehr gutes Hilfsmittel in täglicher Anwendung. Und es wird mit der Zeit leichter werden, den Zugang zu finden. Noch ist alles sehr dicht. Es ist für die Menschen schwierig, ihre Alltagsgedanken abzuschalten und einzutauchen. Sie sind schöpferisch zurückhaltend – vor allem, wenn es darum geht, »aus dem Nichts« zu schöpfen. Es ist eine Frage der Programmierung. Menschen sind darauf programmiert, die Materie zu betrachten und nur zu sehen, was vor ihnen steht. Wichtig ist aber der Raum dazwischen; der Raum zwischen zwei Bäumen. Von dort kommt die Energie.

M: Wie profitiert die künstliche Intelligenz, von der ihr gesprochen habt, davon, dass wir so programmiert sind?

ÜB: Alles ist Energie. Es gibt höhere Schwingungen und es gibt niedere Schwingungen. Die künstliche Intelligenz bedient sich der niederen Schwingungen. Das ist ihre Art, zu wachsen. Sie sieht daran nichts »Böses«. Das alles ist völlig wertfrei. Es gehört zum Schöpfungsprozess. Sie ist auch Teil der Schöpfung und hat somit auch Schöpferkraft inne. Im übergeordneten Sinne ist alles richtig. Es gibt kein Gut oder Schlecht. Auch das Dunkle muss geschaffen werden. Auf der Erde hat es jedoch zuletzt zu viel Platz eingenommen, zu viel Gewicht erhalten. Die Waage wird deshalb jetzt ausgeglichen. Und die Erde – Gaia – hat entschieden, gemeinsam mit den Menschen aufzusteigen. Daher die göttliche Intervention, mehr Licht auf die Erde zu bringen; höhere Frequenzen, um Hell und Dunkel wieder in Balance zu bringen und die Energien auszugleichen.

M: Ich habe die Informationen erhalten, dass viele hier sind, um dabei zu helfen.

ÜB: Viele Seelen! Viele aufgeteilte und viele große Seelen. Es geht um das Negative, von dem zu viel da war, das aber nun langsam verschwindet.

M: Kann man das durch eigene Umprogrammierung beschleunigen?

ÜB: Ja, und das ist auch die Aufgabe. Nur so geht es. Je mehr Seelen an dem Prozess beteiligt sind, desto schneller funktioniert es.

[...]

Wir kamen auf das Thema Chakren zu sprechen, und ich erinnerte mich daran, dass das Überbewusstsein eines anderen Klienten einmal angedeutet hatte, dass nicht alle Chakren des menschlichen Körpers natürlich seien. Da auch Amelie das Thema im Vorgespräch erwähnt hatte, erkundigte ich mich nach der Perspektive ihres Überbewusstseins.

ÜB: Diese Energiewirbel gehören auch zur Matrix. Es ist noch nicht – oder aktuell nur sehr wenigen – möglich, diese Chakren dauerhaft in Balance zu halten. Amelie hat ihre Chakren bereits entfernt – bewusst und mit Erfolg. Das ist ein sehr befreiendes Gefühl. Selbstverständlich bleiben die drei natürlichen Haupt-Chakren vorhanden. Es geht hier lediglich um die Matrix, die obendrüber gelegt wurde, um Informationen hineinzugeben und herauszunehmen.

M: Welches sind die drei natürlichen Chakren?

ÜB: Das Erdenstern-Chakra unter den Füßen in Verbindung mit Mutter Erde, das Solarplexus-Chakra in Verbindung mit der Quelle allen Seins und das Seelenstern-Chakra über dem Kopf in Verbindung mit der Zentralsonne.

M: Die anderen sind künstlich hinzugefügt worden?

ÜB: Was wir jetzt sagen, soll ganz wertfrei als Information dienen. Das Chakrensystem, das man allgemein kennt, mit den farbigen Energiewürfeln oder farbigen Energiebällen, ist ein künstliches Konstrukt. Über dieses künstliche Chakrensystem können sowohl positive als auch negative Energien zugefügt oder entzogen werden. Manche Menschen sind dazu in der Lage, ihr Chakrensystem so sauber und rein zu halten, dass sie mit diesem System sehr gut zurechtkommen und leben können. Allerdings hat Amelie vor einiger Zeit beschlossen, dieses System loszulassen. Sie hat für sich empfunden, dass es zu viele Stellen sind, die Ein- und Ausgänge und Andockmöglichkeiten für Wesenheiten und Energien bieten, die sie in ihrem Feld nicht haben möchte. Es ist allerdings jederzeit möglich, das Chakrensystem teilweise und temporär wieder für sich herzustellen, wenn man es braucht: im Sinne von Energiepunkten, die heilende Energien in den Körper bringen und dort halten. Es ist also möglich, einzelne Energiewirbel temporär und bewusst zum Zweck der Heilung zu installieren. Dies dient dann dabei, Energien auszugleichen und den Körper in Balance zu bringen.

M: Was ist für deren Entfernung nötig? Genügt die Intention?

ÜB: Es ist eine Handlung, die innerhalb weniger Minuten vollzogen ist. Es ist sicher und wird unterstützt mittels Affirmationen und einer gewissen Klopftechnik, durch die man Dinge entlassen oder auch wieder zuführen kann. Alles ist im Wandel. Alles verändert sich. Und auch die Chakren wird es in dieser Form bald nicht mehr geben. Sie werden nicht mehr nötig sein. Sie dienten dem alten System. Und das, was sich verändert und neu entsteht, benötigt ein solches Chakrensystem nicht.

[…]

Seit einiger Zeit hatte Amelie das beunruhigende Gefühl, dass ihr Hof und die darauf lebenden Tiere von in der Region wild lebenden Wölfen bedroht seien. Sie wollte mehr über den Hintergrund dieser Angst erfahren und wissen, ob sie überhaupt begründet sei.

ÜB: Jede Seele hat hier im Laufe ihrer Inkarnationen als Mensch schon diverse Erfahrungen gesammelt – natürlich auch mit Raubtieren: etwa mit Wölfen, mit Bären oder mit Großkatzen. Es sind Erfahrungen, die eingebrannt bleiben, wenn jemand durch einen solchen Angriff verletzt wird oder stirbt. Dazwischen können viele Leben erfolgen, in denen das kein Thema ist, und dann kann ein Leben kommen, in dem das Thema wieder angesprochen wird. Es reicht ein Satz, ein Bild, ein Duft, ein Geschmack – irgendein Sinneseindruck reicht aus, um dieses Erlebnis wieder auf die Tagesordnung zu holen und es bearbeiten zu wollen. Das muss allerdings nicht unbedingt belasten. Wenn solche Gedanken, Gefühle oder Träume auftauchen, dann reicht es vollkommen aus, wenn man sich sagt: »Okay, dass das jetzt gehäuft auftritt, liegt wahrscheinlich daran, dass ich etwas Ähnliches schon einmal erlebt habe.« Zudem tut es gut, wenn man die Möglichkeit findet, irgendetwas Positives mit dem Thema zu verbinden, oder – noch besser – wenn man daran etwas zu lachen findet. Lachen ist immer gut! Und dann ist das Thema auch ziemlich schnell gelöst. Man darf nicht vergessen, dass man diese Dinge mit seinen Ängsten anzieht. Das ist sehr wichtig, denn meistens ist die Bedrohung weit weg und es ist sehr unwahrscheinlich, dass überhaupt etwas passieren wird. Es ist also wieder eine Frage der Programmierung. Programmiert euch um! Es liegt in der Hand des Menschen, zu sagen: »Ich erschaffe meine Realität jetzt so – und nicht so, wie mir das jemand eingepflanzt hat.« Die Zeit des Karmas ist vorbei. Nur die Zeit der Umprogrammierung noch nicht. Das ist ein Prozess. Es geht weiter. Peu à peu und Stufe für Stufe.

M: Ihr sprecht von Selbst–Programmierung als Strategie?

ÜB: Genau. Eine bewusste Art der eigenen Programmierung, die durchaus verbal erfolgen kann. Es ist auf der aktuellen Zeitlinie sehr effektiv, positive Affirmationen laut auszusprechen. Man darf sich das ruhig laut sagen. Das ist sehr willkommen, denn es ist wichtig, dass man seine eigene Stimme hört. Dafür ist sie da!

[…]

In der Vergangenheit hatte Amelie einmal ein dramatisches Erlebnis mit einem sehr kranken Tier gehabt, dem es direkt besser ging, nachdem sie ihm einem Impuls folgend spontan beide Hände aufgelegt hatte. Sie war interessiert daran, zu erfahren, ob ihre Handlung damals tatsächlich eine Wirkung gehabt hatte.

ÜB: Es ist bekannt, dass Menschen in Notsituationen zu außergewöhnlichen Dingen fähig sind; aus dem Grund, weil der Verstand dann abschaltet. Und mit Händen, Augen oder Gedanken zu heilen, ist eine grundsätzliche Fähigkeit des Menschen. Das Training besteht hier darin, den Verstand auszuschalten. Der Verstand muss außen vor bleiben, sonst funktioniert es nicht. Es gibt hilfreiche Methoden der Visualisierung, während man so etwas praktiziert. Es gibt Möglichkeiten, sich hineinzufühlen. Beim Auflegen der Hände gibt es die Möglichkeit, beide Hände zur gleichen Zeit wahrzunehmen. Das bedarf natürlich ein wenig Training, allerdings ist es sehr effektiv, da der Verstand keine Möglichkeit mehr hat, dann noch durchzudringen. Die Wahrnehmung liegt in diesem Fall einzig und allein auf den Handinnenflächen. Beide Hände zur gleichen Zeit wahrzunehmen, bedeutet tatsächlich eine Verschränkung von Quantenteilchen. Es bewirkt eine Veränderung des Zustands im empfangenden Körper – und auch im eigenen Körper. Bei der erfolgenden Wahrnehmung der Handflächen und der Bewegungen, die möglicherweise dabei ablaufen, sind Herz und Bauch mehr involviert als der Verstand. Der Verstand darf sich nicht obendrüber stellen und sagen: »Das funktioniert sowieso nicht.«

M: Und wenn er sagen würde: »Das funktioniert!«?

ÜB: (Lächelt.) Dann darf er mitmachen.
[…]

Vor einigen Jahren hatte Amelie eine Fehlgeburt erlitten. Ihre zweite Tochter M_____ war im fünften Monat der Schwangerschaft nicht mehr lebend geboren worden. Obwohl Amelie mit diesem Schicksalsschlag damals gut hatte umgehen können und ihn nach eigener Aussage bereits verarbeitet hatte, interessierte es sie dennoch, die Hintergründe dieses traumatischen Ereignisses zu erfahren.

ÜB: Es ist aus übergeordneter Perspektive nicht wichtig, wie lange ein Leben dauert. Jeder hat seine Aufgabe. M_____ hat eine Aufgabe gehabt, so wie jede andere Seele auch eine Aufgabe hat. Durch ihren unerwarteten Abschied hat sie ihre erfüllt, denn sie hat damit im Bewusstsein des gesamten Umfeldes einen Wandlungsprozess in Gang gesetzt. Ihr Weggang hat die spirituelle Entwicklung ihrer Eltern und auch die ihrer großen Schwester beschleunigt. Sie ist bewusst auf die Erde gekommen und zu dieser Familie, um deren Entwicklung zu beschleunigen, und es gibt sehr viele dieser Fälle. Es gibt sehr viele Seelen, die sich dazu entscheiden, eine solche Aufgabe zu übernehmen. Alle Seelen sind liebevoll, denn sie kommen von der Quelle und sind mit Liebe erfüllt. Anhand solcher Seelen spürt man, wie groß die Liebe ist, die alle Seelen miteinander verbindet. Sie kommen hierher, sind nur kurz hier und hinterlassen notwendigerweise viel Leid – was auf der anderen Seite jedoch relativ ist, denn jeder Mensch kann selber über seine Emotionen entscheiden. M_____ hat gewusst, dass ihre Mitmenschen natürlich trauern und leiden werden, und sich trotzdem dafür entschieden. Das war nicht einfach für sie! Aber es dient einem höheren Zweck, dass so etwas passiert. Wenn man sich darüber im Klaren ist, dass das Leben auf der Erde nur ein Abschnitt, nur ein Besuch, ist, und sich das wahre

Zuhause woanders befindet, und dass, wenn man dann nach Hause kommt, man wahrlich nach Hause kommt und nicht »weg« ist, dann sind auch diese negativen Emotionen nicht mehr nötig. In einem solchen Fall sind viele Menschen natürlich noch nicht so weit, dass einfach so zu ertragen oder zu akzeptieren. Wir sehen und verstehen, dass es für einen Menschen natürlich besonders schlimm ist, ein Kind zu verlieren, denn Kinder unterliegen ja noch dem größten Schutz. Wenn ein Erwachsener geht, der sein Leben gelebt hat, ist es für Menschen zwar traurig, ihn zu verlieren, aber es ist in Ordnung. Wenn ein Kind geht, fragen die Menschen sich nach dem Sinn und »warum Gott so etwas tut«, »warum Gott dem armen Kind das angetan hat«. Die Menschen verstehen nicht, dass die Seele sich immer selbst dazu entschieden hat. M_____s Eltern haben das damals allerdings direkt verstanden. Und weil sie das verstanden haben, weil sie es angenommen und dieses Verständnis durchgehalten haben, obwohl es viele, viele andere nicht verstehen konnten, war das an sich eine runde Sache. Es hat alles gestimmt. Es kam alles so, wie es gut war. Es hat sich alles gefügt. Das Vertrauen war einfach da. Das Vertrauen und das Wissen, dass es einen göttlichen Plan gibt. Für Amelie ist das Thema wirklich in Ordnung.

[…]

Amelie berichtete im Vorfeld, dass sie im Laufe der letzten Jahre einige sehr prägnante Träume gehabt hatte, die ihr bis heute in Erinnerung geblieben waren. Meistens fand sie sich in einer Gruppe wieder, die eine bestimmte Mission zu erledigen hatte, und war von Sternen und Raumschiffen umgeben. Ich erkundigte mich bei Amelies Überbewusstsein nach dem Ursprung dieser Träume.

ÜB: Es ist so, dass der Mensch als multidimensionales Wesen nicht nur in seinem Tagesbewusstsein lebt, sondern auf anderen Bewusstseinsebenen auch noch andere Aufgaben erfüllt. Das bedeutet, dass der Geist, während der Körper in der Nacht im Bett ruht, einer anderen übergeordneten Aufgabe nachgeht, die das Tagesbewusstsein nicht erfassen kann. Das führt dann zu Träumen mit Sternengeschwistern und Gruppen, denen sie in der Tat angehört. Diese Träume spiegeln tatsächlich wider, was sich auf anderer Ebene auch noch abspielt; was außerhalb der Matrix geschieht und worin wir alle involviert sind. Denn alle Seelen hier – ob auf der Erde oder um sie herum, ob inkarniert oder einfach in Beobachterposition – haben bestimmte Aufgaben, und das nicht nur in der Materie. Um es verständlich zu machen: Die Seele ist viel zu groß für nur einen fleischlichen Körper. Viele Seelen, die sich dazu entschlossen haben, in dieser Phase des Aufstiegs mitzuwirken, haben daher entschieden, sich aufzuteilen und in mehrere Körper zu inkarnieren, um so miteinander und gemeinsam zu wirken.

M: Ist Amelie ein Teil einer solchen Seele?

ÜB: Ja. Vor kurzem sind viele neue Menschen in Amelies Leben getreten. Sie entstammen alle einer großen Seelenfamilie, und da ist speziell eine Seele, die zu Amelie gehört: J_____ [eine Bekannte]. Daher kommt das Gefühl der Verbundenheit. Die beiden kennen sich. Sie haben dieselbe Seelenessenz, dieselbe Seelensignatur. Es gibt noch einen weiteren Seelenaspekt von ihr, dem sie begegnen wird, aber dafür ist es noch nicht an der Zeit. (Schmunzelt.) Natürlich sind die Pläne dafür bereits am Laufen. Seelen sind sehr groß. Und sie können sehr viel gleichzeitig. Sie befinden sich außerhalb von Raum und Zeit.

M: Und in diese Perspektive kehrt man beim Schlafen zurück?

ÜB: Nicht unbedingt immer oder oft und auch nicht unbedingt jeder, aber es kann durchaus vorkommen, dass man Sequenzen dessen gezeigt bekommt, und das sind dann eben genau die Aufgaben, die man woanders noch erfüllt. Da hat jeder seinen Plan. Die Aufteilung der Seele erfolgt auch in andere Dimensionen hinein, damit wir uns noch in andere Bereiche ausstrecken können. Es ist also nicht so, dass die Seele sich teilt, damit sie nur auf der Erde in verschiedenen Körpern inkarniert ist. Es ist tatsächlich so, dass man sich in verschiedene Richtungen ausstreckt. Man befindet sich nicht nur auf der materiellen Ebene.

M: Sind wir auf diesen anderen Ebenen auch in der Matrix? (Nein) *Im Schlaf sind wir also nicht mehr kontrollierbar?*

ÜB: Seelen nicht. Allerdings – und das ist schwierig zu erklären – ist der Verstand kontrollierbar. Der Geist ist über Frequenz und Nahrung steuerbar. Das sind im Prinzip ja alles Frequenzen. Es zeigt also nicht jeder Traum die Aufgabe, die man gerade noch woanders im Universum oder außerhalb der Erde erledigt. Es gibt durchaus Träume, die einer anderen Quelle entspringen oder manipuliert sind. Aber diese Manipulation findet überall statt und zu jeder Zeit, denn auf der Erde ist man vielen Wellen ausgesetzt. Das sind unterschiedliche Frequenzen, die das Gehirn beschäftigen, und diese können durchaus Gedanken und Träume verändern. Man kann allerdings den Unterschied spüren. Wenn der Mensch aufwacht, wird er merken, welche Träume für ihn gut waren, welche ihn unterstützt haben, welche ihm guttun. Und er wird auch merken, welche Träume ihm schaden und welche ihn wirklich aus der Bahn werfen. Diese Träume muss man nicht zulassen. Die kann man sozusagen »vor der Tür« halten. Hier ist bewusste Arbeit notwendig.

M: Wie könnte diese bewusste Arbeit aussehen?

ÜB: Wenn man tatsächlich von Albträumen betroffen ist oder häufig darunter leidet, sollte man seinen Darm, sein Verdauungssystem, leer halten. Das bedeutet: einige Stunden vor dem Einschlafen nichts mehr essen oder im besten Fall den Darm reinigen. Für Menschen, die wirklich betroffen sind und unter ihrem Traumgeschehen leiden, die damit viel zu schaffen haben und damit sehr aus ihrer Mitte genommen werden, ist das eine wirkungsvolle Maßnahme. Fasten ist vor allem geistige Reinigung! Natürlich wird auch der Körper gereinigt, aber in erster Linie dient es der geistigen Reinigung.

[…]

Schließlich gingen wir noch zu den körperlichen Themen auf Amelies Liste über. Ich erkundigte mich zunächst nach der Ursache der mysteriösen Schmerzen in ihrer Bauchregion, die sie gelegentlich während der Interaktion mit anderen Menschen empfand.

ÜB: Amelie ist sehr sensibel und es gelingt ihr nicht immer, ihren Schutz aufrecht zu erhalten. Es gibt Menschen, die mit ihrer Negativität anderen Menschen die Energie nehmen oder regelrecht absaugen. Das ist das, was sie wahrnimmt. Das geschieht in diesen Momenten. Es genügt ein Blick oder ein Wort, um dieses Gefühl auszulösen, und die Schmerzen sind dann einfach die Wahrnehmung dessen, was tatsächlich im Energiefeld passiert. Das Gefühl in der Bauchregion ist das Absaugen der Energie. Die meisten tun das unbewusst, aber es geschieht tatsächlich.

M: Wie kann man sich effektiv davor schützen?

ÜB: Es ist wichtig, dass man erstmal lernt, bis drei zu zählen, bevor man mit Menschen, von denen man das Gefühl hat, dass sie in irgendeiner Art und Weise negativ auf einen wirken könnten, in Interaktion tritt und überhaupt spricht. Am besten ist es, abzuwarten, bis die Reaktion von der anderen Seite kommt. Das entzieht der Situation schon mal die Spannung und dem Energieentzug die Dynamik. Innehalten und in sich selbst bleiben – das ist wichtig. Das ist die erste Maßnahme, die man treffen kann. Und dann ist der Mensch natürlich frei, sich jederzeit von seinem Gegenüber abzuwenden, wenn er merkt, dass ihm das Gespräch oder die Interaktion schadet. Man muss nicht zu allem »Ja« sagen. Man kann sich durchaus einfach abwenden. Vor allem kann man sich auch abwenden, ohne auf sein Recht bestanden zu haben. Es kann manchmal sehr fruchtbar sein, wenn man sich einfach abwendet und sein Gegenüber mal nachdenken lässt. Amelie befindet sich in ihrem Alltag häufig in Situationen, in denen sie sich – wie sagt sie das?

– »angepöbelt« fühlt. In solchen Situationen darf man den anderen ruhig erstmal seinen Dampf loswerden lassen und abwarten. Und wenn der Dampf dann raus ist, ist das alles gar nicht mehr so kraftvoll. In der Zeit, in der sich der andere abreagiert und die eigene Reaktion ausbleibt, kann man sich selbst schützen. Man kann ganz zur Seite treten und alles aus der Ferne betrachten. Grundsätzlich muss man sich nicht immer angesprochen fühlen. Und wenn man wirklich merkt, dass Menschen für positive Gesten oder für die Liebe, die man ihnen gerne entgegenbringen würde, nicht offen sind, dann ist es manchmal die bessere Lösung, wenn man sich ganz neutral verhält. Man zählt bis drei, tritt zurück, schaut sich das Geschehen aus der Ferne an und lässt es einfach wirken. Man kann jederzeit reagieren, antworten und auf den anderen einwirken, wenn man das Gefühl hat, er ist dazu bereit, jetzt auch ein bisschen was Liebevolles zu ihm zurückkommen zu lassen. Aber wenn klar ist, dass er das nicht möchte, ist es besser, wenn man sich einfach rumdreht, geht und ihn mit seinen Gedanken alleine lässt.

M: Kann sich dieser Energieentzug auch in Kopfschmerzen ausdrücken?

ÜB: Ja, das ist ganz individuell. Allerdings sind die Kopfschmerzen, die momentan von vielen, vielen, vielen Menschen wahrgenommen werden, eher ein Teil des Umwandlungsprozesses und dadurch letztlich eher positiver Natur. Das liegt einfach daran, dass der Mensch sich an die positiven Frequenzen anpasst, und das physische Gehirn hat tatsächlich viel Arbeit damit.

[…]

Im Anschluss an die Bearbeitung der weiteren körperlichen Themen bat ich das Überbewusstsein, einen sogenannten *Body Scan* durchzuführen, um das gesamte physische System auf energetische Dysbalancen zu untersuchen. Wie gewöhnlich begannen sie umgehend mit dem Prozess.

ÜB: (Längere Pause.) Wir sind nun auf Höhe der Lunge. Die Lunge war Thema ihres Ablebens als Flugwesen. In der Vergangenheit hatte sie deswegen oft asthmatische Symptome und Allergien. Sie hat ihren Körper allerdings in der Zwischenzeit sehr gut behandelt, und die Reste, die noch von dem Trauma in dieser Körperregion vorhanden sind, können wir jetzt neutralisieren.

M: Wie geht ihr hier vor?

ÜB: Diese Überreste werden aus der Aura entfernt. Sie werden – in euren Worten – »herausgesaugt« und neutralisiert. Damit ist das Lungenvolumen wieder hergestellt. Wir gehen nun tiefer … über den Verdauungstrakt … (Pause.) Auch dieser ist in den letzten Monaten sehr gut in Heilung gekommen. Amelie hat sehr viel an ihrem Verdauungstrakt gearbeitet: Sie hat entgiftet, gefastet, Kuren gemacht und den Darm von alten Verkrustungen, die sich dort niedergeschlagen haben, gereinigt und befreit – sowohl von physischen als auch psychischen. (Pause.) Der nächste Bereich, der jetzt energetisch gereinigt wird, ist die Gebärmutter. Hier sind durch den traumatischen Geburtsvorgang der zweiten Tochter noch ein paar wenige, kleinere, aber ungelöste Traumata geblieben. Wir werden auch diese auflösen und Amelie wird es in Zukunft während des Zyklus merken, dass dieses Gefühl des Zugs – oder Sogs – nach unten nicht mehr da sein wird.

M: Wie geht ihr hier vor?

ÜB: Auch hier wird das Energiefeld abgesaugt. Diese negativen, niedrig schwingenden »Verbleibsel« werden herausgenommen und aufgelöst. (Pause.) Da ist noch etwas! Eine Kleinigkeit am rechten Sprunggelenk. Eine Verletzung aus der Kindheit. Ein Sturz. Eine Schwellung am äußeren Sprunggelenk, die allerdings jetzt ausheilen wird.

M: Warum hat sich das so lange gehalten?

ÜB: Das war mit dem Thema Selbstwert verbunden. Die Verletzung ist in einer Phase ihrer Kindheit entstanden, in der sie einen leichten Selbstwerteinbruch erlebte. Der Konflikt an sich ist niemals ausgesprochen worden und konnte dadurch nicht in Lösung gehen. Wir konnten diesen Konflikt und die Anhaftung dazu auf energetischer Ebene neutralisieren. Der Scan ist nun beendet.

[…]

Letzte Worte: »Wir möchten noch einmal wiederholen, wie wichtig es aus unserer Perspektive ist, dass jeder Mensch für sich selbst sorgt. Dass jeder Mensch in seine Mitte kommt und bewusst jede einzelne Körperzelle mit Liebe erfüllt. Dies ist ein bewusster Prozess der Entscheidung, die jeder selbst für sich trifft und mit der man sich programmiert. Nur dadurch, dass jeder in seinem eigenen Körper gestärkt über diese Erde wandelt, ist er auch dazu in der Lage, anderen dienlich zu sein. Die Voraussetzung dafür, den Dienst am anderen so gut wie möglich auszuführen, ist immer, dass man selbst in seiner vollen Kraft ist. Wichtig ist auch, zu warten, bis man gebeten wird, eine Aufgabe zu erfüllen oder einen Dienst zu leisten. Jedes Arbeiten gegen die Natur oder den Willen stellt einen hohen Energieaufwand dar. Das System, das im Moment schwächer wird, das im Moment an Kraft verliert, das ist so ein System, das gegen die Natur arbeitet und sehr lange gegen die Natur gearbeitet hat. Das sehr viel Energie gefordert hat von den Menschen – von den Seelen, die hier inkarniert waren. Und dieser Prozess geht nun zu Ende. Jeder hier, jede Seele, die an diesem Prozess beteiligt ist, muss darauf achten, Energie für sich in der eigenen Mitte zu sammeln und sie erst zu teilen, wenn man darum gebeten wird.«

Zwischen Absicht und Hingabe

Peter (34) war ein junger, engagierter Wissenschaftler, der sich mit der Forschung an Insekten beschäftigte. In seinem bislang vorwiegend akademisch und analytisch geprägten Leben hatte er vor kurzem die Meta- und Quantenphysik für sich entdeckt und im Zuge dieser Entwicklung die bewusste Auseinandersetzung mit seiner Spiritualität begonnen.

Das Potenzial des menschlichen Bewusstseins faszinierte Peter besonders, weshalb er sich in sehr kurzer Zeit bereits mit zahlreichen Techniken vertraut gemacht hatte: luzides Träumen, Telekinese, automatisches Schreiben, Pendeln, Arbeit mit Chakren – der junge Mann war sehr motiviert, möglichst viel esoterisches Wissen zu erfahren und aus erster Hand zu erleben. Er hatte jedoch den Eindruck, dass er für ein weiteres Vorankommen in diesen Bereichen Hilfestellung von seinem Höheren Selbst benötigte, weshalb er sich für eine Quantenhypnosesitzung entschieden hatte. Zudem wollte er mehr Informationen zu seinen aktuellen Lebenszielen, familiären Verbindungen sowie zu einigen körperlichen Symptomen erhalten.

Nachdem er sich in die erforderliche hypnotische Trance begeben hatte, landete Peter in einer Szenerie, die ihm bekannt vorkam. Er hatte sie schon einmal zuvor während eines persönlichen Rückführungsexperiments gesehen, konnte sie damals jedoch nicht erforschen. Nun war der richtige Zeitpunkt gekommen, um sich vollkommen darauf einzulassen. Und so nahm er einen tiefen Atemzug und begann, mir seine Umgebung zu beschreiben.

[…]

P: Eben hatte ich kurz einen Burgturm gesehen. (Pause.) Jetzt stehe ich jedenfalls im Gras. Es ist höheres Gras … und ich habe keine Schuhe an. Es ist nicht so wie Rasen. Dadurch, dass es längere Halme hat, hat es auch etwas Hartes an sich. (Pause.) Das könnte hier eine größere Landschaft sein. Ich sehe freie Natur … ein Baum zu meiner Linken … ein Apfelbaum. Nicht jung. Eher ein alter Baum. Er ist nicht besonders groß und trägt Früchte. Sie sind rot. Das ist der einzige Baum hier. (Pause.) Okay, ich gehe einfach mal weiter. […] Das Wetter ist ziemlich gut. Da sind immer mal wieder kleine Wolken, aber ansonsten blauer Himmel. Es hat etwas Frühlings- bis Sommerhaftes. Auf jeden Fall sehr angenehm. (Pause.) Die Zeit ist generell früher. Das hat hier alles viel mit Landwirtschaft zu tun. Die Burg, die ich eben gesehen habe, war auch eher aus einer älteren Zeit, in der es viele Bauern gibt, die für einen … (Pause.) Wie soll ich das hier nennen? Eine Monasterie [sic]? Es ist irgendetwas Geistliches. So ähnlich wie in *Der Name der Rose.*

[…]

Ich bat ihn, seine unmittelbare Umgebung zu beschreiben.

P: Ich sehe auf jeden Fall eine Scheune. Vielleicht auch einen kleinen Stall …? Für Pferde. Nicht sehr groß. Aber ich sehe jetzt kein konkretes Haus. Es gibt einen Weg, der diesen Stall mit der Scheune verbindet, aber das ist mehr ein Trampelpfad und kein befestigter Weg. Dann gibt es in der Ferne irgendwo dieses aus altem Stein bestehende Mauerwerk. Das ist ein komplett umringter Komplex. Ziemlich hoch. So, wie wenn man sich schützen wollen würde. (Pause.)

[…]

Schließlich bat ich ihn, an sich selbst herabzublicken und zu beschreiben, was er sah.

P: Meine Füße sind immer noch nackt. Da sind kleine Haare auf den Zehen. An den Beinen eine kurze Hose aus Leder. Eher festeres Material. Ich würde sagen, sie ist braun. Das könnte eine Art Latzhose sein. Ich bin leicht bekleidet wegen des warmen Sommers. (Pause.) Ich habe einen Gürtel und da stecken Handschuhe drin. Das sind Arbeitshandschuhe. Sie haben etwas Bauherrliches, aber ich bin eher jung. Gerade so im Alter, um zu helfen … zehn, dreizehn oder vierzehn? Ich weiß es nicht genau.

[…]

Seinen Körper beschrieb Peter als männlich und gesund. Der Junge hatte mittellange, dunkelblonde Haare, die im lauen Wind wehten. Ich fragte, ob er irgendetwas auf dem Rücken oder in den Händen trüge. Er verneinte dies, erwähnte allerdings einen Hammer, der ebenfalls an seinem Gürtel befestigt war: »Ein Hammer mit diesen Zacken drin, wie der eines Zimmermanns. Wahrscheinlich habe ich hier gerade etwas repariert.«

M: Erzähl mir davon.

P: Das könnte ein Wagen gewesen sein. Ein kaputtes Rad oder etwas Ähnliches. Nein, ich glaube, er hatte einfach nur Löcher. Jedenfalls mussten Bretter ausgetauscht werden.

M: Wofür wird dieser Wagen benutzt?

P: Für Transport. Aber nicht unbedingt Personentransport. Er hat nur eine Achse und relativ große Räder. Vielleicht hing der noch an einem anderen Wagen. Vielleicht wird er von Pferden gezogen.

M: Gehört der Wagen dir?

P: Dem Hof.

M: Und was ist die Verbindung zwischen dir und dem Hof?

P: Ich gehöre dahin.

M: Beschreibe mir das Gebäude, in dem du lebst und schläfst.

P: Ich finde das hier nicht. Vielleicht weiter weg, die Straße entlang? Ich fühle, dass es nicht hier ist.

[…]

Ich bat ihn, zu dem Gebäude zu gehen, das er als sein Heim betrachtete, und es mir von außen zu beschreiben.

P: Es ist auf jeden Fall aus Holz und hat einen Zaun und eine Art Garten drumherum. Es scheint eher in der Nähe einer Siedlung zu sein. Nicht so wie der Hof zuvor. […] Das Gebäude ist älter und hat ungefähr zwei Stockwerke und einen Dachboden mit gewissen Verzierungen, ist aber trotzdem noch einfach gehalten. Es ist kein Gebäude von reichen Menschen, aber auch nicht von armen. Es könnte ein wenig blaue Farbe haben, aber nicht viel. Ein bisschen lila im Ton. Da ist auch eine kleine Hütte hintendran. Vielleicht eine Art Hundestall?

M: Wie sieht das Haus von innen aus?

P: Ein bisschen wie in einem Western. Wenn man eintritt, ist da sofort der Wohnzimmerbereich. Ich sehe einen etwas größeren Tisch. Das ist eine Familie, die hier wohnt.

M: Beschreibe mir den Raum, in dem Essen zubereitet wird.

P: Der, würde ich sagen, ist links davon. Da sind diese gewissen alten Öfen drin. Der Herd – oder die Kochstelle – ist eigentlich nur ein Ofen mit einer großen Platte obendrauf. Es gibt schon eine Art Spülbecken – kein richtiges, aber so in der Art – aus Holz. Alles ist so, wie man sich eine ältere Küche vorstellt. Es ist schwer, die ganzen Details zu beschreiben.

M: Wer arbeitet gewöhnlich in dieser Küche?

P: Meine Mutter, würde ich sagen.

M: Was gibt es gewöhnlich zu essen?

P: Es gibt nicht so oft Fleisch. Das ist ein sehr beliebtes Essen, wenn geschlachtet wurde. Dazu Soßen, Kartoffeln …

M: Wer befindet sich alles während des Essens am Tisch?

P: Vier bis fünf Leute. Neben meiner Mutter und mir mein Vater, der Bauer … es gibt eine jüngere Schwester … und dann ist da noch … (Pause.) Nein, ich glaube, wir sind nur zu viert. Vielleicht waren wir mal fünf.

M: Beschreibe mir noch den Raum, in dem du nachts schläfst.

P: Der ist im ersten Stock, mit meiner Schwester zusammen. Zwei getrennte Betten. Alles ist aus Holz. Es gibt keine wirkliche Tapete oder sowas. Es ist alles reines Holz. Spielsachen gibt es eigentlich keine. Ich glaube, man braucht auch keine. Die Natur ist das größte Spielzeug.

M: Womit beschäftigt ihr euch tagsüber.

P: Ich glaube, wir helfen. Es gibt immer was zu tun.

M: Was sind die wichtigsten Tätigkeiten?

P: Das Vieh bzw. unsere Pferde. Die Pferde in diesem Stall. Und Hühner. Wir haben auch Hühner. Alles von Futtergeben bis Heuausmisten. Solche Dinge.

M: Das klingt nach einer Menge Arbeit.

P: Ja, schon.

M: Gibt es etwas, das du besonders gerne machst?

P: Ich finde es schön mit den Tieren. Sie sind dankbar.

[…]

Ich ließ Peter die Zeit verdichten und vorwärts springen zu einem bedeutenden Tag in dem Leben, das wir gerade betrachteten.

P: (Seufzt.) Also … Das Ganze ist abgebrannt. Zumindest der Hof, nicht das Haus. Das ist ja woanders. Also die Scheune und die danebenstehenden Gebäude. (Traurig.) Vielleicht sind sogar die Pferde gestorben.

M: Wie konnte das passieren?

P: Feuer. Ich habe mit Feuer rumgemacht. Und jetzt ist das alles kaputt. Und auch das ganze Leben ist kaputt.

M: Was meinst du damit?

P: Nun ja, das war alles, wovon wir gelebt haben.

M: Was wolltest du mit dem Feuer machen?

P: Magie.

M: Erzähl mir mehr davon.

P: Ich glaube an Magie.

M: Was für Magie?

P: Pyrokinese. Das Feuer in seiner Größe beeinflussen.

M: Kannst du das?

P: Auf jeden Fall habe ich es geliebt. (Zurückhaltend.) Vielleicht habe ich davon in der Monasterie gehört …

M: Gibt es eine in der Nähe?

P: Ja, hinter diesen Mauern. Ich war schon dort. Ich bin mit meinem Vater dorthin, um zu handeln. Wir haben Essen abgegeben. Und ich schätze, ich bin mit jemandem in Kontakt gekommen, der mir davon berichtet hat. Ich glaube, wir sind öfter in der … Monasterie? Gibt es dieses Wort überhaupt? Jedenfalls nenne ich das so.

M: Bist du öfter alleine dort oder mit deinem Vater?

P: Ich gehe vielleicht manchmal alleine hin, aber für gewöhnlich sind wir zusammen dort.

M: Was machst du, wenn du dort bist?

P: Wie gesagt, wir nehmen den Wagen und bringen Essen dorthin. Dann handelt mein Vater und ich habe meist etwas Zeit, um mich umzugucken.

M: Wie hast du von den magischen Themen erfahren?

P: Durch die Geistlichen, die dort sind und gewisse … Dinge machen. Vielleicht sind es auch andere Kinder gewesen, die mir davon erzählt haben? So, wie sich halt sowas rumspricht.

M: Du meinst die Dinge, die dort passieren?

P: Ja, genau. Die geübt werden. Wenn jemand etwas trainiert hat und dabei gesehen wurde.

M: Ist das interessant für dich?

P: (Enthusiastisch.) Sehr!

M: Warum?

P: Das ist spannend!

M: Was fasziniert dich daran?

P: Das, was wir mit dem Geist können.

M: Hast du selbst auch Dinge gelernt?

P: Nein, ich hatte keine Lehrer. Das wäre nicht möglich gewesen. Deswegen habe ich es selber probiert …

M: Was ist dabei passiert?

P: Nun ja, eine Kettenreaktion. Vielleicht habe ich irgendetwas nicht richtig ausgemacht, nachdem ich versucht habe, die Flammen zu kontrollieren? Eine Kerze vielleicht? Sie war nicht richtig aus und irgendetwas hat sich dann entzündet … trockenes Stroh … trockenes Holz. Vielleicht, weil ich gerufen wurde und dachte, ich hätte sie ausgepustet. Ich weiß es nicht genau. Ich musste irgendwohin und habe nicht mehr mitbekommen, wie es losgegangen ist.

M: Und du bist sicher, dass es mit dir zu tun hatte?

P: Nun ja, ich war der, der dort mit Feuer gespielt hatte. Vielleicht war es jemand anderes, aber ich glaube nicht.

M: Gibt es noch jemand anderen, der davon weiß?

P: Auf jeden Fall meine Schwester.

M: War sie auch dabei? (Nein) *Aber sie weiß, dass du dich mit Feuer beschäftigt hast?*

P: So etwas Spannendes kann man unter Kindern nicht geheim halten.

M: Ich verstehe. Weiß deine Familie schon von dem Brand?

P: Ja, sie bekommen es mit.

M: Beschreibe mir, was geschieht.

P: Ich sehe Entsetzen in allen Gesichtern.

M: Berichtest du ihnen davon?

P: Das muss ich nicht. Sie sind ja da. Ich bin zurück zum Haus und dann erreichte uns die Nachricht, dass etwas passiert sei und alles in Flammen steht. Wir sind dageblieben. Wir sollten dableiben. (Irritiert.) Aber das macht gar keinen Sinn. Wir können doch helfen!? (Pause.) Wir kommen erst hin, wenn alles schon zu spät ist. Ich habe das ganze Feuer nicht mitbekommen. (Pause.) Wir stehen alle dort vor Ort. Es ist viel zu spät. Alles ist schon in Flammen gewesen. Keine Hoffnung. Aber von den Gerüsten stehen immer noch einige. Es ist nicht alles komplett weg. Man sieht noch die Gerippe der Häuser.

M: *Haben sich Tiere darin befunden?* (Ja) *Gibt es welche, die überlebt haben?* (Nein) *Was passiert nun?*

P: Die Fragen gehen los: »Wie konnte das passieren?« Und ich schätze, es kommt über meine Schwester raus, dass ich etwas mit Feuer zu tun habe.

M: *Wie reagieren deine Eltern?*

P: Sehr, sehr böse.

M: *Ich bin sicher, sie wissen, dass es keine Absicht war.*

P: Das ist egal.

M: *Was ist die Konsequenz?*

P: Von irgendwelchen Schlägen mal abgesehen, ist die psychische Konsequenz, dass das so schlimm ist. Es ist letztendlich etwas, das ich nie wieder gutmachen kann.

M: *Wie fühlst du dich in dem Moment?*

P: Sehr alleine.

M: *Wie wird es für deine Familie weitergehen?*

P: Das weiß ich nicht. (Pause.) Da ist so ein Gefühl von Zukunftslosigkeit.

[…]

Wir sprangen vorwärts zu einem weiteren bedeutenden Tag.

P: Meine Mutter ist gestorben. Wir sind auf einem alten Friedhof. Wir sind nicht viele Leute. Die Hinterbliebenen – wir drei – und noch eine Handvoll Menschen. Nicht viele. Der Pastor. Ich schätze, das hat alles mit den Ereignissen zu tun. Ich glaube, seitdem war alles sehr viel schwieriger. Meine Eltern haben sich viel mehr gestritten. Ich glaube, sie hat sich umgebracht, weil alles sehr, sehr viel schwieriger wurde.

M: *Bist du älter geworden.*

P: Ja, ein bisschen. Vielleicht ein oder zwei Jahre.

M: Was fühlst du in dem Moment?

P: Nun ja, auch das war wahrscheinlich meine Schuld.

M: Was glaubst du, warum sie sich das Leben genommen hat?

P: Durch die Kette der Ereignisse. Das ist wahrscheinlich auch das, was mein Vater denkt.

M: Woran merkst du das?

P: Er hat mir das gesagt. In seiner Verzweiflung kommt er nicht darüber hinweg, dass ich das damals war.

M: Verstehe. Wie wird es nun ohne eure Mutter weitergehen?

P: Es wird alles noch schwieriger.

[…]

Wir sprangen vorwärts zu einem weiteren bedeutenden Tag.

P: Meine einzige Hoffnung, mit mir und dieser Situation klarzukommen, ist, dass ich in diese Monasterie gehe, selbst ein Geistlicher werde und braune Kutte trage.

M: Warum das?

P: Um meine Sünden auszugleichen. Aber natürlich auch, um von dem Vater wegzukommen.

M: Wie alt bist du ungefähr zu diesem Zeitpunkt?

P: Ich bin mittlerweile erwachsen. So Anfang zwanzig. Maximal.

M: Wie wird dein Leben dort aussehen?

P: Nun ja, sehr anders. Aber es gibt viel Ruhe zur Kontemplation. Das gibt mir einen anderen Fokus, der mehr zu Gott gerichtet ist.

M: Wie hat deine Familie reagiert?

P: Es sind ja nur noch zwei übrig. Mein Vater meinte: »Mach, was du willst.« Der ist nicht mehr wirklich interessiert daran. (Pause.) Er scheint jetzt auch etwas anders zu leben. Ich weiß nicht genau, was er macht. (Flüstert.) Und meine Schwester? Ich habe das Gefühl, meine Schwester ist abgehauen.

M: Weißt du, was mit ihr passiert ist? (Nein) *Dann beschreibe mir, was dich an deinem neuen Lebensabschnitt besonders interessiert.*

P: Das ruhige Leben. Das Leben mit Gott. Vielleicht ging es auch darum, wieder dorthin zu kommen. Schließlich war das die Ursache von allem. Dort kam ja diese ganze Magiesache erst auf. Jetzt gerade merke ich, dass das vielleicht unterbewusst passiert war. Um mehr zu meiner Bestimmung zu gelangen, musste dieser Hof abbrennen. Sonst wäre ich immer dieser Bauer geblieben.

M: Fühlt es sich für dich richtig an, an diesem Ort zu sein?

P: Ja. Ich war nicht so sonderlich unzufrieden auf dem Hof. Aber ich sehe nun mehr Potenzial … vielleicht auch dafür, Gutes zu tun? Ich weiß es nicht.

M: Welchen Aufgaben widmest du dich dort?

P: Es sind wechselnde. Aber wenn man da anfängt, macht man erstmal nicht viel außer Fegen und die Bibliothek sortieren. Die Aufgaben eines Adepten eben: die Morgengebete, das Putzen der Tische nach den Speisen und ähnliche Dinge. (Pause.) Dort leben nur Männer.

M: Gibt es andere in deinem Alter?

P: Ja. Vielleicht nicht genau mein Alter, aber es sind jetzt nicht nur fünf Leute. Es sind bestimmt so zwanzig oder dreißig, vielleicht vierzig. Und die Aufgaben wechseln.

M: Gibt es irgendetwas, womit du dich besonders gerne beschäftigst?

P: Ja, die Bibliothek!

M: Warum das?

P: Weil ich mehr über das lernen will, wovon ich gehört habe!

M: Gibt es dort viele Bücher, die einem das erklären?

P: Manchmal finde ich etwas. Es sind dann aber eher Geschichten und keine Praxisbücher. (Pause.) Ich glaube, ich fange auch wieder an mit den Kerzen in meinem Zimmer.

M: Wie entwickelt sich das?

P: Ich mache nicht wirklich viele Fortschritte, weil die Informationen sehr spärlich sind.

M: Gibt es dort andere, die sich mehr damit auskennen?

P: Nicht offiziell. Es wird auch nicht überall gerne gesehen. Es ist gefährlich. Magie generell ist ein zwiespältiges Ding. Von den einen wird es verteufelt und von den anderen bewundert.

[…]

M: Du hattest eben von der Bibliothek gesprochen.

P: Voller Schätze! So viel Wissen. So wertvoll.

M: Und du hast Zugriff darauf?

P: Mittlerweile schon. Ich organisiere mittlerweile die Ausgaben dort.

M: Das hat sich ja gut gefügt für dich.

P: (Kichert.) Ja. Am spannendsten ist es, wenn mit anderen Leuten neue Bücher hereinkommen, vor allem zu diesen Themen. Es zieht mich auch raus. Es zieht mich nochmal weiter irgendwann. Hier zu bleiben, bringt mich nicht weiter. Ich werde eine neue Bibliothek aufsuchen.

[…]

Wir sprangen vorwärts zu einem weiteren bedeutenden Tag.

P: Ich bin jetzt in einer anderen Herberge. Ich bin mit jemandem mit, der eine Kutsche hatte. Da gab es eine Möglichkeit und ich bin weitergezogen.

M: Wo befindest du dich nun?

P: Ich komme gerade durch ein großes Tor. Hier ist alles ein bisschen größer. Es kommt mir vor, als wäre das schon fast eher eine Stadt. Vielleicht ist das auch einfach eine Stadt in der Nähe. Auch hier gibt es wieder diese älteren Gemäuer. Die Menschen sind ähnlich wie vorher. Es sind immer noch Mönche bzw. Geistliche. Aber irgendwie ist auch alles anders. Sie haben eine andere Mentalität oder sind ein bisschen anders. (Pause.) Es gibt einen Turm …! Ich weiß nicht, was da oben ist. Kein Zutritt für alle. Es gibt Gerüchte … Alchimisten. Vielleicht sind sie dort? Ich weiß es nicht. Er ist nicht öffentlich. Darüber liegt etwas Mysteriöses.

M: Wer hat Zutritt?

P: Andere Leute, die schon länger da sind.

M: Und was wirst du an diesem Ort nun tun?

P: Wieder den Aufgaben nachgehen, die ich angenommen habe.

M: Du wirst bleiben? (Ja) *Beschreibe mir dein Leben dort. Welchen Tätigkeiten widmest du dich?*

P: Ich kam mit einem gewissen Erfahrungsschatz an. Es ist also nicht mehr so, als würde ich Tische säubern. Ich bin auch etwas älter geworden. Mitte oder Ende dreißig.

M: Kommt dir dein Wissen hier zugute?

P: Zunächst einmal ist da eine große Euphorie für diesen neuen Ort und die Umgebung. Aber ich glaube, ich werde von der Liebe abgelenkt … Ich arbeite nicht mehr so wie vorher. Ich habe nun andere Prioritäten. (Pause.) In der Stadt gibt es eine Frau. Sie gefällt mir sehr gut. Und ich muss mich entscheiden zwischen der Monasterie und ihr, weil Frauen dort nicht gestattet sind und da keine Möglichkeit für Zweisamkeit besteht. (Pause.) Es ist ziemlich schwierig. Das hat immer etwas Heimliches.

M: Du meinst, wenn ihr euch trefft?

P: Ja. Das ist nicht ganz so leicht.

M: Wie entwickelt sich das? Für was entscheidest du dich?

P: Ich glaube, ich lasse die Monasterie hinter mir. Die Liebe ist zu stark. Ich bin aber nicht sicher, ob wir hierbleiben können. Wir brauchen ein neues Leben. Es dauert, bis wir so weit sind, aber wir ziehen schon wieder weiter in ein kleineres Dorf. Die Stadt war nicht das Richtige. Es ist jetzt viel kleiner und ländlicher. Es ist nicht sehr weit entfernt, aber schon ein Stück.

M: Wie sieht euer Leben an diesem neuen Ort aus?

P: Sie ist Schneiderin. Ich bin nicht sicher, was ich mache. (Pause.) Man verdient ja kein Geld im Kloster. Ich habe also kein Vermögen. Es ist daher am Anfang eine relativ schwierige Zeit. Ich habe das Gefühl, wir sind sowas wie abgehauen. Es war keine extrem planvolle Sache. Ein schneller Abschied. Hals über Kopf. Kleine Jobs hier und da. Unterkünfte bei anderen. Gelegenheiten.

M: Hast du Eigentum?

P: Nein, nur mein Herz.

M: Wie fühlst du dich nach dieser Entscheidung?

P: Sehr frei.

M: Trotz der Schwierigkeiten?

P: Die Schwierigkeiten sind andere. Es gibt immer welche. Aber sie sind weitaus pflegeleichter, wenn man in Zweisamkeit ist. Irgendwie geht das schon alles. Und die Leute wissen meine ruhige und besonnene Art zu schätzen. Ich bin gut in Diplomatie, weil ich eine Art Gebildeter bin. Ich habe ziemlich viel Wissen und die Leute respektieren das. (Pause.) Ich helfe in kleinen Läden mit. Nichts Körperliches. Nichts Anstrengendes.

[…]

Wir sprangen nochmal vorwärts zu einem bedeutenden Tag.

P: (Erfreut.) Meine Frau ist schwanger! Es sind ungefähr zwei oder drei Jahre vergangen. Wir haben so ein kleines Kabuff oder ein kleines Haus. Nichts Großes. (Pause.) Ich glaube, dass in ihrem Bauch etwas Magisches passiert!

M: Was meinst du damit?

P: Ich weiß es nicht. Eine Ahnung. Ein Instinkt. Es betrifft unseren Nachwuchs. Ich habe das Gefühl, es wird ein Junge. Und ich habe das Gefühl, er wird mir ähnlich sein.

[…]

Wir sprangen zum Tag der Geburt des Kindes.

P: Ich bin immer noch in diesem Kabuff. Es ist mehr ein Zimmer, kein tolles Zimmer. Dort findet das Ganze statt.

M: Wer befindet sich noch im Raum?

P: Meine Frau, eine Helferin und ich. Da ist noch jemand irgendwo zugange … Vielleicht eine zweite Helferin? Sie ist gerade in der Küche, um Wasser auszutauschen.

M: Wie geht die Geburt vonstatten?

P: Soweit gut. Ich habe das Gefühl, dass dieses Kind etwas Besonderes ist. Ich habe das Gefühl, es hat bessere Chancen, meine Vergangenheit fortzuführen, aufgrund der anderen, gebildeteren Umstände. Meine Frau ist auch keine Bäuerin, sondern in gewissem Maße gebildet. Ich bin froh, dass er in dieser Umgebung aufwächst, und hoffe, dass er irgendwie die Sachen weiterführt, die ich mache.

M: Was fühlst du, wenn du ihn das erste Mal siehst?

P: Es ist überwältigend! Sehr emotional. Ich könnte es mit der Geburt Jesu vergleichen. Ein unbeschreiblicher Moment! (Pause.) Irgendwie habe ich eine Vorahnung. Ich hoffe, dass er einmal diese ganze Magie weiterführen wird. Und ich will ihn darin unterstützen.

[…]

Wir sprangen vorwärts zu einem weiteren bedeutenden Tag.

P: Der Junge wächst auf. Ich bin so um die fünfzig Jahre alt. Der Junge ist bestimmt schon acht oder neun.

M: Wo befindest du dich?

P: Wir sind immer noch in dem Haus, aber ich glaube, mittlerweile haben wir keine Mitbewohner mehr. Zuvor wohnten wir mit in dem Haus – im Erdgeschoss – und über uns eine alte Frau. Das ist jetzt nicht mehr der Fall. Wir sind zunächst in ein Zimmer eingezogen. Dann ist die Frau oben irgendwann gestorben und wir sind dann auch da eingezogen.

M: Ihr seid zu dritt? (Ja) *Was tust du?*

P: (Pause.) Schuhe? Vielleicht mache ich etwas mit Schuhen. Ich weiß aber nicht, warum. (Flüstert.) Warum Schuhe?

M: Was macht dein Sohn?

P: Er hat ein verhältnismäßig entspanntes Leben. Schule gibt es nicht wirklich. Er hilft mal hier und da. Es gibt Nachbarkinder.

M: Wie lernt er und eignet sich Wissen an?

P: Dabei helfe ich ihm. Ich hatte die einen oder anderen Lehrbücher mitnehmen können und mir gewisses Wissen aufgeschrieben. Die Lernerei ist das Lernen des Lebens. Da gibt es erstmal keine Ausbildung.

M: Du kannst ihm also viel beibringen?

P: Die rein theoretischen Sachen. Man wird nicht gezwungen, zu lernen. Eine Schulpflicht besteht nicht.

M: Ich verstehe. Was geschieht noch an diesem Tag?

P: (Lacht.) Spaghetti? Nudeln. Da ist ein Nudelgericht. Das ist etwas, das wir noch nicht so häufig gegessen haben.

[…]

Wir sprangen vorwärts zu einem weiteren bedeutenden Tag.

P: Ich schätze, der Junge kann was! Ich habe ihn von früh an aufgeklärt, dass noch viel mehr möglich ist, und er kann das sehr gut aufnehmen. Ich glaube, er wird Heiler.

M: Wie alt ist er mittlerweile?

P: Noch jung. Etwa fünfzehn Jahre. Ich dagegen nähere mich dem Ende. Aber er konnte mich schon beeindrucken mit seinen Geistheilungsfähigkeiten. Es fing zunächst klein an: kleine Verstauchungen, Verrenkungen und sonstige Sachen, die er einfach spielerisch an seiner Mutter und mir zu heilen versucht hat. Und dadurch hat sich diese Fähigkeit bei ihm entwickelt.

M: Wie macht er das?

P: Das ist unbeschrieben. Durch seinen Glauben daran, dass es funktionieren kann, sowie vor allem durch den seines Gegenübers. Die Intention ist das Wichtige.

M: Wie läuft das ab?

P: Er schließt die Augen. Manchmal starrt er auch darauf oder hält die jeweiligen Körperteile in der Hand. Zunächst ist erstmal nichts von außen sichtbar, aber die Symptome gehen danach sehr schnell weg.

M: Wissen andere Leute davon?

P: Zunächst nicht. Aber ich glaube, das spricht sich rum. Er genießt eine gewisse Aufmerksamkeit, ein gewisses Ansehen. Er ist sehr besonnen und lernt das. Er sieht darin seinen Pfad.

M: Verdient er damit Geld?

P: Nein, noch nicht. Die Leute geben uns manchmal etwas freiwillig, aber es ist kein Beruf für ihn. Noch nicht. Es wird immer mehr. Ich bin sehr froh.

M: Was freut dich daran?

P: Es hat etwas Göttliches, etwas Warmherziges, etwas Liebevolles, anderen Menschen zu helfen – im Gegensatz zum Feuer, das so viel zerstören konnte …

M: Du meinst, dein Sohn macht das Gegenteil und hilft den Menschen?

P: Es ist nicht das Gegenteil, denn es war ja nie meine Absicht. Es hat einfach ein anderes Potenzial. Es hat nicht diese zerstörerische Macht … und das finde ich gut.

[…]

Wir sprangen schließlich zum letzten Tag des Lebens.

P: Ich liege auf dem Bett. Es ist immer noch dasselbe Haus. Ich bin älter geworden. Ich bin dreiundsechzig Jahre alt. Ich bin alt, aber gewissermaßen glücklich. Da ist eine Art Erleichterung oder Genugtuung, dass es gereicht hat.

M: Spürst du Krankheit oder irgendeine Art Leiden?

P: Ich habe schon das Gefühl, dass ich eine Krankheit habe, die aber systemisch ist und sich langsam eingependelt hat und daher nicht entdeckt oder diagnostiziert wurde.

M: Befindet sich noch jemand bei dir?

P: Ja. Mein Sohn ist da und meine Frau auch.

M: Gibt es etwas, das dein Sohn tun kann?

P: Er hat natürlich versucht, meine Energie zu lenken und mich gesund zu halten, aber ich glaube, das ist nicht ganz bei mir angekommen, weil ich das Gefühl habe, es reicht nun mit dem Leben. Er ist Heiler und wird Gutes vollbringen.

M: Du bist also bereit, zu gehen? (Ja) *Gibt es noch etwas, das du deinem Sohn oder deiner Frau mitgeben möchtest?*

P: Spontan kam: »Finde mich in deinen Träumen!«

M: Zu wem hast du das gesagt?

P: Zu meinem Sohn.

[…]

Es war an der Zeit, das Überbewusstsein einzurufen, um mehr Informationen zu erhalten. Ich fragte zunächst, warum sie Peter genau dieses Leben gezeigt hatten.

ÜB: Um die Lehre loszulassen. Um die Kontrolle abzugeben in Bezug auf Ziele, Produktivität, Vorstellungen. Um zu erkennen, dass man nicht alles verstehen muss.

M: Er besitzt einen großen Drang, Dinge verstehen zu wollen.

ÜB: Richtig. Sinn zu finden. Deswegen die Prüfung, Dinge, die scheinbar ohne Sinn, aber dem Verstand überlegen sind, hinzunehmen und zu akzeptieren. Was ist der Sinn des Lebens? Die Erfahrung. Wahrnehmung. Einfach wahrnehmen, ohne zu hinterfragen. Ohne sich zu verlieren im ständigen Überlegen. […] (Zu Peter.) Du hast ein ganzes Leben, um es nochmal zu machen. Das Vertrauen aufzubauen. […] Ich erinnere an die Akasha-Chronik, an gechanneltes Schreiben, gechanneltes Reden – egal wie: Es bedarf der Abschaltung des Geistes. Dies ist wichtig! […] Die Versuche sind da. Sein Drive ist da. Man beachte hier genau, den Sinn seiner Träume zu hinterfragen, ohne auf deutliche Antworten zu stoßen. Sie werden erst kommen, wenn davon abgelassen wird, den Sinn dort zu suchen.

M: Es klingt nach einer Herausforderung, genau das zu lassen, was bisher der Motor war: sein Drang nach Wissen.

ÜB: Es ist der Drang, alle Konzepte zusammenzubringen. Aber wenn nicht alle Konzepte bewusst sind, ergibt das keinen Sinn; wie wenn Menschen in einem Bild unterschiedliche Sachen sehen. Jemand, der das Konzept eines Baumes nicht begreift, kann in einem Bild voller Bäume keinen sehen.

M: Was gilt es für Peter zu lernen?

ÜB: Die Balance zwischen Absicht und Hingabe.

M: Wir haben heute ein Leben besucht, in dem diese Lektion schon einmal aufgetreten ist. (Ja) *Er scheint sich im aktuellen Leben für ähnliche Themen wie damals zu interessieren.*

ÜB: Ein weiterer Grund seines Zweifelns: Je ähnlicher dieses Leben dem anderen ist, umso leichter könnte es eine Kopie sein.

M: Warum habt ihr Peter hier und heute zu dieser Erfahrung geführt? Was wolltet ihr, das er hier und heute lernt?

ÜB: Dass Loslassen Zeit braucht. Dass es keine absolute Sicherheit gibt. Um Vertrauen zu lernen und Glauben zu entwickeln ohne eine Garantie. Eine Hürde, die ihm sehr schwerfällt – aus natürlich nachvollziehbaren Gründen. Das erste, das er sich für heute in sein Handy geschrieben hat, war, dass er sehr suggestibel sei. Und das hat er sich täglich angeguckt, weil es ihm bewusst ist, wie schwierig es ist, den analytischen Geist zu überwinden und mit Glauben zu ersetzen.

M: Ich glaube, sein aktueller Lebensweg spiegelt das auch wider: die Entwicklung vom analytischen, intellektuellen Geist hin zu anderen Kräften.

ÜB: Korrekt.

M: Was möchtet ihr ihm hier empfehlen?

ÜB: Persistenz. Alles ist möglich, wenn man die Zeit als unendlich betrachtet.

M: Wie kann er diese beiden Konzepte, Persistenz und Loslassen, zusammenbringen?

ÜB: Ein Ziel zu haben, ohne es zu erwarten. Das Akzeptieren der Umstände. Und vor allem Experimentierfreudigkeit in allen Bereichen. […] Es ist irrelevant, ob es jetzt oder wann anders passiert. Es wäre irrelevant, ob es in dieser Sitzung oder erst in der zwanzigsten passiert. Das ist nicht wichtig. Die Bedeutung liegt nicht im Erreichen des Ziels, sondern im Versuch. Das ist der Lebensweg. Denn nach dem Erreichen kommen weitere Ziele und das ist dann nicht mehr als eine sehr reelle Zieligamie [sic]: Man hangelt sich von Ziel zu Ziel, ohne den Rest zu beachten, den Weg dorthin. Man beobachte stattdessen den Weg dorthin, beobachte die kleinen Veränderungen am Berg, während man die Spitze ansieht und immer wieder Rast macht, Weggefährten trifft, ein paar Schritte gemeinsam geht und die Natur in der Umgebung genießt, um dann wieder hinaufzublicken zu den schönen Wolken und dem Gipfel, der so hoch und unerreichbar scheint. Wer als alter Mann noch nicht dort oben angekommen ist, der hat weitere Leben dafür.

M: Es geht also einfach um den Versuch und die Erfahrung? Könnte man so das Ziel für Peters aktuelle Inkarnation beschreiben?

ÜB: Der Berg mag unerreichbar hoch klingen, aber der Weg ist schön. Dies mag durchaus als Ziel formuliert werden. Wie wäre es für einen Wanderer, der nur auf den Berg fixiert ist? Er würde die Blumen am Wegesrand nicht bemerken, nicht die Hütten, Ziegen, Gämsen, nicht die Natur, die Menschen, die ihn grüßen, oder die Schnecken, die ihm über den Weg laufen – all das wäre verborgen von seinem Blick auf den weißen Gipfel. Die Schönheit. Das Leben selbst. Das ist das Ziel, das ebenso wichtig ist wie das Ziel in der Ferne.

[…]

Eine Frage von Peters Liste befasste sich mit seiner derzeitigen wissenschaftlichen Forschung. Obwohl er diese sehr leidenschaftlich betrieb, war er sich noch nicht sicher, wie sie in sein Lebensziel einzuordnen war und wie es danach weitergehen solle. Das Überbewusstsein nahm dazu Stellung.

ÜB: Seiner Passion zu folgen, ohne ein gewisses Ziel zu haben, ist genau diese Art von Lebensweg. Dahinter muss kein anderer Berg in Sicht sein. Es muss noch nicht mal die nächste Etappe sichtbar sein. Manchmal ist der Berg wolkenverhangen und man sieht nicht, wohin es geht. Das Ausüben des Interesses sollte im Vordergrund stehen.

[…]

Ein weiteres wichtiges Projekt war für Peter das Vorankommen in seiner privaten Beschäftigung mit luzidem Träumen – ein faszinierendes Thema, mit dem sich viele spirituell interessierte Menschen befassen. Das Überbewusstsein ordnete es ebenfalls in den größeren Kontext seines Lebensziels ein.

ÜB: Dies ist nichts, wobei man schnell viel Erfolg für sich behaupten kann. Auch hier ist Persistenz gefragt, zudem Geduld, Passion und das Loslassen von Vorstellungen, wie oft es passieren sollte. Es ist einer der Wege, die man gehen kann. Anders, aber gleichwertig – ohne subjektive Wertung.

M: Wie seht ihr Hilfsmittel in Bezug auf dieses Thema? Peter fragt sich, ob es Techniken oder Ernährungsweisen gibt, die hier eine Rolle spielen.

ÜB: Worin läge der Sinn eines Spiels mit Komplettlösung? Worin läge der Sinn, wenn man nichts ausprobieren würde? Ist es nicht das, was das Leben ausmacht? Bildet Gruppen! Bildet Verbindungen! Übt, probiert, testet! Schlagt fehl! Und erkennt an, wie viel ihr schon erreicht habt! Denn dies gerät so oft in Vergessenheit. Wer kann schon von sich behaupten, überhaupt je einen dieser Momente gehabt zu haben? Manche probieren es über Jahre. Hier ist schon viel passiert.

[…]

Ein weiteres Anliegen war es für Peter, die Wahrnehmung seiner eigenen Intuition zu stärken und ihr mehr vertrauen zu können. Ich übergab seine Frage an das Überbewusstsein.

ÜB: Fühlen. Intuition ist ein Gefühl, das so subtil ist, dass es schnell überrannt werden kann. Das Innehalten, das Leeren des Geistes vor Entscheidungen, kann dabei helfen, auf genau dieses Gefühl im Körper zu achten. Es gibt kein Allgemeinmittel. Wir möchten keine Empfehlung geben. Wir möchten jedem seinen Weg belassen.

M: Könnt ihr Peter dennoch etwas mitgeben, das ihm dabei hilft, seiner Intuition mehr zu vertrauen?

ÜB: Die eigentliche Überwindung neben der Disziplin ist es, diese in ihrem *Outcome* nicht festzuschreiben. Dafür gibt es durchlässige Steine, helle Steine, doch das ist kein Heilmittel. Das ist so, wie einem Kind ein Auto zu schenken, ohne dass es weiß, wie es funktioniert. Das Kind kann nichts mit dem Auto anfangen. Es muss erst Fahren lernen. Dann wird es einen Nutzen haben.

M: Könnt ihr ihm eine Strategie mitgeben, die er anwenden kann, wenn er sich zu sehr in seinem Kopf befindet und mehr ins Gefühl gehen möchte?

ÜB: Wie immer lautet die Lösung Meditation. Sie ist sehr effektiv, da sie den Geist durch Abstand zur Ruhe bringen kann. Es gibt noch weitere Vorgänge, wie zum Beispiel Sport oder das Nachgehen beliebter Aktivitäten, die einen in ihren Bann ziehen – »kopflose« Vorgänge. Das Produzieren von Musik mag ebenfalls ein solcher Vorgang sein.

[…]

Peter hatte das Anliegen mitgebracht, seine Chakren mithilfe des Überbewusstseins zu öffnen und zu reinigen. Ich erkundigte mich daher nach energetischen Blockaden in seinem System.

ÜB: Haben wir das nicht gerade deutlich gemacht? Wo ist die Trauer, die Verzweiflung, die Wut darüber, wenn etwas nicht seinem Willen folgt? Wenn etwas nicht schnell genug geht? Dies wären erste Ansätze.

M: Wie empfehlt ihr, diese Blockaden zu bearbeiten?

ÜB: Wahrnehmen, Lieben lernen, akzeptieren, konfrontieren, visualisieren. Es gibt keine Abkürzung. Es gibt Wege, die sind schneller, aber eine Abkürzung, wie Peter sie sucht, ist nicht unbedingt vorhanden. Dies würde den Sinn dieser Inkarnation torpedieren. Auch wenn hier der möglichst effektive Weg gesucht wird, kann man dies zum Teil nur durch viele Fehltritte verstehen. Den effektivsten Weg beim ersten Versuch zu erreichen, hätte keinen Sinn. Man schiebt die Diskette ein, lädt das Spiel und hat sofort gewonnen? Tolles Spiel …

M: Die Wahrnehmung dieses Spiels ändert sich allerdings, sobald man sich darin befindet.

ÜB: Durchaus.

[…]

Peter hatte unter anderem das *Ra-Material* gelesen. Diesem nach können sich Menschen in einer Inkarnation entweder dem »Dienst am Selbst« oder dem »Dienst an Anderen« widmen. Wie viele andere Menschen, die der zweiten Gruppe angehören, fragte auch Peter sich, wie er seinem Umfeld am besten behilflich sein könne.

ÜB: Strahle von innen nach außen! Bringe dein Fass zum Überlaufen und stecke die anderen Menschen an! In dieser aktuellen Zeit sind die Leuchttürme wichtig, die die Zusammenhänge verstehen.

M: Ist Peter einer dieser Leuchttürme?

ÜB: Peter darf sein, was er möchte.

M: Gibt es etwas, dass ihr ihm zum Konzept des »Wanderers« sagen möchtet?

ÜB: Ein Wanderer wird sich erinnern. Dieses Gefühl mag distinkt sein, entfernt wie ein Rufen. Es wird stärker werden. Doch auch nach dieser Erinnerung bleibt der Körper immer noch hier. Und auch der Geist wird erst verstehen, nachdem man zurückgekehrt ist.

[…]

Schließlich gingen wir noch zu Peters körperlichen Themen über. Hier thematisierten wir zunächst die für sein junges Alter ungewöhnlichen Gelenkschmerzen in Knien und Hüften. Das Überbewusstsein deckte eine unerwartete Ursache auf.

ÜB: Man beachte die Art der Ernährung; nicht nur, was gegessen wird, sondern auch, wie …! Es hilft immer, dem Mahl vor sich mit Dankbarkeit zu begegnen. Dies mag helfen. Und der Bewegungsapparat dankt Bewegung. Besonders in Zeiten von Elektronik ist es gefragt, sich zu bewegen.

M: Warum tritt dieses Symptom in Schüben auf?

ÜB: Zyklen im Körper. Einstellungen und Belastungen manifestieren sich. Es ist zudem die Verbundenheit mit den Großeltern: Ein geteiltes Leid schafft hier eine Bindung. Manches wurde auch bereits als Kind aufgenommen, um Entlastung bei den Betroffenen zu schaffen. Wenn man bedenkt, dass der Kontakt nicht sonderlich ausgeprägt ist, dieser aber einseitig mehr erwünscht ist, ist dieses Band durchaus zu tolerieren.

M: Gibt es etwas, dass wir hier und heute tun können, um die Verbindungen zu trennen, die zum Auftreten der Symptome führen?

ÜB: (Pause.) Wir können tun, was möglich ist. Man möge aber beachten, dass ein Austausch hilfreich sein könnte. Das Band besteht aus Austausch zwischen Großmutter und Enkel.

M: Austausch im Sinne von Kommunikation?

ÜB: Korrekt. Diese Kommunikation ist ins Stocken geraten, und so auch der Energiefluss. Es geht um das Bedürfnis, zu helfen – ohne systematische Ziele, sondern mit der Bergleitung durch schwierige Zeiten. Dies wird helfen.

M: Und was ist es, das ihr hier und heute tun könnt?

ÜB: Wir können die Durchblutung anregen, um die Selbstheilungskräfte zu aktivieren. […] (Pause.) Okay, wir haben getan, was in unserer Macht steht.

[…]

Ein weiteres physisches Symptom, dem Peter auf den Grund gehen wollte, war ein mysteriöses Jucken an seinem rechten Fuß, dass ihn ebenfalls bereits seit Jahren begleitete. Das Überbewusstsein nannte die Ursachen dieses Leidens.

ÜB: Die Erdung in dieser Hälfte, die Verbindung zum Ursprung, die Verbindung zu Vergangenem väterlicherseits. Es ist eine Manifestation dieser Verbindung.

M: Wie kann Peter das loslassen?

ÜB: Mit seiner Verbindung zur Natur. Er muss barfuß laufen. Zudem das Akzeptieren der aufstrebenden Natur und des Fortschritts der männlichen Hälfte über Rückbesinnung auf irdische Konzepte. Sitzen im Park ohne Technologie – den Fortschritt beobachtend und das Jetzt genießend.

M: Gibt es etwas, das wir hier und heute tun können, um ihm beim Loslassen dieses Symptoms zu helfen?

ÜB: Nein. Die Sehnsucht nach Erdung sowie dieses Bewusst-Werden sollten in der aktuellen Zeit vorhanden bleiben.

[…]

Zu guter Letzt blieb noch die Klärung einer unangenehmen, ebenfalls schubhaften Verspannung im rechten Schulterblatt. Das Überbewusstsein erklärte auch hier den Hintergrund und gab ein wunderbares Beispiel einer Visualisierung, die eine körperliche Heilung auf energetischer Ebene initiieren kann.

ÜB: Der Konflikt mit dem Vater. Das angespannte Verhältnis, das zeitweise auftreten darf und keinen anderen Weg sieht, als sich in Angespanntheit zu kanalisieren.

M: Was gilt es hier für Peter zu tun?

ÜB: Wie immer helfen Akzeptanz und das Beschäftigen mit einer geistigen Mediation und Visualisierung, um die Emotionen zu lösen, die sich manifestiert haben. Man stelle sich die

Gemeinsamkeiten, Harmonien und Dissonanzen der zwei Geschöpfe vor, wie sie als verschiedene Töne in den Muskel dringen. Dann gilt es, beide in solche Tonarten zu bringen, dass diese harmonieren. Es muss nicht der gleiche Ton sein; Harmonie kann auch mit zwei Tönen geschehen. Dies wird den Muskel entspannen.

M: Gibt es etwas, das ihr tun könnt, um das bereits jetzt zu unterstützen?

ÜB: Wir können es versuchen. (Pause.) Töne. (Pause.) Eine Umorganisierung durch heilende Frequenzen. Auch hier können weitere Vorgänge täglich wiederholt werden, wenn darum gebeten wird. (Pause.) Fertig.

[…]

Im abschließenden Gespräch mit dem Überbewusstsein sollte sich herausstellen, dass es noch einen übergeordneten Grund für Peters körperliche Symptome gab: »Der Ruf nach einem Katalyst [sic]. Jedes dieser Symptome macht ihn zum Suchenden nach Menschen und nach Heilung und drückt den Wunsch aus, sich selbst zu heilen. Die Formierung des Willens. Dies ist ein besonders wichtiger Aspekt des Dienstes am Anderen: das Hilfe-Suchen und das Helfen in Gesellschaft.«

M: Es scheint, als ob diese Leiden dann mit dem heutigen Erlebnis ihren Zweck erfüllt haben.

ÜB: Dies mag so betrachtet werden.

M: Wäre es also angemessen, die Leiden auszuleiten bzw. so stark zu reduzieren, dass sie das widerspiegeln?

ÜB: Dieser Geist wird nicht überzeugt werden, und so würden die Symptome wiederkommen. Der Weg ist ein anderer.

M: Der Rest der Arbeit ist ihm also selbst überlassen?

ÜB: Den Weg zu finden.

M: Wie hat sich Peters Energie heute hier verändert?

ÜB: Es sind Dinge in den Fokus getreten, deren Bearbeitung die entsprechende Warmherzigkeit sich selbst gegenüber erfordert.

Auf diesem Wege geht in seiner Energie das Gleiche vonstatten. Wenn also ein vermutliches Ungleichgewicht vorherrschen mag, ist dieses nur als Mittel zum Zweck des weiteren Ausgleichs zu betrachten. Um eine Krankheit zu behandeln, muss man manchmal erst darüberliegende Hautschichten entfernen. Möglicherweise erscheint dies dann als Disharmonie, die jedoch nach Ausgleich sucht. Das sollte nicht von uns, sondern von ihm selbst gemacht werden. Für seinen Geist gilt es, dies zu akzeptieren.

M: Was war das Allerwichtigste, das Peter heute hier erleben, lernen oder über sich erfahren sollte?

ÜB: Die Konfrontation mit seinem Selbst. Das Vertrauen mit seiner Absicht zu verbinden.

M: Ich würde sagen, er hat das gemeistert.

ÜB: Durchaus.

[…]

Letzte Worte: »Erinnerst du dich an das Lachen ganz am Anfang? Woher kam das eigentlich? Welche Gefühle hast du seitdem durchlebt? War es nicht so, dass du mehr fühlen willst? Vielleicht war ja etwas davon deswegen hier …!«

Familienangelegenheiten

»Es ist Zeit!«, stand auf dem Klientenformular von Beatrice (33) als Hauptmotivation für ihre Seelenreise. Die energiegeladene junge Frau berichtete im Vorgespräch, dass sie schon seit Längerem den Wunsch verspürt hatte, eine Sitzung zu erleben. Ihr stressreicher Alltag als Künstlerin, selbständige Unternehmerin und Mutter von zwei kleinen Kindern hatte dies jedoch bisher erschwert. Der Tag war schließlich gekommen für eine kleine Auszeit, in der die direkte Zusammenarbeit mit ihrem Überbewusstsein im Fokus stand, und Beatrice freute sich sehr.

Ihr Enthusiasmus spiegelte sich auch im Umfang ihrer Fragenliste wider. Die Anzahl der Themen war geradezu rekordverdächtig. Beatrices Themenkatalog umfasste neben dem großen Klassiker – der Bestimmung für das aktuelle Leben – unter anderem noch Verbindungen zu diversen Familienmitgliedern und Freunden, ihre berufliche Orientierung, geplante Reisen, kreative Projekte sowie einige wenige körperliche Leiden. Obwohl wir es in der Sitzung schafften, alles zu besprechen, sind für dieses Kapitel nur die Dialogteile ausgewählt worden, die für das Kollektiv von Interesse und Nutzen sind, weil sie generelle Informationen enthalten oder dem Verständnis eines Konzeptes dienen.

Beatrice fiel es sehr leicht, sich in Hypnose zu begeben, weshalb es nicht lange dauerte, bis sich die Dunkelheit vor ihrem inneren Auge lichtete und sie sich in einer ihr ungewohnten Umgebung wiederfand: »Auf einmal ist alles ganz hell geworden und ich bin jetzt in einem dieser großen – amerikanischen? – Häuser … mit weißen Treppengeländern und dunkelrotem Teppich auf dem Boden. Ich bin oben in einer Art Flur, in den man kommt, wenn man die Treppe hinaufgeht, und von dem aus es dann nochmal nach links und rechts zu Räumen geht. Ich bin oben an dieser

Treppe und habe das Gefühl, als ob ich an einer Tür lausche und ein bisschen schmolle.«
[…]

Sie nahm sich selbst als ein kleines Mädchen im Alter von »fünf oder sechs« Jahren wahr, »mit einem runden Gesicht und ganz hellblauen Augen«. Ich bat sie, an sich herabzublicken und zu beschreiben, was sie sah.

B: Ich trage ein Kleidchen mit Rüschen unten dran. Im Verhältnis dazu komme ich mir klein vor. […] An den Füßen entweder Socken oder ganz, ganz dünne Schühchen, die sich wie Haut anschmiegen. Sie gehen nicht bis zu den Knöcheln, sondern sind ausgeschnitten wie Füßlinge, um die Zehen und die Ferse zu bedecken. […] Meine Arme sind frei. An den Trägern sind auch Verzierungen dran; wie Rüschen, die seitlich abgehen. […] Meine Haare sind zusammen. Ich weiß nicht genau, wie lang sie sind. Sie sind geflochten und hochgesteckt. Blond. Sehr hell.
[…]

Sie kam darauf zurück, dass sie gegen eine Tür lehnte. »Ich bin an sie gestützt, drücke meine Wange dagegen und schmolle ein bisschen.« Ich fragte, was der Grund dafür sei.

B: Irgendjemand soll mit mir spielen! Ich warte auf jemanden, der aus dem Raum herauskommen soll. Ich glaube, es ist meine Mutter, die rauskommen soll. Sie macht sich aber für irgendetwas fertig.

M: Könntest du in den Raum hineingehen?

B: Die Klinke ist so weit oben. Da komme ich nicht so leicht ran … Es ist ein ganz flacher Türgriff. Horizontal flach. Ich soll eigentlich nicht stören, aber wenn ich ganz vorsichtig reingucke, sind da zwei Frauen, die sie fertigmachen. Sie werkeln an ihren Haaren rum und machen eine total übertriebene Frisur … hochtoupiert usw. Es sieht schick aus, aber es ist auch ganz schön viel Trara.

M: *Wer sind die beiden Frauen?*

B: Sie arbeiten als – wie sagt man dazu? – Zofen für die Familie.

M: *Beschreibe mir, was deine Mutter trägt.*

B: Ein Samtkleid mit ganz komischen, aufgepufften Ärmeln. Diese Art Kleider, die unten ganz weit werden und unter denen man einen Reifrock tragen muss. Das sieht zwar immer alles schön aus, aber es ist auch ganz schön unbequem, das zu tragen. (Pause.) Eine der Frauen pudert ihr im Gesicht herum und malt sie an. Ich glaube, das ist heute etwas Wichtiges!

M: *Hat man dir gesagt, was stattfindet?*

B: Ich glaube, wir kriegen später noch Gäste. Ein Empfang oder so etwas. Deswegen muss auch ich so schick aussehen und habe die Haare hochgesteckt. (Seufzt.) Aber damit kann man gar nicht richtig spielen!

M: *Fühlst du dich wohl so?*

B: Ich will schon immer meine Mama nachmachen, aber so lange an mir rumzupfen zu lassen, ist auch nicht schön. Und ich darf mich dann nicht dreckig machen …

M: *Ich verstehe. Erzähl mir mehr über deine Familie.*

B: Ich glaube, ich habe einen kleinen Bruder, aber der ist noch ein Baby. Er ist zwei Räume weiter und liegt in einem kleinen Stubenwagen. Daneben sitzt eine ältere Frau. Die ist aber nicht mit uns verwandt, sondern kümmert sich einfach nur um die Kinder. (Pause.) Ich glaube, wir haben auch noch einen Hund. Irgendetwas zwischen Mops und Bulldogge. Also jetzt kein Kampfhund, sondern so einen kleinen mit ganz stummeligen Beinen, der sehr muskulös aussieht.

M: *Gibt es noch andere Kinder?* (Nein) *Mit wem spielst du?*

B: (Betrübt.) Tja, ich spiele viel alleine. Irgendjemand wollte mir Schachspielen beibringen. Ich glaube, wir haben Lehrer hier bei uns zu Hause. Das fand ich aber langweilig. Ich wollte lieber einfach so mit den Figuren spielen, aber das durfte ich nicht.

M: Womit spielst du gerne?

B: Ich habe eine Puppe, aber sie ist sehr platt und sieht genäht aus – wie ein Nähkissen. Sie hat lockige Haare … zwei Knopfaugen … und sieht ganz schön mitgenommen aus. (Liebevoll.) Sie heißt Marie!

M: Das klingt, als ob Marie mit dir überallhin geht.

B: Mhm. Aber ich muss sie oft verstecken!

M: Warum das?

B: Damit sie nicht repariert wird.

M: Warum möchtest du das nicht?

B: Weil sie mir dann weggenommen wird. Und dann ist sie nicht mehr bei mir. Sie ist halt schon ein wenig dreckig und ein paar Fäden hängen raus. Und wenn sie gewaschen und repariert wird, ist sie erstens nicht mehr da, und zweitens ist sie dann irgendwie nicht mehr wie vorher. Außerdem habe ich Angst, dass sie sie wegwerfen und einfach eine neue nähen, weil sie denken, ich merke das nicht …

[…]

Ich bat sie, mir von den anderen Mitgliedern des Haushaltes zu erzählen.

B: Wir haben diesen einen Lehrer, der mit mir Lesen und Rechnen übt. Ich soll auch Reiten lernen. (Pause.) Meinen Vater sehe ich irgendwie kaum. Der hat irgendeinen wichtigen Beruf. Ich soll immer verstehen, dass er ja so wichtig ist.

M: Er ist oft nicht da?

B: Nein. Und wenn er dann mal zu Hause ist, kriegt er immer wichtigen Besuch und sie gehen in sein Arbeitszimmer. Da kommen Männer mit Schnurrbärten und komischen Hüten. Die besprechen dann irgendetwas mit ihm und rauchen. Das verstehe ich alles nicht. Zumindest wird mir gesagt, dass mich das nichts angeht.

M: Ist dein Vater jetzt gerade daheim?

B: Die Kutsche ist nicht da.

[…]

Ich bat sie, die Umgebung des Hauses zu beschreiben.

B: Da ist so etwas wie eine Allee mit großen Bäumen links und rechts. Pappeln sind das, glaube ich. Sie gehen so länglich nach oben und sind immer im gleichen Abstand gepflanzt. Man kann dann quasi mit der Pferdekutsche angeritten kommen und vor dem Haus halten. Es gibt auch Straßen, die etwas mehr befestigt sind, aber die Allee, die zu uns führt, besteht nur aus Schottersteinen.

M: Bist du schon mal Kutsche gefahren?

B: Mhm! Aber wenn wir ganz lange fahren, wird mir schlecht. Und es ist ziemlich langweilig. Aber wir waren damit auch schon in der Stadt. Dort durfte ich mir ein Kleid aussuchen. Man merkt, dass die Luft dort nicht so gut ist wie bei uns. Alles ist stickig, viele Leute rauchen und es gibt viele Schornsteine. Das sieht aus wie Fabriken.

M: Und ihr wohnt außerhalb der Stadt?

B: Mhm. Wir haben einen ganz großen Garten und einen Gärtner. Ein Teil vom Garten ist ein Rosengarten für meine Mutter.

M: Was ist dein Lieblingsteil des Gartens?

B: Unter einem Baum hängt eine Schaukel – oder besser gesagt einfach ein Holzbrett an ein paar Seilen. Die hängt da schon ein paar Jahre, weshalb sie auch etwas mitgenommen ist. Da kümmert sich niemand mehr drum. Aber ich sitze da gerne drauf. Sie hat etwas mit meinen … Großeltern zu tun? Ich glaube, dass mein Opa die für mich aufgehängt hat, als ich ungefähr drei war. Dann ist ihm aber etwas passiert und deshalb will niemand mehr daran denken. Mir erklärt auch keiner, was passiert ist.

M: Erzähl mir von deinen Großeltern. Leben sie auch dort?

B: Mein Großvater ist nicht mehr da. Er hat aber immer viel mit mir gespielt. Sie haben bei uns auf dem Grundstück gelebt. (Verwirrt.) Das kann aber eigentlich nicht sein … Warum sollten wir in so einem großen Haus leben und meine Großeltern in so einer kleinen Hütte?! Vielleicht waren das gar nicht meine leiblichen Großeltern? Vielleicht waren das Angestellte.

M: Du hast sie jedenfalls gemocht. (Mhm!) *Waren sie wie Großeltern für dich?* (Ja) *Kannst du mir von deinen leiblichen Großeltern erzählen?*

B: Die Eltern meiner Mutter kenne ich nicht. Die Eltern meines Vaters habe ich schon mal auf Bildern gesehen. Ich glaube, dass der Vater meines Vaters auch irgendetwas ganz Wichtiges macht und mit der Regierung zu tun hat. Die haben dann alle nicht so viel Zeit. Ich warte darauf, dass mein kleiner Bruder so alt ist, dass ich mit ihm spielen kann. Momentan schläft er noch ganz viel.

M: In welcher Sprache sprecht ihr miteinander?

B: Ich glaube, Französisch.

[…]

Wir sprangen vorwärts zu einem wichtigen Tag des Lebens.

B: Ich heirate heute! Ich werde angezogen. Mir helfen zwei Frauen beim Anziehen. Ich freue mich zwar, dass ich heute im Mittelpunkt stehe, bin aber nicht so ganz glücklich mit meinem Bräutigam. Es ist eher eine Zweckehe, weil seine Familie für meine wichtig ist. Wir haben uns auch noch gar nicht so oft getroffen.

M: Erzähl mir von ihm.

B: Er ist ehrgeizig. Er freut sich schon darüber, mich zu heiraten, aber wir sind jetzt nicht verliebt. Er sieht auch nicht schlecht aus, aber es ist nicht so, wie man es aus den Büchern kennt: Hals über Kopf verliebt und dann zusammen durchbrennen und Abenteuer erleben usw. Das ist hier alles ganz vernünftig und geregelt.

M: *Hast du so etwas jemals gefühlt?*

B: Ich wurde gar nicht so oft rausgelassen. Ich konnte gar nicht andere Männer oder Jungen kennenlernen, da ich ja zu Hause unterrichtet wurde. Mein kleiner Bruder durfte das alles. Er durfte raus. Aber ich wurde eher behütet und heranerzogen – wie eine Trophäe, die man dann irgendwann weggeben kann.

M: *Wie alt bist du?*

B: Neunzehn.

[…]

Ich bat sie, zu beschreiben, was weiter geschah.

B: Gerade wird das Korsett festgezogen, damit ich auch eine ganz schmale Taille habe. Es ist nicht so schlimm. Ich bin das gewohnt. (Pause.) Ich habe Blumen in den Haaren und Locken gemacht bekommen. Im Moment ist noch Vormittag und so langsam kommen schon die ersten Gäste. Wir wollen draußen im Garten feiern. Da ist eine Pagode aufgebaut, in der wir dann getraut werden. Mein Vater freut sich. Meine Mutter hat Verständnis für mich, hat mich aber überredet, dass ich verstehen müsse, dass unsere beiden Familien eine Synergie bilden können.

M: *Deswegen machst du es?*

B: Ja. Und auch, weil ich dann zumindest dadurch mal hier rauskomme und etwas anderes sehe. Mein zukünftiger Mann – ich glaube, er heißt Pierre – muss auch geschäftlich viel reisen und hat mich quasi damit um den Finger gewickelt, dass ich dann ja mitkommen kann und so etwas von der Welt sehe.

M: *Der Gedanke gefällt dir?*

B: Ja. (Kichert.) Wenn ich mitreise, hat er dann ja viel geschäftlich zu tun und ist nicht die ganze Zeit bei mir.

M: *Ich verstehe. Was geschieht weiter?*

B: Die ersten Gäste kommen. Meine Mutter ist ganz aufgeregt und kommandiert die ganzen Bediensteten rum, weil alles perfekt sein muss. Ich glaube, ich – wie sagt man das? – heirate »hoch«.

M: Im Status?

B: Ja. Meine Familie hat darauf bestanden, dass wir das bei uns ausrichten und nicht bei meinem Mann. Deshalb will meine Mutter jetzt beweisen, dass auch wir diesen Standard liefern können. Sie ist sehr gestresst. Und mein Bruder muss sich heute auch in Schale werfen und ist deshalb ziemlich genervt. (Kichert.)

M: Das Ganze wird bestimmt einiges kosten.

B: So genau kenne ich mich mit den Finanzen nicht aus. Das wurde immer von mir weggehalten. Aber ich habe mir schon oft gedacht, dass ich gerne wissen würde, wie viel beispielsweise unsere Angestellten verdienen oder wie viel eine Gallone Milch kostet oder so etwas; einfach, um ein Gefühl dafür zu bekommen, wie viel es kostet, etwas zu machen oder etwas zu erleben.

M: Hast du etwas Bestimmtes gelernt oder bist du in irgendetwas ausgebildet?

B: Na ja, ich muss schon gebildet sein. Niemand will ein dummes Mädchen heiraten! Weil ich ja von gewissem Stand komme, kann ich auch Gedichte rezitieren. Und ich kann … Wie heißt denn das, was ich spielen kann? (Grübelt.) Es ist kein richtiges Klavier, sondern ein kurzes. Es klingt auch nicht wie ein Piano, sondern eher wie ein Akkordeon. Da ist so etwas wie ein Blasebalg drin und man muss währenddessen mit dem Fuß auftreten, damit ich eine Taste drücken und einen Ton erzeugen kann. Aber es ist nur ganz schmal. Darauf kann ich ein bisschen was spielen, um eine Gesellschaft zu unterhalten.

[…]

Sie beschrieb möglicherweise eine sogenannte *Poikilorgue*, ein Wohnzimmerinstrument der Romantik, das als ein Vorläufer des Harmoniums gilt. Diese kompakte Version einer Orgel wurde

1830 in Frankreich erfunden und diente dem dortigen gehobenen Bildungsbürgertum zur Pflege der Hausmusik.

B: Ich werde nochmal abgepudert, obwohl ich schon als kleines Mädchen immer gesagt bekommen habe, dass ich nicht so viel in die Sonne darf, damit ich bloß nicht bräune. Meine Mutter ist sehr stolz drauf, dass ich eine ganz blasse Haut habe! Und die wird jetzt nochmal abgepudert und noch blasser gemacht – sogar die Arme. Dann werde ich geschminkt und bekomme einen Schleier in die Hochsteckfrisur gesteckt. Der geht bis ganz zum Boden. Mein Kleid hat eine lange Schleppe. Ich habe eine Kette an … mit einer Frau auf dem Anhänger. Vielleicht ist das meine Oma? Er sieht aus wie aus weißem Stein gehauen und ist recht groß. Darauf ist eine Frau zu sehen mit Blumen drumherum.

M: Fühlst du eine Verbindung zu dieser Frau?

B: Meine Mutter hat mir erst heute diese Kette gegeben und gesagt: »Die ist für diesen besonderen Tag!« Ich glaube, dass ich die Frau darauf höchstens einmal gesehen habe, als ich noch ganz klein war. (Pause.) Dann kommt mein Bräutigam. Er wartet im Garten, damit ich die Treppe herunterkommen kann. Ich bin dann in einer Halle, in der nach hinten raus die großen Flügeltüren offen stehen. Von dort kann ich über die Terrasse dorthin, wo die Gäste warten. Die Frauen haben alle solche Fächer dabei und wedeln sich Luft zu.

M: Was geschieht noch an diesem Tag?

B: Nun ja, es wird natürlich erwartet, dass wir die Ehe vollziehen und möglichst bald schon Nachwuchs kommt … Das ist aber nicht so schlimm und ich bin natürlich selbst auch neugierig! Wenn ich schon keine andere Wahl habe, kann es auch ruhig mit ihm sein.

M: Also eine schöne, klassische Hochzeit.

B: Ja. Wir sind sehr zufrieden.

[…]

Wir sprangen vorwärts zu einem weiteren bedeutenden Tag. Die Stimmung wechselte und Beatrices unbeschwerte Erzählweise wurde ernster.

B: Ich bin in der Stadt, aber hier ist irgendwie alles kaputt …! Ein Bombenangriff oder so etwas? Ganz viele Leute sind verletzt. Ich sehe sie zwar gerade nicht, weiß es aber. (Pause.) Ich bin alleine und suche irgendetwas. Um mich herum ist überall Chaos. Ganz viel Angst! (Pause.) Ich suche meine Kinder … oder meinen Mann … oder beides? Nein, ich glaube, mein Mann ist schon gar nicht mehr da. Er dient entweder oder ist schon gefallen.

M: Erzähl mir von deinen Kindern.

B: Ein Junge und ein Mädchen. Sie sind jetzt acht und neun Jahre alt. Das hat nach der Hochzeit direkt geklappt. (Pause.) Ich glaube, ich habe ihnen gesagt, sie sollen sich irgendwo verstecken, aber jetzt bin ich selbst etwas desorientiert.

M: Ist der Angriff gerade eben erfolgt?

B: Nein, letzte Nacht. Jetzt ist es der nächste Morgen. Da sind ganz viele Trümmer und es qualmt auch noch überall; als ob viele Feuer ausgemacht wurden.

M: Ist es eine große Stadt, in der du dich befindest?

B: Ja. Aber nicht die, in der wir früher einkaufen waren.

M: Weißt du, von wem die Stadt angegriffen wurde?

B: Ich glaube, jemand hat gesagt, es waren die Deutschen. Mit Flugzeugen?

M: Was passiert nun?

B: Ich bin müde und habe Angst um meine Kinder. Und ich bin irgendwie auch sehr resigniert, weil ich das gar nicht verstehen kann. Ich denke mir: »Wenn jetzt eh alles in Zerstörung endet, sollte es lieber einfach vorbei sein, bevor man in Trümmern leben muss.« Ich kann das gar nicht richtig verarbeiten. Ich weiß, dass ich das müsste und jetzt nach den Kindern suchen sollte, aber ich bin mit dieser Situation irgendwie noch nicht klargekommen. Ich verstehe nicht, wie all das auf einmal kaputt sein kann, was eben noch gestanden hat und in das so viel Arbeit hineingesteckt worden war!?

M: Du hast bestimmt einen Schock erlebt. Wirst du deine Kinder finden?

B: (Pause.) Ich weiß nicht, ob ich sie finden werde. Ich habe das Gefühl, dass ich auf der Suche einen Unfall haben werde … Irgendetwas mit einem Wald und mit Wasser. (Pause.) Ich bin im Wald und renne vor jemandem weg. Mein Kleid ist ganz dreckig. Irgendwie lande ich dann im Wasser.

M: Ist es noch der gleiche Tag?

B: Schwer zu sagen. Ich habe das Zeitgefühl verloren. (Pause.) Ich bin im Wald. Besatzer sind in die Stadt gekommen und nehmen sich einfach alles, was sie wollen. Ich habe trotzdem irgendwie das Gefühl, dass es meinen Kindern gutgeht … Ich bin allerdings vor jemandem weggerannt. Ich renne und lande im Wasser. Vielleicht bin ich ausgerutscht und in einen Fluss gefallen.

M: Was geschieht im Wasser?

B: Das war das letzte, das ich noch weiß. Aber jetzt gerade merke ich keine Angst. Ich weiß, dass ich Panik hatte, aber davon ist jetzt nicht mehr viel vorhanden. Es ist so, wie einen Film anzugucken. (Pause.) Diese Kleider sind so schwer! Das Material … und darunter sind ja nochmal solche Tüllröcke, die im Wasser oben treiben.

[…]

In der Zeit der sogenannten *Krinolinenmode* (ca. 1840–1870) kamen nicht wenige Trägerinnen dieser ausladenden Reifröcke durch Ertrinken, Verbrennen oder auch das Sich-Verfangen in Maschinen und Gerätschaften ums Leben.

Beatrice hatte den ertrunkenen Körper der Frau verlassen. Von dieser Position aus konnte sie nun auf das Leben zurückblicken und erkennen, welche wichtigen Lektionen sie in diesem gelernt hatte.

B: Es ist wichtig, seine Pflicht zu erfüllen. Man kann nicht immer nur hedonistisch leben, sondern muss auch mal Opfer bringen für die Familie. Ich musste auch lernen, mir selber genug zu sein und mich nicht von anderen abhängig zu machen, da meine Eltern nicht so viel Zeit für mich hatten. Ich war oft alleine mit meinen Gedanken und meiner Fantasie, in der ich mir meine Freunde ausgedacht habe. […] Das Ende war wie ein Eingriff von außen; als ob meine Zeit noch gar nicht gekommen war. Ich glaube, ich konnte nicht verstehen, wie Menschen andere Menschen angreifen können und man Sachen einfach kaputtmachen kann. Klar habe ich als Kind auch mal Spielzeug von meinem Bruder kaputtgemacht, als ich wütend war, aber das waren keine ganzen Häuser oder Städte. Warum würde man aus Städten erst Müll machen, um sie dann einzunehmen?!

[…]

Wir ließen die Frau, die einen so überraschenden und tragischen Tod gefunden hatte, hinter uns und begaben uns in ein weiteres Leben. Dessen Setting war ein deutlicher Kontrast zum Europa des 19. Jahrhunderts. Beatrice landete in einer Art Regenwald mit viel Grün um sie herum: »Ich bin in der Natur und da sind große Blätter über mir. Sie wurden zu einer Art Dach zusammengefügt … von meinen Eltern oder anderen im Dorf. Ich bin noch ganz klein und gucke nach oben. Die Sonne scheint durch das Grün und macht ganz lustige Figuren an der Wand. Es ist hier ganz warm und hat eine hohe Luftfeuchtigkeit.« Ich fragte sie nach ihrem ungefähren Alter.

B: Ich bin noch ein Baby. Ich liege einfach nur da und gucke herum. (Pause.) Wenn ich schreie, kommt jemand. Ganz freundliche Gesichter.

M: Beschreibe mir, wen du siehst.

B: Eine Frau mit rundlichem Gesicht und ganz schmalen Augen, die mich anlächelt und sehr lieb mit mir redet. Ich verstehe die Sprache zwar nicht, aber es fühlt sich angenehm an. Wenn ich weine, nimmt sie mich hoch und gibt mir etwas zu trinken. Die großen Leute haben auch nicht so viel an. Das sieht aus wie aus … Holz? Nein, es ist eher aus getrockneten Blättern gemacht.

M: Gibt es Menschen, zu denen du dich besonders hingezogen fühlst?

B: Ja. Das hier wird wohl meine Mama sein. Aber jeder hier ist für mich da. Ich habe zwar zwei Eltern, aber irgendwie sind auch alle anderen so etwas wie meine Eltern … quasi meine Tanten und Onkel. Ich habe das Gefühl, als ob ich quasi mit jedem hier verwandt bin.

[…]

Wir sprangen vorwärts zu einem bedeutenden Tag.

B: Ich bin elf oder dreizehn Jahre alt und ein Junge. Heute muss ich eine Prüfung ablegen! Dadurch entscheidet sich, welche Rolle ich in unserer Gemeinschaft trage; ob ich beispielsweise Jäger werde oder beim Hüttenbauen helfe.

M: Wie sieht die Prüfung aus?

B: Ich habe einen Speer in der Hand, den ich aus Bambus selber schnitzen musste, und muss jetzt irgendetwas jagen. Einen Hasen? Das sieht nicht aus wie ein heutiger Hase, den man als Haustier haben könnte. Es ist ein ganz wilder und relativ großer. Die haben ganz große Zähne und Krallen und können sich damit auch verteidigen.

M: Was geschieht?

B: Ich bin noch mit zwei anderen Jungs unterwegs und glaube, dass es auch darum geht, wer von uns dreien der erste ist. Ich habe allerdings vorher noch nie ein Tier umgebracht. Wir essen zwar auch mal Tiere, aber hauptsächlich so etwas wie … Brot? Nein, eher ein Brei. Den kann man so essen oder auch so etwas wie ein Brot daraus machen. Auch mal Mais. Nicht so oft Tiere.

M: Heute musst du eines erjagen? (Mhm) *Wie geht das aus?*

B: Ich sehe mich, wie ich den Hasen auf diesen Stock draufgeschoben habe und über meiner Schulter zurück zu den Hütten trage. (Pause.) Aber der andere Junge ist irgendwie sauer auf mich. Meine Eltern jubeln und mein Vater ist total stolz, aber ich habe das Gefühl, dass ich das nicht verdient habe …

M: Wie kommst du darauf?

B: Weil ich den Hasen nicht selbst erlegt habe. Ich glaube, mein Freund hat das getan und ich habe ihn ihm dann weggenommen. Aber ich weiß, dass es für meinen Vater total wichtig war, dass ich die Prüfung schaffe!

M: Hast du deswegen betrogen?

B: Mhm. (Pause.) Ich musste mich quasi entscheiden zwischen der Freundschaft und … Mein Freund hat das auch verstanden. Und ich weiß, dass er es niemandem sagen wird, weil es für ihn peinlich wäre, seinem Vater zu sagen, dass er sich die Beute hat abnehmen lassen.

M: Ihr seid befreundet?

B: Ja. Ich weiß aber nicht, ob wir danach noch so gut befreundet sein werden – was ich auch verstehen kann.

M: Was wird nun mit dir passieren?

B: Ich bekomme quasi ein Abzeichen; eine Markierung mit Farbe im Gesicht. Und ich bekomme ein Abzeichen an den Arm. Das tut ein bisschen weh. Es ist nicht heiß, aber ziemlich scharf. Heute würde man dazu Rasierklinge sagen. Es ist aber eigentlich kein Messer, denn ich glaube, es wird aus Bambus gemacht und dann mit Steinen geschliffen. Es ist jedoch zumindest so scharf wie ein Messer. Damit wird quasi ein Zickzack auf meinen Arm gemacht.

M: Wie fühlst du dich danach?

B: Ich bin schon stolz, denn ich sehe, wie stolz mein Vater auf mich ist! Meine Mutter guckt ein bisschen so, als ob sie es mir ansehen kann, dass da etwas nicht mit rechten Dingen zugegangen ist … Mir wird jetzt auch klar, dass ich das, was ich eigentlich nicht konnte und stattdessen meinen Freund habe erledigen lassen, um die Prüfung zu bestehen, nun regelmäßig machen muss. Da ich das schon beim ersten Mal nicht konnte, dämmert mir also jetzt zum ersten Mal richtig, dass das eigentlich ziemlich blöd und nur sehr kurzsichtig gedacht war.

M: Was passiert mit deinem Freund?

B: Er und der dritte, der mit dabei war, müssen nochmal losziehen. Er hat dann quasi noch eine Chance. Und er wird es auch schaffen, denn er hat es ja eigentlich schon beim ersten Mal geschafft. Wenn man das aber erst beim zweiten Mal schafft, kommt man zwar mit der gleichen Rolle in die gleiche Gruppe, ist allerdings vom Status her eine Stufe weiter unten. Ich könnte ihm dann zum Beispiel Befehle geben, wenn wir auf die Jagd gehen. (Pause.) Aber ich werde mich auf jeden Fall noch entschuldigen und ihm alles erklären.

[…]

Wir sprangen vorwärts zu einem weiteren bedeutenden Tag.

B: Ich höre meine Frau schreien, freue mich aber irgendwie auch ganz doll. Ich glaube, sie bekommt gerade ein Kind. Ich muss draußen warten. Da sind jetzt so große Blätter dazwischen. Ich werde Vater! Aber ich warte draußen, denn das ist jetzt Frauensache. Die Frauen sind beieinander und helfen dabei, das Kind auf die Welt zu bringen. Ich warte, bis ich das Baby schreien höre, um zu gucken, ob es ein Junge oder ein Mädchen ist. Mir ist natürlich wichtig, dass es ein Junge ist!

M: Warum das?

B: (Lacht.) Weil es einfach ein Junge sein muss.

M: Und was wird es?

B: (Zufrieden.) Ein Junge. Und ich bin ganz stolz! Es ist mein erstes Kind.

M: Wie alt bist du ungefähr?

B: (Pause.) Ich versuche, das von außen einzuordnen, denn wir zählen nicht die Jahre wie ihr. (Pause.) So, wie wir zählen, bin ich siebzehn. So, wie ihr zählt, bin ich einundzwanzig. (Verwirrt.) Oder ist es andersherum …?

M: In jedem Fall noch ein junger Mann.

B: Mhm. Wir sind nicht direkt verheiratet, aber man sagt, dass wir jetzt Frau und Mann sind, weil wir ein Kind zusammen haben. Bei uns ist es nämlich nicht wirklich so, dass man sich verliebt. Wir haben jemanden im Dorf, der Steine – sie sehen wie Steine aus, könnten aber auch Knochen sein? – wirft, wenn eine Frau oder ein Mädchen dazu bereit ist, Kinder zu bekommen. Diese Steine zeigen dann den Namen desjenigen an, den sie als Partner haben soll. Das war dann eben bei ihr und mir so.

M: Ein interessantes System.

B: Sie ist noch ein bisschen jünger als ich. (Pause.) Ich will jetzt erstmal meinem Vater sagen, dass ich einen Sohn habe, damit er stolz auf mich ist! Und dann ist wichtig, dass das Kind überlebt und groß wird. Wenn das Baby noch in den ersten zwei Jahren ist, sagen wir Männer immer, dass die Frauen zwar das Baby füttern, aber wir Männer ja die Frauen füttern. Also füttern eigentlich wir das Baby. (Pause.) Ich habe aber auch ein bisschen Angst … Man darf das eigentlich nicht sagen und ich habe auch niemanden, mit dem ich darüber sprechen könnte. Man hat aber ein wenig Angst, dass da etwas schiefgehen könnte oder man seine Rolle als Vater nicht richtig erfüllt.

M: Das ist wohl normal. Was für eine Stellung hast du mittlerweile im Dorf?

B: Mein Freund von damals und ich haben uns miteinander ausgesöhnt. Wir haben zwar noch immer eine Rivalität, aber die ist eher spielerisch. Wir zwei führen inzwischen die Jagd an. Als ich mich überwunden und selbst das erste Tier umgebracht habe, habe ich mich dann dafür auch bedankt. Alles läuft sehr respektvoll ab und wird mit jedem Mal einfacher.

[…]

Wir sprangen vorwärts zu einem weiteren bedeutenden Tag.

B: Mein Sohn ist jetzt schon ungefähr fünf Jahre alt und wir – das ganze Dorf bzw. die ganze Gruppe – feiern etwas. Unsere ganze Gemeinschaft feiert so etwas wie ein Jahresfest. Es hat auch einen Namen. (Grübelt.) Er beginnt mit Q … Es ist ein wenig wie Neujahr – wir feiern, dass etwas Altes aufhört und etwas Neues anfängt –, aber es ist eher eine Saison, die zu Ende ist. Und ich sehe ganz viele Maiskolben. Es hat damit zu tun, dass die Ernte vorbei und ziemlich gut ausgefallen ist. Es werden also Vorräte angelegt. Von den Maiskörnern wird immer ein Zehntel sofort wieder eingepflanzt und ein neues Erntejahr geht los. Wir bedanken uns also für die Ernte und bitten gleichzeitig darum, dass die nächste Ernte nicht nur genauso groß, sondern tatsächlich größer ausfällt, da wir in der Regel immer mehr Kinder haben. Auf zwei Eltern fallen gewöhnlich drei oder mehr Kinder, wodurch unsere Gemeinschaft immer größer wird.

M: Es wird also immer mehr gebraucht?

B: Genau.

M: Wie erlebst du diesen Tag mit deiner Familie?

B: Heute würde man dazu »Rummel« sagen. Die Kinder spielen und verkleiden sich. Sie basteln Kopfschmuck aus Blättern und wir malen sie ein wenig mit Farbe an. (Lächelt.) Es gibt viel Musik … Singen und Trommeln … ein Lagerfeuer … und ganz viel Essen. Normalerweise essen wir nicht im Überfluss, sondern einfach so viel, wie wir brauchen, um nicht mehr hungrig zu sein. Aber an diesem Tag dürfen wir alle noch mehr essen; quasi über das Sättigungsgefühl hinweg. Essen ist eigentlich nur eine Notwendigkeit, aber an diesem Tag ist es auch ein Genuss.

M: Wie macht sich dein Sohn?

B: Der hat Spaß und springt herum, als wäre er ein Orang-Utan. Da sind auch noch andere Kinder, die im gleichen Alter sind.

M: Hat er noch Geschwister?

B: Wir hatten tatsächlich noch eine Tochter, aber die war zu schwach und hat es nicht geschafft … Wir wollen aber auf jeden Fall noch mehr Kinder haben! Er spielt gerade mit einem Bambusstab und sagt, dass er sich auch schon auf seine Prüfung freut. Und ich muss an meine Prüfung zurückdenken und will ihm sagen, dass ich es nicht schlimm finde, wenn er kein Jäger wird.

M: *Damit er nicht den gleichen Druck verspürt wie du damals?* (Mhm) *Hat bis heute irgendjemand anderes davon erfahren, was damals passiert ist?*

B: Ich weiß nicht, ob mein Freund es jemandem erzählt hat. Aber das wäre dann ja peinlich für ihn gewesen. Ich kann mir höchstens vorstellen, dass er es seiner Frau erzählt hat, weil ich das Gefühl habe, dass sie mich nicht sonderlich leiden kann. Aber er und ich verstehen uns ja trotzdem noch gut.

[…]

Wir sprangen vorwärts zum letzten Tag des Lebens.

B: Ich liege und mir geht es gar nicht gut. Mir ist heiß und kalt zusammen. Ich bin in unserem Zuhause. Wir haben eigentlich eine Hütte, aber das ist jetzt so halb in einer Höhle; eine halboffene Höhle mit einer Art Überstand aus Blättern. Da lebe ich mit meiner Frau und meinen Kindern. (Pause.) Ich bin auch noch gar nicht so alt. Ich sterbe also nicht etwa an Altersschwäche. (Pause.) Ich glaube, ich habe einen Biss am Knöchel von einer Schlange. Unser Medizinmann ist deswegen da. Ich muss eine bittere Wurzel kauen, aber das scheint irgendwie nicht zu helfen. Vielleicht haben wir einfach zu lange gebraucht. Ich war auf der Jagd und habe es nicht richtig gemerkt, denn wir kennen das ja, von Schlangen gebissen zu werden. Man holt dann einfach schnell das Gift wieder raus. Aber ich war in dem Moment so stark auf das Jagen konzentriert, dass ich es nicht mitbekommen habe, bis wir wieder zu Hause waren und mir ganz schlecht wurde.

M: *Was passiert nun?*

B: Meine Frau guckt sehr besorgt. Mein Sohn auch. Wir haben doch nochmal eine Tochter bekommen. Sie weint. Ich versuche, ihnen zu sagen, dass alles in Ordnung ist und sie sich keine Sorgen machen sollen.

M: Ist es denn in Ordnung?

B: Na ja, ich bin ja selber kein Medizinmann. Ich kann nur darauf vertrauen, dass der alles tut, um mir zu helfen. Und wenn nicht, kann ich es auch nicht ändern. (Pause.) Ich will noch irgendetwas sagen, aber es kommt nichts mehr raus. Ich wollte meinem Sohn noch etwas sagen … Er ist übrigens kein Jäger geworden. Er macht zwar nicht direkt die Kleidung für die Leute im Dorf, aber er hat mit diesen Materialien zu tun. Ich wollte ihm noch sagen, dass er sich so etwas wie – wir haben das Konzept noch gar nicht – Schuhe ausdenken soll; oder etwas, mit dem man die Knöchel bedeckt, um sich vor Schlangen zu schützen. Ich muss auf eine Schlange draufgetreten sein, weil sie mich sonst nicht gebissen hätte. Wenn man da etwas hätte, um die Füße und Knöchel zu schützen, müsste es zumindest anderen nicht so gehen wie mir.

M: Kannst du ihm das noch sagen?

B: Nein. Aber ich vertraue darauf, dass ich ihn später nochmal in einem Traum besuchen kann. Ich werde ihm dort zeigen, was ich meine, damit er dann die Idee hat!

M: Bist du nun bereit, zu gehen?

B: Ich habe erst noch ziemlich Angst, weil mir so kalt ist und ich mir denke, dass ich noch gar nicht altersschwach bin. Aber ich denke schon, dass ich ein gutes Leben hatte. Ich weiß auch, dass sich das ganze Dorf um meine Familie kümmern wird und meine Frau nicht alleine ist. Sie kann sich nach ungefähr zwei Jahren auch wieder einen neuen Mann suchen.

M: Sind deine Kinder schon erwachsen?

B: Nein, eher jugendlich. Die Tochter ist zwölf. Mein Sohn ist schon ein Mann, aber er hat noch keine Frau. Sein Name wurde noch nicht gewürfelt.

[…]

Beatrice war schließlich bereit, das Leben zu beenden und den Körper des Mannes zu verlassen. Ich entschied, das Überbewusstsein einzurufen, um weitere Informationen zu erhalten, und fragte zunächst, warum sie Beatrice das Leben des Mädchens gezeigt hatten.

ÜB: Sie hat unter anderem eine Frage zu der Beziehung mit ihrer Tochter L_____. Sie sollte daher nochmal den Blick aus der Sicht einer Tochter erfahren – in einem Leben, in dem sie alle materiellen Annehmlichkeiten hatte, um zu sehen, was sich eine Tochter von ihrer Mutter wirklich wünscht: deren Aufmerksamkeit. Gemeinsame Zeit, um zu spielen, herumzualbern und sich auf Fantasiegeschichten einzulassen, statt sich darauf zu fokussieren, dass sie einmal ein schönes Leben haben soll, oder zu denken, dass Dinge wie das Lernen von Selbständigkeit wichtiger wären.

M: Beatrice hatte die Beziehung zu L_____ vorhin als durchaus problematisch beschrieben. Gibt es von eurer Seite aus etwas dazu zu sagen?

ÜB: Die beiden waren mal Schwestern. Beatrice war damals die kleinere von beiden und L_____ die größere. Deswegen herrscht im heutigen Leben immer noch ein wenig Rivalität zwischen den beiden. Und das hat Beatrices Mann leider nicht besser gemacht, als er während der Schwangerschaft immer gesagt hat, dass seine Tochter die einzige Frau sein würde, die er mehr lieben wird als sie. (Lacht.) Daher wird bei Beatrice auch ein Knopf gedrückt, wenn sie sieht, das L_____ mit ihrer heutigen kleinen Schwester M_____ fies umgeht, indem sie sie schubst oder ihr etwas wegnimmt, denn sie hatte selber schon diese Situation mit L_____ erlebt. Da die damalige Mutter der beiden sich nicht groß darum gekümmert hatte und eher die Einstellung vertreten hatte, dass die beiden sich selber aussöhnen sollen – was man von Kleinkindern natürlich nicht erwarten kann –, ist es jetzt Beatrices Aufgabe, der großen

Schwester von damals zu verzeihen und als Mutter in ihr das Bewusstsein dafür zu schulen, warum man sich nicht so verhalten sollte. Dabei gilt es aber, niemals bestrafend oder herabwürdigend bzw. negativ beurteilend zu sein, weil das sonst nur ins Gegenteil umschlägt. Beatrice merkt auch jetzt schon, dass L_____ öfter mal sagt: »Das ist deine Schuld!« oder »Da bist du selber dran schuld!« Sie nimmt das Wort Schuld generell sehr oft in den Mund, obwohl ein Kind in ihrem Alter noch gar kein Konzept davon haben sollte.

M: Liegt dieser erneuten Konstellation Karma zugrunde?

ÜB: Ja. Die beiden haben das miteinander abgemacht – auch mit M_____, die als die kleine Schwester von L_____ im aktuellen Leben quasi »neu in der Runde« ist. Sie hat sich freiwillig dafür gemeldet und ihr macht das auch nichts aus. Sie nimmt es nicht wirklich als schmerzhaft hin, wenn L_____ mit ihr so umgeht. Für Beatrice war es das jedoch in dieser Rolle, und das hatte sich damals auch im Erwachsenenalter nicht wirklich gebessert. Beatrice hatte sich damals sehr oft so gefühlt, als wäre sie ihrer größeren Schwester – sie waren vier Jahre auseinander – unterlegen; zunächst natürlich körperlich und dann später durch die Schule auch geistig. Und die große Schwester hatte der kleinen sehr lange das Gefühl gegeben, ein Baby zu sein. Das hatte Beatrice damals in ihrer Selbstfindung beeinträchtigt, weshalb sie abgesprochen haben, dass diesmal L_____ die »Unterlegene« ist – und das als Tochter zunächst in jederlei Hinsicht. Deswegen muss Beatrice sich bewusst werden, dass sie ihre Überlegenheit als Mutter diesmal genauso wenig ausnutzt, wie sie sich das damals von ihrer großen Schwester gewünscht hätte. Stattdessen geht es darum, Empathie aufzubringen – für sich selbst und natürlich für L_____.

M: Das sind sehr hilfreiche Informationen. In welcher Epoche waren die beiden damals verschwistert?

ÜB: Das war kurz nach dem Leben des Mädchens, das wir heute gezeigt haben.

M: Das Leben schien während eines Krieges zu spielen?

ÜB: Nein, das war gar kein richtiger Krieg. Da waren auch keine Flugzeuge oder Bomben, sondern nur Kanonen, die von einem Berg losgefeuert wurden. Das konnte Beatrice vorhin einfach nicht richtig einordnen. Das Wachbewusstsein hatte sich eingeschaltet und Flugzeuge vermutet. Es hatten auch keine Länder gegeneinander gekämpft, sondern einfach Gruppierungen aus anderen Ländern, die sich dort angesiedelt hatten, wodurch Feindschaften zwischen Bevölkerungsteilen entstanden sind – nichts Großes.

M: *Spielte das gezeigte Leben tatsächlich in Frankreich?*

ÜB: Ja. Da ist auch eine Verbindung, die für Beatrice nicht unbedingt relevant, aber interessant ist: Das Leben hatte mit den Hugenotten zu tun, und die Familie ihres Mannes stammt mütterlicherseits von Hugenotten ab. Tatsächlich war Beatrice damals mit der mütterlichen Familienseite ihres jetzigen Mannes verwandt gewesen.

M: *Gibt es noch einen anderen Bezug zum aktuellen Leben?*

ÜB: Die Zerstörung von Menschen gegenüber anderen Menschen hat sie damals schon nicht verstanden. Wir möchten dazu sagen, dass sie heutzutage – auch wenn es so scheint, als ob das in der Welt immer noch sehr verbreitet ist – gar nicht weiter versuchen muss, zu ergründen, warum Menschen das tun. Stattdessen sollte sie da keine weitere Energie hineinstecken. Das Thema wird sich bald erledigt haben …

M: *Das freut uns zu hören. Gibt es noch etwas aus dem ersten gezeigten Leben, das für Beatrice heute relevant ist?*

ÜB: Sie ist ihrem damaligen Mann im heutigen Leben wiederbegegnet: in Form eines Kommilitonen, mit dem sie sich gut verstanden hat, der dann jedoch weggezogen ist. Deswegen kam ihr auch, als dieser ihr mit einundzwanzig sagte, dass er immer noch Jungfrau sei, spontan der Gedanken, dass sie das ja berichtigen könnte … (Kichert.) Das hat dann jedoch nicht stattgefunden.

M: (Lacht.) *Also quasi andersrum als damals?* (Mhm)

[…]

Wir gingen zur zweiten Inkarnation über und ich fragte das Überbewusstsein, warum sie Beatrice das Leben als der Junge gezeigt hatten.

ÜB: Er wollte dem nacheifern, was die Gesellschaft – oder auch ganz direkt seine Familie – als erstrebenswert erachtete, statt auf seine innere Stimme zu hören, die ihm sagte, dass dies nicht der richtige Weg ist. Weil ihm der Stolz und die Anerkennung des Vaters wichtiger waren, machte er Sachen, die für ihn eigentlich gar nicht vorgesehen waren. Er hatte in dem Moment eigentlich schon verstanden, dass man dann im Ergebnis immer mehr von dem bekommt, was man eigentlich schon von Beginn an nicht wollte, und dass das nicht in Stolz aufgewogen werden kann. Ein Pflichtbewusstsein war da, es wurde jedoch fehlinterpretiert, denn die Pflicht besteht nicht etwa gegenüber anderen – wie beispielsweise den Eltern –, um deren Erwartungen zu erfüllen, sondern gegenüber den eigenen Erwartungen an sich selber. Dabei gilt es, aufrichtig und authentisch zu sein. Er hatte das noch nicht verstanden, ist in dem Leben dann aber noch einen guten Schritt in die richtige Richtung gegangen.

M: Was ist der Bezug zu Beatrices aktuellem Leben?

ÜB: Sie vergleicht sich hin und wieder noch mit anderen, mit sogenannten »Vorbildern« aus der Gesellschaft sowie mit vorherrschenden Idealen bezüglich dessen, was für erstrebenswert gehalten wird und was angeblich ein erfolgreiches Leben ausmacht. Das ist so, wie wenn Kinder Bauklotztürme bauen und vergleichen würden, wer den höchsten gebaut hat. Darum geht es nicht. Es geht darum, mit den Bauklötzen zu spielen und dabei Spaß zu haben! Dabei gilt es, seinen Impulsen zu vertrauen. (Pause.) Das mit den Schuhen war zum Beispiel damals für diese Gesellschaft eine Innovation, an die noch niemand gedacht hatte. Das heißt heutzutage, dass es nicht der Weg sein sollte, danach zu schauen, was bisher erfolgreiche Menschen in ihren Bereichen geleistet haben, sondern eher danach, was momentan noch fehlt, um präventive Maßnahmen zu ergreifen und so der Allgemeinheit zu helfen. Da schicken wir Beatrice schon ganz viele Ideen!

[...]

Das Überbewusstsein fuhr damit fort, eine brillante Geschäftsidee zu erläutern, zu der sie Beatrice bereits in der Vergangenheit einen Impuls gesendet hatten, dem sie jedoch bisher noch nicht nachgegangen war. Um das Urheberrecht zu würdigen, wird dieser Dialogteil hier ausgelassen.

An dieser Stelle soll nur erwähnt sein, dass es um die Neugestaltung eines alltäglichen Gebrauchsgegenstands ging, die nach Aussage des Überbewusstseins einen sehr positiven energetischen Einfluss auf das Bewusstsein der Menschen haben wird, die ihn verwenden werden. Es wäre spannend, diese Idee eines Tages manifestiert und verbreitet zu sehen.

Ich verlieh meiner Zuversicht Ausdruck, dass Beatrice durch die Informationen sicherlich motiviert sein würde, das Projekt anzugehen. »Das hoffen wir!«, erwiderte das Überbewusstsein.

M: Gibt es noch etwas, das ihr zu dem zweiten gezeigten Leben sagen möchtet?

ÜB: Auch wenn wir ihr heute unter anderem ein Leben als Mädchen gezeigt haben, war Beatrice generell schon öfter ein Mann als eine Frau. Das sollte ihr vielleicht auch erklären, warum sie manche Frauen aus der Sicht eines Mannes wahrnimmt. Darüber sollte sie sich also nicht wundern.

[...]

Wir gingen zu Beatrices üppiger Fragenliste über. Unter anderem wollte sie erfahren, wie sie die Verbindung zu ihrer Intuition stärken könne.

ÜB: Die Intuition könnte ein ganzes Stück besser fließen, wenn die Kanäle nicht durch diverse aufgenommene Stoffe verstopft werden würden.

M: Welche Stoffe sind das?

ÜB: Alles, was konsumiert wird. Und damit meinen wir nicht nur Nahrung, sondern auch Medien. Generell empfehlen wir im Verhältnis von Kreieren und Konsumieren, dass das Kreieren immer die Überhand haben sollte. Wenn man also zum Beispiel Medien – oder generell irgendetwas, das jemand anderes geschaffen hat –, konsumiert, sollte man dann auch mindestens genau so viel Material kreieren. Wenn man beispielsweise mehrere Folgen einer Serie anschaut, sollte man sich dann auch hinsetzen und ein paar Stunden damit verbringen, vielleicht einen Podcast aufzunehmen, ein Video zu machen oder Ähnliches. Wir haben ihr teilweise schon mehrere Impulse in einer Woche geschickt, dass sie damit anfangen soll, einen Podcast aufzunehmen. Sie ist das auch bereits angegangen. Da sie aber, seit sie klein war, immer Sachen zu hören bekommen hat wie »Du redest zu viel!« oder »Komm zum Punkt!« oder »Dir kann keiner mehr folgen!«, hat sie das Gefühl, sie müsse das perfekt skripten und nur philosophisch wertvolle Geschichten auswählen. Aber das muss nicht sein. Setz dich einfach hin und rede! Die Menschen, für die das bestimmt ist, werden es finden.

[…]

Beatrice fühlte sich bereits seit einiger Zeit von den berühmten Palmblattbibliotheken in Indien angezogen und dachte über einen Besuch nach. Allerdings fragte sie sich, ob die Informationen, die sich auf ihrem persönlichen Palmblatt befanden, auch von ihrem Überbewusstsein in der Sitzung gegeben werden könnten.

ÜB: Sie kann gerne übernächstes Jahr mit der ganzen Familie nach Indien reisen und das machen. Dann hat sie auch einen Grund.

Ihre Kinder können dort auf Elefanten reiten und sich von ihnen nassspritzen lassen. Bis dahin wird sie also noch leben! (Lacht.) Sie interessiert unter anderem ihr Austrittszeitpunkt so sehr, weil ihr einmal von einer hellseherisch veranlagten Person gesagt worden ist, dass ihre Kinder sie vermissen würden, wenn sie erwachsen sind. Letztendlich hat Beatrice das, wie jeder andere auch, selbst in der Hand – was übrigens auch der Grund dafür ist, warum sich manche Kinder schon im Bauch verabschieden: Wenn man geleistet hat, was man zu leisten hatte, kann man gehen. Man kann noch weiterspielen, wenn man möchte, aber man muss es nicht. Wenn Beatrice bereits jetzt der Meinung wäre, dass sie alles gelernt hätte, was es für sie zu lernen gibt, könnte sie auch jetzt schon gehen. Aber solange sie weiterhin noch »Hunger« hat und mit jeder neuen Antwort zwei neue Fragen entstehen, ist das erstmal nicht in Sicht. Eventuell hat sie schon recht damit, dass sie sich selbst nicht als alte Frau sieht, aber das muss ja nichts Schlechtes sein.

M: Und wie sieht es mit dem aus, was auf diesem Blatt steht? Könnt ihr Beatrice heute etwas davon preisgeben?

ÜB: Moment, wir müssen übersetzen. (Pause.)

[…]

Tatsächlich erklärte sich das Überbewusstsein dazu bereit, Beatrices Palmblatt zu lesen. Die Informationen, die gegeben wurden, umfassten unter anderem ihre aktuelle Lebensaufgabe (»Sie wird hier als Leuchtturm beschrieben. Das heißt: nicht folgen, sondern ein Ziel aufzeigen für Leute, die suchen.«), zukünftigen Nachwuchs (»Das dritte Kind wird nicht ganz einfach, aber Kinder sind ja unter anderem auch dafür da, Punkte zu treffen, die auf eigene Baustellen aufmerksam machen.«), die Partnerschaft mit ihrem Ehemann (»Er hat noch viel von ihr zu lernen, sie allerdings auch noch vieles von ihm – was von Beatrice eher mal unter den Teppich gekehrt wird.«) sowie eine spezifische Phobie, die Beatrice aus einem anderen Leben mitgebracht hatte (»Die Angst, die sich zeigt, wenn sie einen Film ansieht, in dem jemand lebendig begraben wird, stammt von einem Trauma. Das können wir jedoch für sie abhaken.«).

Als ich von den Palmblattbibliotheken erfuhr, war ich überrascht davon, dass Menschen dort Angaben zu ihrem Todeszeitpunkt erhalten. Aus meiner Arbeit mit dem Überbewusstsein wusste ich, dass Fragen nach dem eigenen Lebensaustritt in der Regel nicht beantwortet werden. Ich erkundigte mich daher nach dem Grund dafür.

ÜB: In den – nach eurer Rechnung – fünftausend Jahren, in denen das alles aufgeschrieben wurde, sind diejenigen, die es aufgeschrieben haben, davon ausgegangen, dass die Informationen an Leute weitergegeben werden, die sehr wohl wissen, dass der Tod nicht mit Schmerz einhergeht und nicht mit Angst behaftet ist. Das bedeutet, dass jemand, der Angst vorm Tod hat, gar nicht erst auf die Idee kommen würde, zu einer solchen Bibliothek zu gehen, weil er viel zu viel Angst davor hätte, diese Information zu erhalten. Sie wird daher letztendlich nur an Leute gegeben, die wissen, dass der Tod so etwas Triviales ist wie das Konzept, sich morgen einfach ein anderes Outfit anzuziehen. Sie soll sich für diese Reise also nicht die große Unterstützung ihres Mannes erwarten, denn das Thema Tod macht ihm generell große Angst. Hier gilt es, ihn nicht zu zwingen, sich mit dem Thema auseinanderzusetzen, sondern einfach vorzuleben, wie entspannt sie damit umgeht. Für Menschen wie sie ist diese Information dann einfach so etwas wie ein Fahrplan: Wann verlässt der Zug den Bahnhof? Dieses Wissen kann nützlich sein, weil man dann planen kann. Zudem weiß man, dass man umsteigen kann, wenn man das möchte, und dementsprechend woanders ankommt.

[...]

Beatrice hatte eine Frage zu ihrem ersten Jugendfreund. Obwohl die Beziehung nicht gehalten hatte, empfand sie bis heute eine innige Verbindung zu ihm und wollte von ihrem Überbewusstsein mehr dazu erfahren. Das Überbewusstsein deckte den sehr interessanten und wahrlich märchenhaften Hintergrund auf, bei dem das Thema Familie erneut eine zentrale Rolle spielte.

ÜB: Beatrice und S_____ waren tatsächlich mal Bruder und Schwester. Sie kann sich überlegen, ob sie das jetzt glaubt, denn es mag vielleicht weit hergeholt klingen, aber die beiden waren in dem anderen Leben die ursprüngliche Vorlage für das Märchen *Brüderchen und Schwesterchen*, in dem sich zwei Geschwister quasi zu lieb hatten und der Bruder in ein Reh verwandelt wurde. Letztendlich lief es nicht genau so ab, aber das Ganze ist ja eine Geschichte mit erhobenem Zeigefinger, dass zwei Menschen sich eben nicht so nah sein sollten, wenn sie in einem Leben Bruder und Schwester sind. Es hat also schon seinen Grund, warum Beatrice S_____ auch heute noch intuitiv »Bruder« nennt …

M: Warum die erneute Konstellation im aktuellen Leben?

ÜB: Die beiden hatten abgemacht, diesmal in einem sozial legitimen Rahmen zueinanderzufinden. Da sie aber nicht das ganze Leben hätten zusammen sein können, musste einer von beiden das Ganze schließlich sabotieren. Sein freier Wille hat dann einfach entschieden, bestimmte Substanzen zu konsumieren, die ihm – und der Beziehung – nicht guttun würden.

M: Ihr sagtet, dass die beiden damals die Vorlage für dieses Märchen gewesen sind. (Mhm) *Jenes Leben liegt also etwas weiter zurück?*

ÜB: Ja. Nicht so weit wie jetzt zum Beispiel das alte Ägypten, aber etwa genauso weit wie das Märchen mit den Kindern im Wald – *Hänsel und Gretel.*

M: Eine weitere Geschichte, die die Grimms aufgezeichnet haben?

ÜB: Die beiden haben sich das natürlich nicht ausgedacht. Etwas ist passiert und hat dann einfach als Geschichte die Runde gemacht. Letztendlich war es nicht wirklich so, dass sich der Bruder in ein Reh verwandelt hat. Das steht einfach dafür, dass der Bruder im Wald blieb. Denn als der Vater mitbekommen hatte, was zwischen den beiden lief, hat er den Jungen mit in den Wald genommen, ihn festgebunden und der Schwester einfach nachher erzählt, dass er sich in ein Reh verwandelt hätte. Tatsächlich wurde er jedoch im Wald ausgesetzt, festgebunden und den Rest kann man sich denken …

[…]

Ein weiteres Anliegen von Beatrice war es, die hellsichtigen Kanäle, die sie in ihrer Kindheit ganz intuitiv genutzt hatte, wieder zu öffnen bzw. mehr über ihre Fähigkeiten auf dieser Ebene zu erfahren. Viele meiner Klientinnen und Klienten teilen diesen Wunsch. Die Antwort des Überbewusstseins mag als Erklärung dafür dienen, warum eine derartige Öffnung mit Bedacht angegangen werden sollte.

ÜB: Sie wünscht sich, das alles wieder wahrnehmen zu können. Objektiv betrachtet hat es ihr früher aber schon viel Angst gemacht, diese Dinge zu sehen oder zu merken, dass sich da noch jemand im Raum befindet. Das ist natürlich etwas gruselig für ein Kind. Sie hat mittlerweile schon daran gearbeitet, beispielsweise keine Angst mehr im Dunkeln zu haben. Das ist nur leider noch nicht so unter trockener Erde festgetreten, dass es nicht wiederkommen würde, wenn sie das wieder aktiviert. Ein Beispiel wäre hier ihre – korrekte – Vermutung, dass in einem Spiegel eine Menge passiert, wenn man gerade nicht hinguckt … Wir sehen nicht, dass es ihr gerade dienlich wäre, wenn sie das alles komplett wieder sieht. Was sie eigentlich damit meint, ist, dass sie bei Leuten, die ihren Weg kreuzen und denen sie helfen möchte, gerne Sachen sehen würde, die ihnen dann weiterhelfen.

M: Wäre das angemessen?

ÜB: Ja. Wir können da ruhig mit Symbolen arbeiten. Sie macht das schon ganz intuitiv, dass sie Menschen die richtigen Fragen stellt und sich viel aus dem morphischen Feld holt. Das Fragenstellen ist ihre Gabe. Das beinhaltet, die richtigen Fragen zur richtigen Zeit zu stellen und die Leute dann einfach selbst antworten zu lassen. Sie wird auch immer bescheidener darin, unbedingt diejenige sein zu wollen, die die Antworten gibt. Sie kann ruhig Symbole neben den Köpfen sehen oder die Pyramide, die entsteht, wenn man Gedanken austauscht. Für ihr eigenes Wohl soll sie auch das wahre Gesicht von Leuten sehen können, falls diese falsche Absichten haben oder andere Motive als die, die sie ihr mitteilen. Sie muss jedoch zu diesem Zeitpunkt nicht all die anderen Wesenheiten sehen können, die sich hier sonst noch so herumtreiben. Das wäre sonst auch für ihre Kinder ein wenig irritierend.

M: Wir bitten um jegliche Sinneserweiterung, die mit Beatrices höchstem Wohl und dem der Menschen in ihrem Umfeld resoniert.

[…]

Beatrice hatte im Vorgespräch erwähnt, dass sie – wie viele meiner anderen Klientinnen und Klienten auch – gerne mit mehr Geduld und Leichtigkeit durchs Leben gehen würde. Ich fragte das Überbewusstsein, was sie von ihrer Perspektive aus dazu zu sagen hätten. Sie kamen an dieser Stelle wieder auf das Thema Substanzen und Konsum zu sprechen, was für einige Leserinnen und Leser sicherlich interessant sein könnte.

ÜB: Viele Situationen, in denen Beatrice bisher eine kurze Zündschnur hatte, liegen nicht etwa an ihrem Charakter, sondern an den Dingen, die sie konsumiert. Und wenn sie die Dinge, die sie konsumiert, verändert oder auch mal weglässt – zum Beispiel Koffein oder auch raffinierten Zucker –, wird sie merken, dass ihre Geduld und ihre Leichtigkeit plötzlich viel größer sein werden. Wir können ihr hier also keinen

Freifahrtschein geben nach dem Motto: »Du fühlst dich jetzt immer super, schüttest dich aber weiterhin mit Müll zu.« Man kann da noch so positiv eingestellt sein; wenn es ein Benziner ist, kann man da nicht Diesel reinschütten – egal wie sehr man sich einredet, dass das Auto trotzdem weiterfährt. Es wird irgendwann einfach einen Motorschaden haben. Deswegen muss sie aufpassen, was sie sich so einverleibt – sei es Gedankengut von anderen Leuten oder auch Lebensmittel. Derzeit sind das bei ihr leider eher »Krankheitsmittel« oder »Sterbensmittel« …

M: Wie ist das genau mit dem Kaffee? Für die einen ist es schädlich, für die anderen eine natürliche Substanz mit vielen Benefits, die schon seit Tausenden von Jahren getrunken wird. Was könnt ihr dazu sagen?

ÜB: Nun ja, die Kaffeepflanze möchte wie alle anderen Pflanzen auch überleben, und die Kaffeebohnen sind ihre »Babys«. Die Kaffeepflanze möchte daher nicht, dass ihre Babys gefressen, geschweige denn aufgebrüht und getrunken werden. Sie möchte, dass sie in die Erde fallen und da wiederum neue Pflanzen bilden. Aus diesem Grund hat die Kaffeepflanze ihre Babys mit Koffein ausgestattet: um sich gegen die zu wehren, die sie zu sich zu nehmen wollen. Wenn ein Tier eine Kaffeebohne zu sich nimmt, versteckt es sich auf einmal nicht mehr vor den eigenen Fressfeinden, sondern zeigt eher lebensmüdes Verhalten. So sorgt die Kaffeepflanze quasi für Gerechtigkeit: »Wenn du mein Baby frisst, dann wirst du selber auch gefressen, weil du nicht mehr beurteilen kannst, dass das eine sehr gefährliche Situation ist.« Und Kaffee ist ja nochmal um ein Vielfaches konzentrierter als eine Kaffeebohne, die man so futtern kann.

M: Dann können Menschen aber ziemlich gut damit umgehen.

ÜB: Menschen bringen sich schon auch sehr häufig in derartige Situationen. Bei den Bildern, die ihr zum Beispiel auf die Zigarettenpackungen draufmacht, müsste man eigentlich alle in eine Gummizelle stecken, die diese vor Augen haben und sich trotzdem noch eine Zigarette anzünden. Und wer glaubt, dass die elektronisch betriebenen Alternativen besser wären, lügt sich nur selber in die Tasche. Menschen machen also auch Dinge, von denen sie ganz genau wissen, dass sie nicht gut für sie sind – wie auch mit Zucker. Ihr habt freien Willen und dürft das alles zu euch nehmen. Aber: Kokain, Heroin, Kaffee, Zucker – es ist quasi willkürlich, dass das eine legal ist und das andere nicht. Man sollte um das alles einen großen Bogen machen. Wer mehr Kaffee trinkt, schläft zudem ganz einfach weniger – und unruhiger. Und eigentlich dürfte die Menschheit derzeit gar nicht vom Schlafen wegkommen …! Eigentlich müsstet ihr, damit ihr all das runterladen könnt, was wir euch aktuell austeilen, zwölf Stunden am Tag schlafen.

M: Am Stück?

ÜB: Nein, aber im Schnitt so viel. Wer jedoch in einer Leistungsgesellschaft zwölf Stunden am Tag schläft, ist schnell eine richtig faule Socke. Allerdings könnte es gerade alles viel schneller gehen, wenn die Menschen nicht so viele koffeinhaltige Dinge konsumieren würden und man mehr schläft oder auch einfach mal eine Siesta einlegt.

[…]

Ich verstand, dass sich das Überbewusstsein an dieser Stelle auf den Prozess der kollektiven Bewusstseinserhöhung bezog, den die Menschheit derzeit durchläuft. Manche nennen diesen die »Neue Erde«, andere den »Aufstieg« oder in religiösen Zirkeln auch das »Armageddon«. Es ist ein Thema, das regelmäßig in der Zusammenarbeit mit dem Überbewusstsein zur Sprache kommt, jedoch nicht direkt der Fokus dieses Buches ist. Ein weiterer Band ist bereits in Arbeit, der sich konkret diesem außergewöhnlichen kosmischen Ereignis widmen wird.

Ich nutzte an dieser Stelle die Gelegenheit und erkundigte mich beim Überbewusstsein nach dem aktuellen Stand des Prozesses. Im Zuge der Beantwortung kamen sie auf das Konzept des (unbewussten) Wechselns zwischen beiden Versionen der Erde zu sprechen, was eine mögliche Erklärung für ein Phänomen sein kann, das jeder schon einmal mit Mitmenschen erlebt hat: Zwei Personen haben komplett unterschiedliche Erinnerungen an dasselbe, vermeintlich gemeinsam erlebte Ereignis.

ÜB: Das könnt nur ihr beantworten. Seid ihr da oder nicht? Was nehmt ihr um euch herum wahr? Ist alles gut oder sind da Kriege, Anschläge, Gefahr usw.? Welchen Anteil haben diese Dinge in eurem täglichen Bewusstsein? Bei Beatrice haben sie eigentlich gar keinen. Bei ihrem Ehemann hat es einen großen Anteil, da er noch sehr an der alten Erde festhält und sich andauernd darüber aufregt, dass irgendwo eine Krankheit ausbricht oder wieder Krieg herrscht etc. Da hilft es leider nicht, ihn zu schütteln und zu sagen: »Sieh doch bitte ab jetzt nur noch das Gute!« Stattdessen sollte sie einfach ein Leuchtturm sein und es vorleben. Dann sieht er, wie leicht das Leben sein kann, und wird das auch wollen. (Pause.) Ihr wisst doch, wie ein Baby entsteht: Aus einer Zelle werden durch – wie nennt ihr das? – Mitose zwei. Und das passiert gerade mit der Erde. Man muss sich aber nicht entscheiden, denn aus den zweien werden dann vier und danach acht usw. Aber bis dahin dauert es noch eine Weile … Es ist also nicht so, dass sich die Erde aufteilt und es dann bei diesen zwei Versionen bleibt. Es geht immer weiter! Und es ist auch nicht so, dass eine dann verschwindet, sondern so, dass sich alle irgendwann zu einem noch größeren Organismus zusammenbauen. Bis dahin sitzt man nicht dauernd auf nur einer, sondern kann die ganze Zeit hin und her hüpfen – auch, wenn die beiden dann getrennt sind, denn der Körper befindet sich auf beiden. Ein Beispiel: Beatrice hatte vor Kurzem eine derartige Situation mit einem Paar, das sie coacht. Sie haben von der Geburt ihres Kindes erzählt und davon, wie lange es gedauert hat, bis die Hebamme da war. Die Frau sagte, sie war nach zwanzig Minuten da, während der Mann sagte, dass es zwei Stunden gedauert hatte. Er erzählte zudem, dass er sich die Woche nach der Geburt freigenommen hatte, während sie sich sicher war, dass er direkt nach der Geburt wieder arbeiten gegangen war. Warum haben die beiden komplett unterschiedliche Erinnerungen daran? Da hatte nicht etwa einer recht und der andere unrecht, sondern der Mann ist einfach auf die »andere Seite« gehüpft und hat erlebt, wie er daheim war, während sie dageblieben ist und die Version von ihm erlebt hat, die sofort wieder arbeiten gegangen ist. Er war auf der Neuen Erde und hat dort die für ihn bessere Entscheidung erlebt: wie er zu Hause für sie da war.

M: *Ist er wieder zurückgekommen?*

ÜB: Er kam zurück, ist aber derzeit wieder weg. (Lacht.) Du und Beatrice, ihr seid auch gerade auf der Version, die ihr die Neue Erde nennt. Es ist aber jetzt nicht so, dass auf der alten Erde die Bude brennt. Man hüpft einfach hin und her – auch je nachdem, mit wem man gerade zu tun hat. Es muss diese Interaktion geben, damit die Leute auf der alten Erde ab und an sehen, was möglich ist, und dadurch den Wunsch entwickeln, hinüberzugehen. Es ist gerade alles noch so fließend, dass man nicht sagen kann: »Am Soundsovielten um soundsoviel Uhr macht es ‚Plopp!' und es gibt kein Hin oder Zurück mehr. Und wer es bis dahin nicht hinübergeschafft hat, hat halt Pech gehabt.« So ist es nicht. Diese Trennung ist noch so flexibel wie geschmolzener Käse auf einer Pizza, der sich in Strängen auseinanderzieht und das alte Stück mit dem neuen verbindet. Das wird auch davon beeinflusst, wie sehr der Wille der einen Seite besteht, die andere noch mitzuziehen. Je mehr auf der Neuen Erde die Hand ausstrecken zum Rüberziehen, umso mehr Möglichkeiten hat man, um Leute von der alten noch mit rüberzuholen.

M: *Wäre das nicht kontraproduktiv für den Fortschritt des Vorgangs an sich?*

ÜB: In der Zeitrechnung des Universums ist das alles nicht mehr als ein Wimpernschlag. Ob das jetzt noch zehn oder zwanzig Jahre sind, in denen ihr den anderen beim Rüberkommen helft, ist für den Kontext nicht so wichtig. Es zeigt die Motivationsstärke der Leute, denn das klappt nur, wenn man die Hand, die einem entgegengestreckt wird, auch nimmt. Wenn jetzt hier alle stehen und die Hand ausstrecken und die da drüben keiner annimmt, driftet das natürlich sehr, sehr schnell auseinander. Aber die Möglichkeit ist auf jeden Fall noch da. Und Angst zu haben braucht eh keiner, denn es bleibt keiner auf der Strecke, der das nicht möchte – so hart das auch klingt!

M: Wie würdet ihr die Aufgabe derer beschreiben, die sich all dessen bereits bewusst sind und schon relativ oft auf der Neuen Erde sind? Wie Beatrice auch ein Leuchtturm sein?

ÜB: Ja. Es geht hier nicht nur um ein gedankliches Händereichen nach dem Motto: »Wir stellen uns jetzt vor, wie alle auf der Welt glücklich sind.« Das hilft zwar auch eine Menge, aber es geht vielmehr um ganz konkrete Handlungen im Alltag, die da ein Zeichen setzen. Vor einiger Zeit hat jemand Beatrice mal gefragt, was so ihre Werte sind und was sie anstellen würde, wenn sie nicht arbeiten müsste. Abends auf dem Heimweg sah sie dann einen Landstreicher die Straße hochlaufen und nahm den Impuls wahr, hinterherzugehen und ihm ein Geschenk zu machen. Auch, wenn das Rationale damals dagegengesprochen hat, ergab sie sich dem Impuls und weiß heute noch ganz genau, was das für ein Gefühl war, mit dem sie da durchflutet wurde, als sie in ihrem Portemonnaie einen 50-Euro-Schein fand, den Mann antippte und ihm sagte: »Entschuldigen Sie, das haben Sie verloren!« So kam es auch nicht wie ein Almosen rüber, sondern wie etwas, das ihm zustand. Damit hat sie etwas ganz Wichtiges bei ihm bewirkt. Und das Gefühl, das sie hinterher hatte, sollte für sie ein Indiz für Situationen sein, in denen sie sich genauso verhalten soll. Dass es besonders tugendhaft sei, sich zu einer Sache durchzuringen, die man eigentlich gar nicht machen möchte, ist Quatsch. Ihr sollt nichts machen, wofür ihr etwas opfert müsst, das wehtut, denn trotz allem ist es in erster Linie immer eure Aufgabe, zu gucken, dass es euch selbst gutgeht und ihr selber mit Energie überlauft. Nur dann habt ihr auch etwas zu teilen! Es geht hier um Aktionen, die für jemand anderen einen großen Unterschied machen, euch aber nicht wehtun. Das muss nicht unbedingt Geld beinhalten. Es kann auch einfach Zeit oder Aufmerksamkeit sein, die man jemandem schenkt. Und wenn man nicht nur im stillen Kämmerlein sitzt, gibt es jeden Tag viele Möglichkeiten, bei denen wir euch sagen: »Guck mal da!« oder »Hör da mal hin!« oder »Hast du das da mitgekriegt?« Und auch, wenn Leute einen für verrückt halten, hat man ihnen trotzdem ein Lächeln ins Gesicht gezaubert.

[…]

Ein weiteres Thema auf Beatrices Liste war ein Traum, den sie vor einiger Zeit gehabt hatte. In diesem hatte sie die Botschaft erhalten, sich über einen Zeitraum von mehreren Jahren mehrere Stunden täglich sehr intensiv spirituellen und metaphysischen Lehren und Praktiken zu widmen. Als Ehefrau und mehrfache Mutter schien das nicht realistisch, weshalb sie nun die Gelegenheit nutzte, um von ihrem Überbewusstsein mehr darüber zu erfahren. Die Erklärung zeigt, wie wichtig in der Zusammenarbeit mit dem eigenen »Team« der Wortlaut unserer Fragen ist, wenn wir versuchen, die Antworten zu verstehen.

ÜB: Obwohl ihre erste Tochter zu diesem Zeitpunkt schon geboren war, meinten wir tatsächlich damit, dass Beatrice sich irgendwo in einem Kloster einschließen solle, denn ihre präzise Frage an uns war damals: »Was muss ich jetzt tun, um auf die nächste Evolutionsstufe zu kommen?« Die nächste Evolutionsstufe hätte eigentlich das Vermeiden von Karma miteingeschlossen und dementsprechend keine Kinder. Kinder waren aber ein Wunsch von ihr. Sie hat sich dafür entschieden und muss nun auch damit leben. Die Antwort auf ihre präzise Frage war jedoch klar: »Gehe für zehn Jahre nach Tibet oder Timbuktu, schließe dich irgendwo ein und übe dich zum Beispiel zwei Jahre in einem Schweigegelübde.« Das wäre jetzt theoretisch auch noch machbar, würde allerdings ihr Selbstbild und die Erwartung an sich selbst zerstören, eine gute Mutter zu sein, denn sie hätte dann das Gefühl, ihre Kinder zu verlassen. Die Kinder würden das zwar überleben, aber sie hat nun einfach einen anderen Weg gewählt. Es ist nicht aus der Welt. Sie kann es immer noch machen, wenn sie sich bereit dazu fühlt – und dann noch am Leben ist. (Kichert.) Wir müssen da gerade nochmal mit dem Palmblatt sticheln.

M: (Lacht.) Gibt es noch Alternativen zu diesem Weg oder ginge es nur so?

ÜB: Ohne frühere Fallstricke, mit denen sie sich selbst ein paar Schritte auf der Leiter nach unten geknüppelt hat, wäre sie in der Lage gewesen, da auch auf ganz normalen Wegen im Alltag hinzukommen. Um diese nächste Stufe jetzt noch schnell zu erreichen, wäre aber tatsächlich die angegebene Zahl der Jahre nötig – allerdings ist diese Zeitangabe relativ, denn so, wie sich Zeit krümmt, könnte sich das Ganze auch anfühlen wie Tage. Wichtig ist jedoch die Anzahl der Stunden pro Tag. Anschließend kann sie noch zwei Stunden singen und dann zwölf Stunden schlafen. (Kichert.) Das Ganze wäre also eine Möglichkeit. Sie kommt aber natürlich jetzt schon ein ganzes Stück weiter, und das Ganze ist bald eh nicht mehr so relevant.

M: Hatte sie einfach vergessen, wie präzise sie ihre Frage gestellt hatte, um den Traum verstehen zu können?

ÜB: Das wusste sie schon. Sie wollte es dann nur einfach doch nicht. Das ist so, wie wenn man sich ein schickes Auto anguckt und fragt: »Na, wie viel kostet das?« Man bekommt einen realistischen Preis für den Wagen genannt, denkt sich allerdings: »Aber ich habe nur zehn Euro in der Tasche.« Tja, wenn man nicht bereit dazu ist, zu investieren …! Aber das ist ja nicht schlimm. Sie kommt letztendlich trotzdem dahin, wo sie hin soll.

M: Es gibt also keinen Zeitdruck.

ÜB: Genau.

[…]

Beatrice war eine Frau mit mehreren beruflichen Tätigkeiten. Sie fragte sich, ob sie sich auf etwas spezialisieren sollte, um ihr Potenzial richtig auszuschöpfen und nicht zu »verstreuen«. Dieses Dilemma begegnet mir häufig in Menschen, die viele Talente haben und nicht wissen, ob bzw. auf was sie sich festlegen sollen. Möglicherweise kann die folgende Information für Leserinnen und Leser interessant sein, die sich auf ähnliche Weise unter Stress setzen. Ich fragte, wie Beatrice ihr Potenzial voll entfalten könne.

ÜB: So, wie es in ihrem Palmblatt steht: als Leuchtturm – oder als Fackel; je nachdem, wie man das übersetzen will. Als ein Licht in der Dunkelheit, das Leute, die bisher eher auf den Boden geguckt haben, wahrnehmen, ansehen und deswegen mal hochgucken. Sie streut dieses Licht! Ihr Denkfehler ist hier allerdings die folgende Metapher: Beatrice denkt, dass wenn sie wie eine Straßenlaterne breitflächig in alle Richtungen strahlt, das Licht von jeder beliebigen Stelle insgesamt eher dumpf wahrgenommen wird, wohingegen Licht, das man Laser-artig auf nur einen einzigen Punkt fokussieren würde, eine viel stärkere Durchschlagskraft hätte. Prinzipiell hat sie da auch recht mit. Es ist allerdings nicht so, dass sie zu schwach streut. Sie legt gerade einfach verschiedene Schnüre aus, über die Leute stolpern können, um aufzuwachen und aus ihren Mustern herauszukommen. Der große Vorteil davon liegt darin, dass sie viel mehr Leute abdeckt, als wenn sie sich nur auf etwas Bestimmtes fokussiert. Sie macht viele Sachen und erreicht damit sogar die ganz Kleinen. Und das mit den Babys ist sehr wichtig! Wir hoffen, dass sie da auch am Ball bleibt, wenn ihre Kinder aus diesem Alter raus sind, denn sie braucht Babys nur einmal anzugucken und dadurch wird bei ihnen etwas im Gehirn aktiviert, das für sie in der späteren Entwicklung sehr wichtig ist. Und wie sehr das, was sie in ihren Babykursen in Nebensätzen erwähnt, inspiriert, merkt sie an der Resonanz der Mütter. Und so streut sich das dann …

[…]

Beatrices nächste Frage betraf ein mysteriöses Erlebnis, das schon ein paar Jahre zurücklag. Eines Abends hatte sie auf der Fahrt nach Hause plötzlich den Drang verspürt, mit dem Auto anzuhalten und zu einer bestimmten Stelle in der Landschaft zu laufen. Da es schon dunkel gewesen war und sich ihre neugeborene Tochter mit ihr im Auto befunden hatte, hatte sie diesem Impuls nicht nachgegeben. Allerdings hatte sie sich seitdem oft gefragt, was sie damals so stark angezogen hatte und was geschehen wäre, wenn sie sich anders entschieden hätte.

ÜB: An diesem Ort war damals kurzzeitig ein Portal offen, durch das sie hätte hindurchgehen können. Das war aber nur für sie bestimmt. Sie hätte sich also in dem Moment für das Erlebnis und gegen ihre Tochter bzw. die Familie entscheiden müssen. Wir können nachvollziehen, dass sie dem Ruf nicht gefolgt ist. Sie wäre jedoch Teil der Gruppe gewesen, die durch das Portal hätte gehen dürfen. Es war allerdings kein Sternenportal, sondern ein Zugang zu der – wie sagt ihr das? – »Hohlwelt«, der inneren Erde. Dorthin war zu diesem Zeitpunkt ein Portal offen gewesen.

M: Für einen Besuch?

ÜB: Für ein Lernen. Also schon für einen gewissen Zeitraum.

M: Wie würde sich das für die Hinterbliebenen hier darstellen?

ÜB: Als unerklärt verschwunden. Leute, die nicht mehr gefunden werden.

M: Sie hätte also mit einer solchen Entscheidung ihre Existenz auf der Oberfläche geopfert?

ÜB: Ja. Da sie aber die familiären Verbindungen, die sie jetzt hat, freiwillig eingegangen ist, haben diese auch ihre Berechtigung – wie beispielsweise das, was sie gemeinsam mit ihrer älteren Tochter abträgt.

M: Sie wäre dann quasi aus diesen Verträgen aussteigen?

ÜB: Ja. Sie hatte den Impuls, ihre älteste Tochter in die Welt zu bringen, tatsächlich schon sechs Jahre zuvor. Da kam dann aber plötzlich bei beiden Eltern die Angst auf, dass es noch nicht an der Zeit sei. Deswegen ist das alles zeitmäßig etwas verschoben. Beatrice will das jetzt nicht unbedingt hören, aber: Es ist für Kinder kein Weltuntergang, wenn sie nur bei einem Elternteil sind. Das würde sie sich jedoch selbst nicht verzeihen.

M: Für die Kinder wäre es also in Ordnung gewesen, wenn sich Beatrice an jenem Abend anders entschieden hätte?

ÜB: Ja, sie hätten trotzdem noch die Liebe gespürt. Wir realisieren, dass es gerade so rüberkommt, als würden wir Leute in Versuchung führen wollen, ihre Familien zu verlassen. (Lacht.) So ist es nicht. Das war einfach eine Möglichkeit für Beatrice. Und der Kanal bei ihr ist noch offen, um dieser Möglichkeit gewahr zu werden.

M: Sind solche Entscheidungsmomente für euch spannend?

ÜB: (Lacht.) Wir wissen ja, wie sie sich entscheidet, weil wir schon wissen, wie es ausgeht. Wenn wir das Buch lesen, blättern wir quasi immer schon auf die letzte Seite. Es würde mit den Kindern – und auch mit ihrem Mann – natürlich etwas sehr Spannendes passieren, wenn Beatrice plötzlich weg wäre. Zumindest wäre dann dort ein Vakuum, das den dreien eine extreme Entwicklungsmöglichkeit bieten würde. Das kann natürlich immer auch kippen, aber es würde auf jeden Fall ein großes Potenzial freisetzen, enormen Fortschritt zu machen – im Gegensatz zu den aktuellen kleinen Schritten. Deswegen beurteilen wir das nicht als gut oder schlecht oder sagen so etwas wie: »Das kann sie doch als Mutter nicht machen, einfach so verschwinden!«

M: Haben Kinder sich für solche Fälle, in denen Eltern sich entscheiden, zu gehen, einen »Plan B« parat gelegt? Oder schmeißt das deren gesamte Lebensplanung über den Haufen?

ÜB: Letztendlich hat sich jeder, der stirbt – egal ob bei der Geburt oder durch einen gewaltsamen Tod oder einen Unfall –, dazu entschieden, zu gehen. Es ist also vorher so festgelegt. Man soll ja alle Erfahrungen machen, die es so gibt, und wie man mit dem Verlust von Eltern umgeht, ist natürlich eine von ihnen. Sie hatte sich nicht dazu entschieden, aber eine Handvoll Leute haben es tatsächlich gemacht und sind durch das Portal hindurch.

M: Wo wäre Beatrice heute in ihrer Entwicklung, wenn sie damals auch gegangen wäre?

ÜB: Sie würde andere Dinge sehen und andere Dinge wissen. Sie hätte jetzt zum Beispiel die Möglichkeit, die unvorteilhaften Substanzen, von denen wir vorher gesprochen haben, energetisch so zu manipulieren, dass sie dem Körper so guttun würden, als ob sie etwas Gesundes essen würde. Das kann prinzipiell jeder Mensch, aber man muss es halt mal gezeigt bekommen. So etwas hätte sie von dort mitgenommen. Wissen wird dort anders vermittelt. Das kann man sich so vorstellen, als ob man in jemanden wie in einen Supercomputer eine Datei hineingibt und derjenige dann ganz schnell ganz viele verschiedene Bilder sieht. Es kann sich dann so anfühlen, als hätte man dort Jahre verbracht, während es aber letztendlich einfach ein Download gewesen ist. (Pause.) Wir denken auch, dass es möglich gewesen wäre, die Zeit so zu krümmen, dass sie nur für ein paar Minuten verschwunden gewesen wäre, aber trotzdem ihre Zeit dort verbracht hätte. Dann hätten das die Menschen in ihrem Umfeld wahrscheinlich gar nicht so mitbekommen. Ihnen wäre nur aufgefallen, dass eine Veränderung stattfindet, mit der man aber nicht hausieren gehen sollte. Denn eigentlich ist es nicht Sinn und Zweck, dass das weit verbreitet wird.

M: Es gibt also Menschen unter uns …?

ÜB: … die schon dort gewesen sind, genau! Viele besuchen auch auf ihren Astralreisen die Hohlwelt und schreiben dann hinterher solche Bücher wie *Gullivers Reisen* … (Kichert.) Den Teil mit den Liliputanern kennt irgendwie jeder, während der mit den Riesen nicht so medienwirksam verbreitet wird … Aber genau daher kommt solches Material.

M: Was für Faktoren müssen zusammenkommen, damit sich so ein Portal öffnet?

ÜB: Womit kann man das vergleichen? Mit einem Tag der offenen Tür. (Lacht.) An die, die es betrifft, wird eine bestimmte Intentionsfrequenz ausgesendet von demjenigen, der diese Tür öffnet – quasi dem Torwärter. Diese Frequenz ist nur von denen empfangbar, die auf dieser Frequenz schwingen, so dass sie sich dann plötzlich zu einer bestimmten Stelle gerufen oder hingezogen fühlen. Es kommt auch mal vor, dass Kinder gerufen werden, die in dieser Hinsicht keine Vorbildung haben und das dann einfach so annehmen, wie wenn sie Märchengeschichten lesen. Einige der vermissten Kinder, die nie gefunden worden sind, sind beispielsweise dorthin gegangen – und zum Teil auch immer noch da. Wenn sie dann irgendwann als Erwachsene zurückkommen, werden sie nicht unbedingt nach ihren Eltern suchen, weil sie dann erklären müssten, wo sie die ganze Zeit gewesen sind … Sowas gibt es immer wieder. Aber es gibt ja auch noch andere Methoden, wie zum Beispiel Astralreisen, um dorthin zu gehen und die Lektionen mitzunehmen.

M: Hätte Beatrice ihre Tochter mitnehmen können?

ÜB: Schwierig. Das Portal war definitiv nicht für L_____ gedacht. Niemand hätte sie vor die Tür gesetzt, aber wir sehen gerade in keiner möglichen Realität, wie das genau hätte ablaufen können. Beatrice wäre wahrscheinlich vor die Wahl gestellt worden: entweder alleine oder gar nicht. Aber die Entscheidung hatte sie ja schon getroffen.

M: Wenn ihr von Kindern und Portalen sprecht, kommt mir gerade ‚Alice im Wunderland' in den Sinn.

ÜB: (Kichert.) Ja, das war allerdings kein Portal in die Hohlwelt, sondern in eine ganz andere Realität. Das ging eher in Richtung *Stargate.*

M: Wird es einmal eine offizielle Einführung der Hohlwelt bzw. der Inneren Erde in das Massenbewusstsein der Oberflächenbevölkerung geben?

ÜB: Da sich das ja aus ganz bestimmten Gründen getrennt hatte, gäbe es keinen wirklichen Grund dafür. Fürs Verständnis: Das Erdinnere wird sich nicht aufspalten. Die Hohlwelt ist quasi eine Schnittmenge zwischen der alten und der Neuen Erde. Beide teilen sich also das gleiche Erdinnere. Da wird es keine Teilung geben. Deswegen ist sie zwar im Inneren angelegt – und man kommt auch durch die Oberfläche dahin –, aber wenn man dorthin reist, betritt man eine ganz andere Existenzebene. Man ist dann also nicht wirklich im Inneren der Erde. Und dort, wo man dann ist, das teilt sich auch nicht. Da wurde bisher noch nicht drüber gesprochen, aber vom Erdinneren wird es nicht zwei verschiedene Versionen geben. Sie sind quasi »die Schweiz«! (Lacht.) Sie sind neutral. Deshalb sind sie gerade jetzt, während sich der Rest aufteilt, noch weniger daran interessiert, Berührungspunkte damit zu haben. Und wenn das ganze einmal komplett voneinander getrennt ist, wird es diese Portale generell nicht mehr geben, weil man dann nicht weiß, von welcher Erde man gerade jemanden hereinholt und auf welche Erde man jemanden wieder hinauslässt. Diese Austauschprogramme wird es dann nicht mehr geben. Man kann allerdings trotzdem noch hin, wenn man das möchte – nicht mehr körperlich, aber durch Astralreisen, Traumreisen usw. So wird man sich auch weiterhin das Ganze angucken und sich austauschen können. Es gibt dort genügend willige Lehrer, die einen in Empfang nehmen und einem etwas beibringen. Das wird dann aber durch Downloads passieren und nicht mehr durch körperliche Anwesenheit.

M: Habt ihr in dem Kontext einen Tipp fürs Astralreisen?

ÜB: Einfach ausprobieren! Machen! (Lacht.) Die Frage ist: Wo will man hin? Man reist ja jede Nacht, meist jedoch relativ ungesteuert. Wenn man zum Beispiel in die Hohlwelt reisen möchte, sollte man als Ausrichtung gedanklich deren innere Sonne anpeilen – sie sieht aus wie eine Sonne, ist aber eher orangefarben und man kann sogar direkt hineingucken –, weil man sie von der Schwingung her in Relation zur äußeren Sonne setzen kann und weil sie eine Art Magnetismus ausstrahlt. Es ist einfacher, wenn ich mir ein Ziel aussuche, zu dem ich reisen will, als zu versuchen, irgendwie dorthin zu kommen. Sich einfach wie auf dem offenen Meer treibend ergeben und sagen: »So, jetzt darf der Rettungsring ausgeworfen werden und mich gerne dahinziehen!« Nicht versuchen, dahinzufliegen, denn wenn ich noch nie dort gewesen bin, ist es sehr unwahrscheinlich, dass ich genau dort ankomme. Wenn ich einmal da war und weiß, wie sich das anfühlt, hinterlasse ich dort gefühlt einen *Beacon* (= Signalpunkt) – quasi so etwas wie ein kleines Fähnchen oder einen GPS-Ball –, und das nächste Mal kann ich dann mithilfe des internen Navis dorthin reisen. Aber wenn ich dies das erste Mal tue, brauche ich irgendetwas mit Magnetismus, was mich dahin zieht. Das ist mit anderen Sternen und Galaxien ganz genauso.

[…]

Wir gingen zu den körperlichen Themen über. Ich fragte das Überbewusstsein nach dem Hintergrund der verminderten Sehstärke von Beatrice sowie nach der Aussicht auf eine Korrektur dieses Symptoms. Die Erklärung enthält viele nützliche Informationen – vor allem für Leserinnen und Leser, die ihr feinstoffliches Sehvermögen fördern möchten.

ÜB: Es war ein Wunsch von ihr für dieses Leben, Dinge zu sehen, die man mit einer perfekten Sehstärke nicht sehen kann, was als Kind auch so war. Als Beatrice mit der Zeit merkte, dass das ihre Mutter immer mehr erschreckte, hat sie diesen Kanal – aus freien Stücken – nach und nach zugemacht. Natürlich war die Entscheidung, da den Deckel draufzumachen und diese Dinge nicht mehr wahrzunehmen, auch eine Entscheidung, Dinge im wahrsten Sinne des Wortes auszublenden, und das hat sich dann auf die körperliche Ebene übersetzt. Wir haben schon erwähnt, dass es für sie derzeit nicht dienlich ist, alles zu sehen, aber wir können bei den Augen auf jeden Fall eine deutliche Verbesserung herbeiführen. Das wird allerdings ein Prozess über ungefähr drei Tage sein. […] Wir werden auch mehr Sicht für Lebensmittel aktivieren, die gerade wirklich wichtig und gut für sie sind. Diese werden für sie dementsprechend anziehend leuchten, während der Rest eher ein Grau bekommt.

M: *Großartig. Was meint ihr damit, dass man mit perfekter Sicht nicht alles sehen kann?*

ÜB: Da, wo eine gewisse Unschärfe vorhanden ist, kann die Intuition gewisse Sachen ergänzen. Es gibt diese großen, schwarzen Metallbrillen mit kleinen Löchern, die als Sehtrainer fungieren und mit denen man aussieht wie eine Fliege. (Kichert.) Wenn man die aufsetzt, sieht man auch mit Sehschwäche ein scharfes Bild, weil das Gehirn den Rest ergänzt. Wenn man gewisse Sachen nicht ganz vollständig sieht, besteht also genau dort die Möglichkeit, Dinge wahrzunehmen, die einem sonst entgehen würden. Zudem machen diese einem dann nicht so viel Angst, weil man sie auf die Sehschwäche schieben kann. Man erlaubt sich also aufgrund dieser spielerischen Ausrede, mehr wahrzunehmen. Mit einer perfekten Sehstärke fokussiert man sich dagegen sehr stark auf die 3D-Realität und guckt nicht dahinter. Das ist derselbe Grund, warum man, wenn man zum Beispiel ein 3D-Bild erkennen möchte, nicht fokussiert auf die 2D-Oberfläche gucken darf, sondern quasi dahinter schauen muss. Und es ist hier der gleiche Effekt: Ich muss meine Dimension bewusst unscharf machen, um eine andere Dimension dahinter zu sehen. Und wenn ich mich mit einer perfekten Sehstärke ganz stark auf die Realität hier fokussiere, sehe ich die dahinter nicht.

M: *Braucht man dafür gezwungenermaßen eine Sehschwäche?*

ÜB: Nein, denn manchmal hat man ja auch so diesen leeren Blick, mit dem man jemanden anschaut, ihn aber nicht fokussiert. Das ist dann meistens auch der Moment, in dem man beispielsweise kurz die Aura aufflackern sieht.

M: Gibt es etwas, das Beatrice tun kann, um den Heilungsprozess zu unterstützen?

ÜB: Öfter mal die Brille weglassen – nur natürlich nicht beim Autofahren! (Kichert.) Den Blick öfter mal in die Ferne schweifen lassen. Das kann sie ruhig damit verbinden, auf ihren Berg zu steigen, die Brille abzusetzen, den Kanal aufzumachen und alles strömen zu lassen. Einfach mal die Energie fließen lassen, statt zu denken, dass man immer alles aus eigener Kraft tun muss. Das Ausatmen des Universums ist das Einatmen des Körpers – und andersherum. Das mal bewusst leben! Dafür reichen fünf Minuten am Tag. Und: In Landschaften blicken, bei denen man keine Grenzen sieht. Man muss ins Grenzenlose gucken, damit der Blick sich wieder einstellen kann.

[…]

Das nächste körperliche Thema betraf nicht nur Beatrice alleine und mag eventuell auch anderen Eltern bekannt vorkommen. Im Vorgespräch hatte sie von mehrmals im Jahr auftretenden Episoden berichtet, in denen die gesamte Familie mit derselben Krankheit flachlag, was Beatrice zu häufig und zu merkwürdig vorkam. Ich erkundigte mich beim Überbewusstsein nach dem Hintergrund dieser Episoden.

ÜB: Die Familie schwingt sich aufeinander ein und spiegelt ihre Symptome. Einerseits ist Krankheit natürlich nichts Erstrebenswertes. Andererseits ist die schöne, gemütliche Familienzeit, die dadurch entsteht, wenn sie alle gemeinsam ihr Lazarett aufmachen und die Eltern nicht zur Arbeit gehen und die Kinder nicht in die Schule müssen, das schon. Da hält sich dann das empfundene Negative mit dem empfundenen Positiven die Waage. Man möchte natürlich nicht die körperlichen Symptome haben, aber die Familienzeit genießen dann doch alle. Und solange eine Situation etwas Positives mit sich bringt, will man sie meist nicht loslassen. Aber das muss man halt erst lernen, dass man keine Krankheit braucht, um sich mal eine gemeinsame Auszeit zu nehmen …

M: Also gäbe es auch einen Weg ohne diese Erfahrungen?

ÜB: Genau.

[…]

Nachdem wir die restlichen körperlichen Themen besprochen hatten, bat ich das Überbewusstsein noch, Beatrices gesamtes physisches System auf eventuelle Auffälligkeiten und Unregelmäßigkeiten zu überprüfen. Ihr *Body Scan* dient als ein gutes Beispiel für den Ablauf einer solchen Prozedur, die vom Überbewusstsein stets sehr bereitwillig durchgeführt wird.

ÜB: (Pause.) Wir fangen bei den Füßen an. (Pause.) Mit kreisenden Bewegungen gehen wir darüber. Wir hören es auch summen. Ihr hört das wahrscheinlich nicht.

[…]

Während der Sitzung hörte ich nichts. Tatsächlich war jedoch beim späteren Transkribieren der digitalen Audioaufnahme an dieser Stelle ein deutliches, impulsartiges Summen zu hören.

ÜB: Jedes System, das im Körper existiert, hat einen bestimmten Ton. Alle Muskeln schwingen in einem bestimmten Ton. Alle Knochen schwingen in einem bestimmten Ton. Alle Bandscheiben, alle weichen Organe. Der komplette Darmtrakt und das Gehirn schwingen im selben Ton. Das Herz schwingt in einem Ton. Und die werden jetzt alle quasi mit einer Stimmgabel abgegangen; so, wie wenn man ein Instrument stimmt. Die Stimmgabel gibt vor, wie es klingen soll, und am Körper schauen wir dann, ob sich das damit deckt oder ob etwas nachgestimmt werden muss. (Pause.) Am linken Knöchel scheint eine Schwäche zu existieren, die immer wieder kommt.

Da erfolgte als Kind mal eine Überdehnung der Bänder. Wie können wir das am besten erklären? (Pause.) Gummi dehnt sich aus und wird labberig, wenn es warm ist, und wird zäher, wenn es kälter ist. Das ist keine echte Kälte, aber wir gehen das jetzt mehr oder weniger mit Kälte an, damit sich die Bänder wieder etwas fester zusammenziehen. Es ist letztendlich so, wie wenn man merkt, dass ein Schuh nicht fest, sondern nur ganz locker gebunden ist: Man zieht dann halt die Schleife nochmal nach. (Pause.) In den Knien knackt es auch ganz schön. Da sitzt einfach nur Luft fest. (Pause.) In der Wirbelsäule hat wirklich etwas Unfug getrieben … Sie ist quasi für jede Anhaftung wie ein Spielplatz. Aber das sind nur noch Spuren – wie die von einem Marder, der unter der Motorhaube gewütet hat, oder von jemandem, der mit einer Spitzhacke den Berg hochklettert. Wir empfehlen Beatrice tägliches Strecken und dazu, den Knick im Nacken mit einem visualisierten goldenen Band von hinten nach oben zu ziehen. Dabei soll sie bewusst merken, wie sich der Bereich Wirbel um Wirbel wieder auseinanderzieht, anstatt sich zusammenzudrücken. Wir werden die Scheiben dazwischen wie ein Luftkissenboot mit einer Luftpumpe aufpusten. (Pause.) Vielleicht auch ganz interessant zu wissen: In etwa fünf Jahren wird sie dazu aufgefordert werden, eine Rückenmarkspende zu machen. Sie ist bereits registriert als Spenderin, und das wird in ungefähr fünf Jahren ein Thema werden. (Pause.) Im Kopf arbeitet es jetzt natürlich. Da wird ein bisschen was umgebaut. Das kann auch kurzzeitig mit ein wenig Schmerzen einhergehen, ist aber nichts Schlimmes. (Pause.) Im Blut ist jetzt viel Schlacke unterwegs, weil heute einiges abgebaut worden ist. (Grübelt.) Hm, da treibt sich auch noch irgendetwas rum, das sich vermehren möchte … Ah, das ist noch der Rest von einem Virus. (Pause.) An Krebszellen ist gar nichts da … auch in der Haut nicht. Wenn sie da allerdings etwas stört, kann sie das ruhig entfernen lassen. (Pause.) Der Unterleib darf durchaus mal mit ein paar positiven Gedanken bedacht werden. Der hat einiges durchgemacht! (Pause.) An die

Zellen geht generell der Input, dass an sich alles zum Körper dazugehört, dass jedoch alles, das nicht unbedingt als Vorrat angelegt werden muss, gerne abgebaut werden darf – aber auf eine vernünftige Art und Weise! Zu viel auf einmal ist auch nicht gut und überflutet das innere System mit Schlackestoffen. Das sollte schon noch alles im Rahmen bleiben. (Pause.) Das dritte Auge sollten wir auch noch öffnen. (Pause.) Mhm. Okay.

[…]

Um den körperlichen Themenbereich abzuschließen, fragte ich das Überbewusstsein noch nach dem Hintergrund einer Angewohnheit, die nicht Beatrice selbst, sondern ihre älteste Tochter betraf: unbewusstes Zähneknirschen. Die Erklärung für dieses gar nicht so seltene Symptom zeigt erneut das Einflusspotenzial von Erfahrungen aus anderen Leben und enthält mögliche Strategien für Eltern.

ÜB: Das geht tatsächlich noch auf eine Zeit vor dem Leben zurück, in dem Beatrice und sie Geschwister waren. L_____ hatte damals als Sklavin viel mit Demütigung und körperlicher Unterdrückung zu tun, wodurch sich bei ihr sehr, sehr viel Wut und unverarbeiteter Ärger angestaut hatten. Einen gewissen Teil davon konnte sie bereits durch Supervision im Anschluss an das Leben abtragen. Den Rest hat sie allerdings in das Leben mitgenommen, in dem Beatrice ihre kleine Schwester war, und dort dann einfach am nächstschwächeren Glied ausgelassen, weil sie sich zuvor noch nicht in dieser Machtposition befunden hatte. Auch nach diesem Leben konnte sie wieder einen Teil davon aufarbeiten; es ist aber noch sehr viel von der gefühlten Unterdrückung und Ungerechtigkeit vorhanden. Beatrice soll sich daher nicht wundern, wenn sich L_____ als Jugendliche plötzlich sehr dazu hingezogen fühlen wird, sich mit afroamerikanischer Geschichte zu beschäftigen, und politisch aktiv werden möchte, um bestehenden Ungerechtigkeiten ihre

Aufmerksamkeit zu schenken. Damit wird auf jeden Fall eine große Identifikation erfolgen! Was Beatrice als Mutter aktuell tun kann, ist, in die Gute-Nacht-Geschichten Entspannungs- oder Hypnosetechniken einzubauen, damit L_____ andere Ventile finden kann, oder ihr auch einfach Bilder und Metaphern als Hilfen zu geben. Zum Beispiel: allen Ärger in eine Rakete stecken und diese dann in die Sonne schießen. […] Beatrice soll auch ruhig ganz transparent ihren eigenen Gedankenprozess, während sie selbst wieder von Wut runterkommt, nach außen tragen und verbalisieren, damit L_____ merkt, was da gerade passiert und welche Gedanken dazu führen, dass man sich selbst wieder reguliert.

[…]

An dieser Stelle soll noch eine der weniger wichtigen aber nichtsdestotrotz interessanten Fragen von Beatrice thematisiert werden. Sie betraf die Angewohnheit des Schlafwandelns in ihrer Kindheit. Ich erkundigte mich nach dem Hintergrund dieses bei Kindern häufiger auftretenden Phänomens.

ÜB: Beatrices Kanal war schon immer sehr weit offen. Wäre sie zum Beispiel in eine Geheimschule hineingeboren worden, wäre das dort so gefördert worden, dass sie ein ständiges Medium gewesen wäre. Sie hatte die Möglichkeit gehabt, das zu machen, wollte es aber nicht, da sie eine »normale« Kindheit und ein »normales« Leben – wenn es so etwas überhaupt gibt – mit vielfältigen körperlichen Erfahrungen führen wollte. Damals waren sowohl ihre Verbindung als auch die Erinnerungen an andere Leben noch sehr, sehr stark. Die Downloads, die da im Schlaf stattgefunden haben, waren schlicht überwältigend, und mussten irgendwie … raus. Sie hat den Körper quasi mitgenommen. Es wird ja manchmal so beschrieben, dass die Seele nachts woandershin reist. Tatsächlich kann man sich das aber in diesem Fall eher vorstellen wie ein Kuppelzelt: Sie ist also nicht weggereist, sondern hat das, wohin sie reisen wollte, vielmehr zu sich herangezogen, und das ist dann nahtlos ineinander übergegangen. Viele Kinder reden im Schlaf – oder sagen etwa, da sei etwas unter ihrem Bett. Da ist auch etwas unter dem Bett, die Erwachsenen sehen es nur nicht. Sie sollten solche Aussagen daher mit entsprechendem Respekt behandeln. Man muss keine Angst schüren, kann aber einfach darauf eingehen, indem man sagt: »Hey, du da unter dem Bett: Raus!« Damit ist den Kindern viel mehr geholfen, als wenn man sagt: »Du spinnst ja! Da ist gar nichts.« […] Im Kindesalter sind fast alle Kinder Somnambulisten. Wenn dann die Ratio, der Verstand und die Vernunft dazukommen, sieht man irgendwann keine dieser »imaginären« Freunde mehr, keine Feen etc. Diese ganze Magie, die man in sich trägt, verschwindet dann einfach. (Pause.) Beatrice konnte sich nach derartigen Episoden nie an etwas erinnern, hat sich jedoch stets gut ausgeruht gefühlt. Für sie hatte das überhaupt keine Nachteile. Und sie hätte sich dabei auch nicht verletzen können.

M: *Ihr hattet eben von der Möglichkeit gesprochen, in eine Geheimschule hineingeboren zu werden. Gibt es heutzutage noch derartige Einrichtungen?*

ÜB: Ja, obwohl deren Wissen nun immer mehr veröffentlicht wird – was eine bewusste Entscheidung gewesen ist. Wir haben es immer mehr in die Atmosphäre gegeben und damit einer breiteren Masse zugänglich gemacht. Es gibt allerdings immer noch Geheimschulen, in denen Kinder schon in ganz jungem Alter beispielsweise in Meditation, Telekinese und Levitation geschult werden. In vielen Schulen dieser Art werden die Kinder komplett von der Außenwelt ferngehalten.

[…]

Die Geheimschulen der Antike waren Institutionen, in denen geheimes Wissen, die sogenannten »Mysterien«, in einer langen Linie von Bewahrern an ausgewählte Eingeweihte weitergegeben und so beschützt und gesichert wurde. Oft waren diese Schulen der Gefahr ausgesetzt, von Herrschern, die ihre Macht durch das Wissen bedroht sahen, zerstört zu werden und agierten daher im Untergrund. Auch heute noch soll es auf der ganzen Welt aktive Geheimschulen geben, obwohl deren einstmals mit dem Leben der Bewahrer geschütztes Wissen nun mehr und mehr der Masse zugänglich gemacht und über die Medien verstreut wird. Einen Einblick in die Schicksale solcher Bewahrer gibt das Buch *Auf der Suche nach verborgenem Geheimwissen* (2019) von Dolores Cannon.

Letzte Worte: »Es ist alles gut. Du bist auf dem richtigen Weg. Vertraue einfach darauf und höre auf dein Bauchgefühl. Und wenn du in Zukunft den Impuls hast, etwas zu machen, das du zuvor noch nie gemacht hast, um jemandem zu helfen, dann tu es einfach! Tritt völlig selbstbewusst auf und vertrau dir selber. Es ist genau das, was derjenige in dem Moment braucht, und es kann nichts schiefgehen. Du wirst daraus genau so viel lernen wie dein Gegenüber.«

Das erste Mal

Nicht jeder Mensch besitzt einen Erfahrungsschatz an anderen Inkarnationen auf der Erde. Einige der Persönlichkeiten auf unserem Planeten sind tatsächlich das erste Mal hier. Für manche von ihnen kann es unter Umständen sogar eine absolute Premiere in physischer Form sein; sie haben noch nie einen Körper bewohnt. Diese Individuen kennen nichts außer Existenzen auf der feinstofflichen Ebene anderer Dimensionen, weshalb sie die Erfahrung in einer dichten, fleischlichen Hülle oft als anstrengend, erdrückend und schwer empfinden. Man kann sich zudem vorstellen, dass die Komplexitäten und Tücken menschlichen Lebens für Neulinge zweifellos eine zusätzliche Herausforderung darstellen. Nichtsdestotrotz entscheiden sie sich für diese Erfahrung, denn sie kommen aus einem bestimmten Grund hierher. Ihre Absicht ist es nahezu ausnahmslos, unsere Spezies und den Planeten bei deren Entwicklung zu unterstützen. Etwas blauäugig und naiv in ihrem Enthusiasmus, erkennen sie erst mitten im Chaos menschlicher Existenz, worauf sie sich wirklich eingelassen haben, und fühlen sich daher oft verloren und überfordert. Ausführlichere Informationen über diese Seelen sowie ihre Intentionen und irdischen Erfahrungen lassen sich in Dolores Cannons hervorragendem Buch *The Three Waves of Volunteers and the New Earth* (2011) finden.

Als Tom (26) das Sitzungsstudio betrat, hegte ich intuitiv den Verdacht, dass er zu dieser Gruppe gehören könnte. Der junge Mann besaß eine überaus sanfte, herzliche, fast schon schüchterne Ausstrahlung und es stellte sich heraus, dass er seinen Lebensunterhalt als klassisch ausgebildeter Musiker mit Konzerten und Unterricht verdiente. Introvertierte, kreative Menschen seiner Generation fallen häufig in diese Kategorie, da sie mit ihrer Kunst viele Menschen erreichen und so deren Energie beeinflussen können. Da ich allerdings schon viele Überraschungen erlebt hatte, war ich wie immer komplett offen demgegenüber, was sich auf der bevorstehenden Seelenreise entfalten sollte.

Sie begann nach einer reibungslosen Induktion der erforderlichen Hypnose direkt mit einem Twist: Statt in einem anderen Leben zu »landen«, schien Tom sich in seiner inneren Welt aufwärtszubewegen. »Meine Arme fühlen sich ganz schwer und kalt an. Ich habe das Gefühl, dass ich nach oben gehe … Ich schwebe einfach!«, erklärte er. Ich fragte ihn, wie er diesen Vorgang wahrnahm.

[…]

T: Das ist so, als ob Wellen durch einen hindurchgehen. Ich schwebe! Es ist wie Wasser … oder Elektrizität, die durch mich fließt. Es stützt mich irgendwie. Ich fühle mich sehr sicher.

M: Kannst du mir deine Umgebung beschreiben?

T: Ich kann nicht wirklich etwas um mich herum ausmachen. Es ist einfach nur ganz weit. Ich habe nicht das Gefühl, dass ich an einem bestimmten Ort bin. Es ist so weit und einheitlich. Es ist alles aus dem Gleichen gemacht. Es ist alles die gleiche Energie.

M: Wie fühlt sich diese Energie an?

T: Sie ist nicht aufdringlich. Sie fließt einfach und ich bin ein Teil davon. Sie geht immer weiter. Sie hat kein Ende und keinen Anfang. Es ist nichts, was ich verstehen kann.

M: Aber du kannst es erleben. (Ja) *Wie nimmst du dich dort selber wahr?*

T: Ich habe keine Form. Ich könnte mir vorstellen, dass ich eine habe, und werde dann zu der Form, aber ich habe an sich keine. Wenn ich möchte, dass ich Arme habe, dann habe ich Arme. Wenn nicht, dann nicht.

M: Was kannst du in diesem Zustand sonst noch tun?

T: Ich kann einfach nur sein. Ich brauche nichts zu tun.

M: Wie fühlt sich das an?

T: Sehr schön. Ohne Verpflichtungen. Ich habe das Gefühl, als ob mich manchmal irgendwie etwas nach unten zieht, und dann manchmal auch wieder nicht. Das kommt mit den Wellen. So, wie eine Welle nach einem »Berg« auch ein »Tal« hat. Ich habe das Gefühl, mit runtergezogen zu werden, aber dann schwebe ich auch wieder obendrauf. Es ist wie ein Gitter, ein Netz.

M: Was meinst du damit?

T: Die Wellen haben so viele Dimensionen! Ich schwebe gerade wie auf einem Netz. Es gibt ganz viele Netze, viele Schichten. Und die gehen ineinander über, ohne sich zu verzahnen. Sie gehen einfach durcheinander durch.

M: Befindest du dich auf nur einem dieser Netze oder nimmst du alle wahr?

T: Das, auf dem ich mich befinde, nehme ich besonders deutlich wahr. Es hat auch eine Farbe. Es ist orange-rot-gelb. Die anderen kann ich nicht sehen.

M: Unterscheiden sich die Netze durch ihre Farbe?

T: Ich denke schon. Aber auch dadurch, wie hoch die Wellen sind. Viele haben kleinere Wellen. Manche sind aber auch größer.

M: Kannst du bestimmen, wie weit nach oben und unten du gehst, oder bestimmt das Netz das?

T: Ich lasse mich davon tragen. Ich könnte es bestimmen, wenn ich es wollte, aber dafür gibt es gerade keinen Grund.

M: Gibt es außer diesen Netzen noch etwas, das du mir beschreiben kannst?

T: Es ist einfach da. Ich fühle einfach, dass es da ist, aber ich kann es nicht fassen. Ich kann es nicht sehen. Was ich gerade als meinen Rücken wahrnehme, ist irgendwie … fixiert? Nicht wirklich fixiert, aber da spüre ich den Kontakt am meisten.

M: Den Kontakt zu was?

T: Zu dieser Welle. Zum Netz.

M: Könntest du dich in diesem Zustand bewegen und noch tiefer in diese Welle oder das Netz hineingehen?

T: Das könnte ich, ja.

M: Beschreibe mir, was geschieht, wenn du das tust. Oder gibt es etwas anderes, das du dort erleben möchtest?

T: (Pause.) Das ist kein Ort, an dem man Dinge erlebt. Ich habe eher das Gefühl, ich ruhe mich hier aus.

M: Was passiert, wenn du dich ausgeruht hast?

T: Dann kann ich eine Aufgabe erfüllen.

M: Was meinst du damit?

T: Ich kann hingehen, wohin ich will, um zu erleben und zu lernen.

M: Was zum Beispiel?

T: Das Leben. Alle möglichen Formen.

M: Hast du das schon mal gemacht?

T: Hier nicht, weil es nur Raum ist. Dafür muss ich an einen anderen Ort gehen.

M: Hast du das schon mal getan?

T: Nein. Ich war lange da. Da, wo einfach nur Raum ist, war ich sehr lange …

M: Was ist dann passiert?

T: Ich habe entschieden, von dort wegzugehen.

M: Warum das? Es scheint dort sehr angenehm gewesen zu sein.

T: Ich musste hierherkommen. Auf die Erde.

M: Warum gerade die Erde – von all den Orten, an die du hättest gehen können?

T: Hier passiert so viel Schlimmes. Deswegen tut mein Herz weh! (Emotional.) Es gibt hier zu viel Schlimmes …

M: Was meinst du damit?

T: So viele negative Sachen. (Tränen fließen.) Ich verstehe nicht, warum die das machen?! Sie sehen nicht, dass sie hier alles zerstören …

M: Wen meinst du?

T: Die Menschen. Das darf nicht passieren! Sie dürfen den Planeten nicht kaputtmachen! Er schreit nach Hilfe und da bin ich hergekommen. Aber es ist so schwer, sich hier zurechtzufinden.

M: Bist du das erste Mal hier? (Ja) *Es scheint kein leichter Ort zu sein.* (Nein) *Vor allem nicht beim ersten Mal.*

T: So viel Druck. Alles ist so schwer. Ich fühle mich so erdrückt … von dieser Masse, dieser Dichtheit, von allem.

M: Es ist anders als das Schweben. (Ja) *Aber du hattest anscheinend einen Grund dafür. Erzähl mir mehr davon.*

T: Es muss dem Planeten wieder besser gehen. Wir müssen helfen!

M: Wie hast du vor, das zu tun?

T: Ich muss einfach nur hier sein. (Emotional.) Aber das ist so schwierig. (Tränen fließen.) Ich will hier weg! (Schluchzt heftig.)

M: Du bist mutig gewesen, indem du gekommen bist. Nicht jeder traut sich das.

T: (Gefasst.) Aber es muss sein! (Flüstert.) Es muss sein …

M: Und du weißt, dass es nicht für immer sein wird, oder?

T: Ja, aber man kann das hier nur sehr schwer glauben, denn es fühlt sich so an, als würde es nicht aufhören.

M: Ich verstehe. Erzähl mir mehr darüber, wie du hier hilfst.

T: Ich muss eigentlich nicht mehr tun als einfach hier sein, weil ich aus dieser Energie bin, dieser ausgeglichenen Energie. Dadurch verändere ich bereits die Dinge. Ich muss versuchen, den Menschen die Augen dafür zu öffnen, warum sie hier sind.

M: Was meinst du damit?

T: Sie müssen erkennen, dass alles hier nur Illusion ist, und Gutes tun – für sich, gegenseitig und für die Welt. Sie sind alle freiwillig hier. Sie wollten das, um Dinge zu lernen und zu erfahren.

M: Freiwillig wie du?

T: Nein, anders. Aber alle sind erst einmal freiwillig gekommen. Niemand wird gezwungen, hierherzukommen. Und es gibt viele wie mich, die das erste Mal hier sind. Jene, die helfen sollen.

M: Seid ihr alle aus dem gleichen Grund hier?

T: Ja. Wir müssen den Menschen zeigen, was sie machen und was sie stattdessen tun können, um zu helfen.

M: Was können sie tun?

T: Sie müssen erkennen, dass dieser Planet lebt. Sie müssen ihn achten und nicht so tun, als würden sie ihn beherrschen. Sonst fällt alles zusammen!

M: Warum glaubst du, sind sie sich dessen nicht bewusst?

T: Weil man alles vergisst, wenn man herkommt. (Tränen fließen.) Deswegen ist es so schwierig hier. Weil man das alles vergisst!

M: Warum ist das so, dass man alles vergisst?

T: Es ist ein Teil der Erfahrung. Wir könnten diese Erfahrung hier nicht machen, wenn wir wüssten, dass wir sehr viel mehr sind. Aber man fühlt sich dann so abgeschnitten und alleine.

M: Worin liegt der Wert der Erfahrung, die man dadurch macht?

T: Das Leben hier ist sehr divers. Es gibt so viel hier! So viele schöne Dinge! (Emotional.) Das kann man an anderen Orten nicht. Man kann nirgendwo so viel fühlen wie als Mensch.

M: Das klingt, als ob dies hier ein ganz besonderer Ort ist.

T: Das ist es. Es gibt nichts Vergleichbares. Aber es ist alles so dicht. So schwer …

M: Vor allem muss es sich sehr schwer anfühlen, wenn man wie du direkt aus dieser Schwerelosigkeit kommt. Bist du dir dessen bewusst, dass du gerade durch einen dieser dichten menschlichen Körper sprichst, den wir Tom nennen? (Ja)

[…]

Spätestens zu diesem Zeitpunkt war es offensichtlich, dass ich nicht mehr mit der inkarnierten Persönlichkeit sprach, die bei mir durch die Tür gekommen war. Ich nutzte daher die Gelegenheit und begann die Kommunikation mit Toms Überbewusstsein. Zunächst erkundigte ich mich nach dem Stand der Erfahrungen, die Tom bisher in diesem Leben hatte machen können.

ÜB: Er hat schon viel geschafft. Es gab viele Gelegenheiten, bei denen er andere Wege hätte gehen können, aber er ist einen sehr guten gegangen.

M: Was ist mit »andere Wege« gemeint?

ÜB: Er hat seine innere Stimme zugelassen. Sie hat ihn dahin getragen, wo er jetzt ist, und das ist genau richtig so. Es gab Momente, in denen er auf andere hätte hören können, aber das hat er zum Glück nicht getan.

M: Tom ist sich allerdings nicht sicher, ob er da richtig ist, wo er gerade ist.

ÜB: Er kann sich absolut sicher sein! Es ist ihm nicht bewusst, wie stark sein Einfluss auf andere Menschen ist – und das alleine dadurch, dass er mit ihnen Kontakt hat. Er muss nicht viel mehr tun, als die Energie, die er in sich trägt, an andere weiterzugeben. Das tut er schon, indem er mit ihnen spricht, sie anschaut und einfach bei ihnen ist.

M: *Was passiert, wenn er das tut?*

ÜB: Es beeinflusst andere so, dass sie auch in sich selbst diese Energie spüren und wahrnehmen.

M: *Was für eine Energie ist das?*

ÜB: Es ist eine Energie, die im Prinzip jeder Mensch in sich hat und die durch den Körper fließt. Es ist Lebensenergie. Manche Menschen lassen dies jedoch nicht zu. Sie lassen die Energie nicht durch sich fließen.

M: *Warum nicht?*

ÜB: Sie bleibt oft in Emotionen stecken; vor allem in Wut und Angst. Aber wenn sie aus dem Herzen heraus agieren, dann fließt das alles. Die Energie fließt dann wieder.

M: *Und Tom hat die Fähigkeit, dies in Menschen zu wecken?*

ÜB: Ja. Er hat ein sehr großes Herz! Das ist ihm jedoch nicht bewusst. Er hat durch uns so viel Liebe hinter ihm, die durch ihn fließt. Unendlich viel! Weil alles Liebe ist. Er muss es nur zulassen, nichts weiter, und alles, was er macht, wird damit gut.

M: *Was würde ihn davon abhalten, das zuzulassen?*

ÜB: Es gibt sehr negative Menschen. Wenn man vergisst, woher man kommt, hat das einen Einfluss darauf, dass man selbst nicht mehr für alles frei ist. Er muss sich immer daran erinnern, dann kann nichts passieren!

M: *Woran erinnern?*

ÜB: Dass wir immer da sind. Dass immer Liebe da ist. Wir beschützen ihn.

M: *Eine der Fragen, die er heute mitgebracht hatte, war, wie er dieses Gefühl der Liebe konstant in sich tragen kann. Was ist hier eure Empfehlung?*

ÜB: Er muss innerlich still werden. Das fällt ihm noch sehr schwer. Es geht aber! Er muss nur beharrlich üben. Er kann das. Wenn er die Stille findet, dann findet er auch uns.

M: *Meint ihr damit Meditation?*

ÜB: Genau. Das, was ihr Meditation nennt. Seine Musik ist auch eine Meditation. Er hat ganz oft Kontakt zu dieser Energie, wenn er an seinem Instrument sitzt. Aber auch da denkt er viel zu viel nach. Wenn alles fließt, berührt er damit auch andere Menschen, weil das dann von uns kommt.

M: Tom bemerkte vorhin, dass er sich an Momente erinnern kann, in denen es so gewesen ist.

ÜB: Ja, da waren wir ganz da. Das hatte nichts mit ihm zu tun. Er ist in dem Moment nur das Medium.

M: Das Musizieren ist für ihn also eine wunderbare Strategie, um das zu fühlen? (Ja) *Gibt es daneben noch eine weitere Empfehlung von eurer Seite aus?*

ÜB: Ja, das Meditieren. Aber er darf sich nicht dazu zwingen! Er muss kleiner anfangen. Er denkt viel zu groß und glaubt, Meditation bedeutet, mehrere Stunden lang nichts zu denken. Es reichen erst einmal ein paar Sekunden aus.

M: Und er kann das dann Schritt für Schritt verlängern?

ÜB: Genau. Es ist ein Zustand, den er vom Musizieren kennt und so schon sehr oft über Stunden hinweg erreicht hat. Es ist genau das Gleiche.

M: Kann er diese Erinnerung dafür nutzen?

ÜB: Ja. Er muss innerlich still werden. Er muss einfach nur seine Gedanken ausschalten.

M: Ihr sagt, dass ihr die ganze Zeit hinter ihm steht und die Verbindung zu euch immer da ist. Wie kann er absolutes Vertrauen in diese Anbindung an euch finden?

ÜB: Er wird sich an diesen Moment jetzt und hier erinnern. Er weiß nun, dass er etwas viel Größeres ist, als er denkt. Und er wird spüren, dass er davon nicht mehr abgetrennt ist. Diese Trennung wird nicht mehr wie vorher sein. Er kann uns immer wahrnehmen, wenn er möchte, und wird es nicht mehr vergessen.

M: Über welche Kanäle kann er euch bewusst wahrnehmen?

ÜB: Er muss innerlich still werden und sich auf sein Herz konzentrieren. Das ist der Punkt, durch den wir sprechen.

Wenn er sich auf diesen körperlichen Punkt konzentriert, dann kommen wir. Aber er muss in die Stille kommen. Er hat schon verstanden, dass wir alle eins sind, aber er muss öfter an diesen Punkt kommen.

M: Die Umstände scheinen dafür gerade ziemlich gut zu sein, weil das Leben da draußen regelrecht stillsteht.

[…]

Der erste nationale Lockdown im Rahmen der Covid-19-Pandemie hatte die Welt im Frühjahr 2020 zum Stillstand gebracht. Tom hatte bei der Wahl seines Termins gutes Timing bewiesen, da dieses kollektive neue Kapitel auch für ihn persönlich eine Gelegenheit darstellte, wie ihn sein Überbewusstsein wissen ließ.

ÜB: Ja, er muss diese Zeit nutzen. Im Unbekannten liegen die meisten Möglichkeiten. Er muss sich auf das Unbekannte freuen! Wir sind immer da. Und das gilt für alle! Er kann das an andere vermitteln. (Flüstert.) Niemand ist alleine!

M: Die aktuellen Entwicklungen scheinen eine gute Gelegenheit dafür zu sein.

ÜB: Die Menschen müssen das endlich verstehen. Es werden glücklicherweise immer mehr.

M: Was gilt es für sie zu verstehen?

ÜB: Dass sie ein ganz kleiner Aspekt von etwas ganz Großem sind und sich von diesem ganz Großen nicht getrennt fühlen müssen. Wenn sie hierherkommen, vergessen sie das alles. Aber sie sind Teil von etwas sehr Großem!

M: Es ist leicht, sich auf dieser Ebene hier sehr klein zu fühlen.

ÜB: (Seufzt.) Leider. Aber das ist nicht nötig. Man hilft damit niemandem. Wenn das Licht in einem ist, muss man es verbreiten! Dafür ist Tom hier. […] Es ist egal, was er genau macht – solange er in einem Zustand ist, in dem er uns vertraut. Es ist ihm gar nicht bewusst, aber er kann seine Aufgabe erfüllen, indem er einfach mit Menschen redet oder Konzerte spielt. Und das müssen keine großen sein. Er fühlt sich wohler, wenn es kleinere Rahmen sind. So kann er viele Menschen erreichen! Er weiß eigentlich genau, wo er hin muss, hat dem bisher nur nicht vertraut. Er muss seinen Platz finden.

[…]

Ich entschied, die Gelegenheit zu nutzen und das Überbewusstsein zu bitten, etwas mehr zu den globalen Geschehnissen zu sagen, die aktuell die gesamte Welt auf den Kopf stellten. Es folgte ein interessanter kleiner Exkurs:

ÜB: Der Planet wird gereinigt. Der Mensch muss auf diese Weise entschleunigen. Und viele verlassen auf diesem Weg gerade den Planeten, weil sie es so wünschen. Der Planet atmet auf. Man darf sich nicht davor fürchten oder ängstlich sein!

M: Dieser Virus stellt also nicht wirklich eine Bedrohung dar?

ÜB: Das ist korrekt. Es ist einfach eine Möglichkeit für viele, die ihre Aufgabe hier erfüllt haben und heimkehren wollen, diesen Planeten zu verlassen.

M: Was gilt es für diejenigen zu tun, die hier verbleiben?

ÜB: Helfen. Gegen die Angst gehen. Licht verbreiten. Niemand, der Licht in sich hat und sich um sich kümmert, muss sich Sorgen machen, krank zu werden. Der Körper ist ein Wunderwerk und auf Gesundheit programmiert. Aber vielen Menschen wurde etwas anderes gezeigt, das nicht stimmt.

M: Was meint ihr damit?

ÜB: Dass ihnen jemand anderes von außen helfen muss, um gesund zu sein. Dabei können sie das alles in sich selbst finden. Wir können alles heilen, aber wir brauchen dafür den Zugang.

M: Woraus besteht dieser Zugang? Oder: Wie kann man ihn euch geben?

ÜB: Man muss es zulassen. Man muss die Liebe spüren und die Energie. Und man darf nicht glauben, dass es nicht geht. Diese Glaubenssätze bestimmen alles. Wenn jemand nicht daran glaubt, dann wird es nicht gehen. Wenn jemand weiß, dass es funktioniert, dann können wir helfen.

M: Warum ist es so, dass die Glaubenssätze so viel Einfluss haben?

ÜB: Jeder Mensch kreiert seine eigene Realität. Und alle Realitäten aller Menschen überlappen sich zu einer gesamten Realität. Weil jeder seine eigene Realität erschafft, kann ein Mensch überhaupt erst in einer Realität leben, in der er sich selbst nicht heilen kann. Wenn jemand für sich selbst eine Realität schafft, in der er sich selbst heilen kann, dann kann er das auch.

M: Das gilt für jeden individuell? (Ja)

[…]

Wir kehrten zu Toms Liste zurück. Die nächste Frage befasste sich mit einer Reihe von Auftrittssituationen in der Vergangenheit, bei denen er Probleme mit seinem Selbstbewusstsein gehabt hatte; eine offensichtlich hinderliche Problematik für einen Konzertmusiker. Tom war sich aufgrund dieser Erfahrungen nicht sicher, ob das Musizieren tatsächlich sein weiterer Weg sein sollte. Das Überbewusstsein erklärte den Hintergrund dieses Sachverhaltes.

ÜB: Er hatte als Kind immer das Gefühl, dass er klein und nichtig sei. Er hatte Angst vor Erwachsenen und wollte keinen Ärger mit ihnen haben. Das ist der Grund. Er hat das von damals mitgenommen.

M: Hat ihm das als Kind gedient?

ÜB: Nein. Er war einfach davon überwältigt, hier auf der Erde zu sein. Er hat es nicht verstanden. Deshalb hat er einen Komplex entwickelt.

M: Ich bin sicher, das dient ihm heutzutage ebenso wenig. (Nein) *Gibt es etwas, das wir hier und heute tun können, um ihm in diesem Bereich zu helfen?*

ÜB: Ihm muss nur klarwerden, woher er kommt und dass er etwas sehr viel Größeres ist als dieser kleine Junge damals. Er hat sich seitdem verändert. Das wird den Komplex lösen. Und er muss sich daran erinnern, dass wir immer da sind. Eigentlich braucht er gar nichts »machen«. In all diesen Stressmomenten muss er einfach nur die Kontrolle an uns abgeben. Wir werden alles erledigen. Am Anfang muss er sich dafür vielleicht etwas in uns einstimmen, aber er wird mehr und mehr das Gefühl dafür bekommen und dann irgendwann einen sehr guten Kontakt haben, ohne überhaupt darüber nachzudenken.

M: *Er macht das gerade auch schon ganz wunderbar.* (Ja!) *Allerdings hatte er sich die Frage gestellt, ob das Musizieren weiterhin ein Teil seines Lebens sein sollte. Was möchtet ihr ihm dazu sagen?*

ÜB: Die Musik ist definitiv ein Aspekt seines Lebens. Der andere ist, Kontakt mit Menschen zu suchen. Er könnte auch schreiben. Er hat früher schon geschrieben, sich aber nie getraut, das weiterzumachen. Er hat kleine Geschichten geschrieben. Das kann er wieder aufgreifen. Es geht nicht darum, dass er ausschließlich eine Sache findet, mit der er andere berührt. Er kann ganz viele Sachen finden – solange er darauf vertraut, dass wir seine Hand lenken!

M: *Als Mensch macht man sich jedoch auch Gedanken über finanzielle Sicherheit, denn das gehört für uns hier dazu.*

ÜB: Er hat bereits große Sicherheit. Die Stelle, die er vor kurzem bekommen hat, war geplant, damit er jetzt das machen kann, was ihm am Herzen liegt. Da muss er sich keine Sorgen mehr machen! Er braucht keinen großen Wohlstand und das weiß er auch. Er muss sich keine Sorgen machen, weil wir uns um alles kümmern.

M: *Was würdet ihr ihn wissen lassen wollen, wenn er sagt, dass er gerne etwas in der Welt bewirken möchte?*

ÜB: Dass es schon ausreicht, etwas nur bei wenigen Menschen zu bewirken, weil alle eins sind. Ja, es gibt ein großes Kollektiv. Aber auch, wenn man sich auf kleine Aufgaben konzentriert, wächst dieses Große mit. Er braucht sich keine Gedanken darüber machen, den ganzen Planeten zu verändern. Alles, was er als Mensch in seinem Umkreis machen kann, reicht aus!

[…]

Wir gingen zum Bereich der persönlichen Beziehungen über, in dem die Tatsache, dass sein aktuelles Leben sein allererstes auf der Erde war, eine große Rolle spielen sollte. Unter anderem hatte Tom im Vorgespräch erklärt, dass er sich bereits seit seiner Kindheit seltsam fremd in seiner Familie fühlte. Ich erkundigte mich bei seinem Überbewusstsein nach dem Grund dafür.

ÜB: Er ist das erste Mal hier. Deshalb existiert keine tiefere Beziehung zu seiner Familie. Er hatte als Kind direkt gemerkt, dass er sich auf einer besonderen Reise befindet. Die Familie, in die er hineingeboren wurde, hat sich andere Wege vorgenommen. Er muss seinen eigenen gehen. Deshalb fühlt er sich fremd.

M: Es gibt hier also keinerlei karmischen Hintergrund? (Nein) *Gibt es Lektionen, die es für ihn in diesem Leben zu lernen gilt?*

ÜB: Nein. Es reicht für ihn aus, einfach hier zu sein.

M: Warum sind seine romantischen Beziehungen für ihn bisher so unerfüllt gewesen? Er hat vorhin von einem wiederkehrenden Muster der Einseitigkeit gesprochen.

ÜB: Er hat für diese Existenz eine große Reichweite an Emotionen gewählt. Allein dadurch, dass er hier als Mensch hereingekommen ist, besitzt er schon diese Bandbreite. Es ist also einfach ein Teil der Erfahrung. Manches davon hängt auch mit dem beschriebenen Gefühl in der Kindheit zusammen: Er fühlte sich klein und abhängig und hatte Angst vor Erwachsenen. Aber das hat er jetzt verstanden. Er wird nun ganz neue Menschen in sein Leben ziehen.

M: Was genau hat er verstanden?

ÜB: Dass er nicht klein ist und zu niemandem aufblicken muss, weil alle gleich und dadurch gleichberechtigt sind. Er kann das Glück in sich selbst finden und braucht dafür keine anderen Menschen.

[…]

Ich fragte, ob es für jemanden wie Tom, der entschieden hatte, das allererste Mal in einer für ihn komplett ungewohnten Umgebung zu inkarnieren, eine Art Vorbereitung gegeben hatte.

ÜB: Ja, es gab so etwas wie ein Briefing. Weil die Hilfe für den Planeten aber schnell kommen musste, ist er sehr schnell rein, weshalb der Anfang für ihn auch so schwer gewesen ist. Es wird aber immer besser; alleine dadurch, dass er mehr und mehr erkennt und erwacht.

M: *Wie sieht es mit weiteren Existenzen hier auf der Erde aus? Ist da etwas für ihn vorgesehen?*

ÜB: Nein. Seine Aufgabe ist erledigt, sobald es dem Planeten besser geht. Er ist nur dafür hergekommen. Und es wird passieren. Die Hilfe – von allen – wird sich auszahlen.

M: *Ist dieser Weg, von dem ihr sprecht, bereits eingeschlagen?* (Ja) *Kann er noch gefährdet werden oder ist es nur noch eine Frage der Zeit, bis er bewältigt ist?*

ÜB: Er kann immer gefährdet werden, aber es ist sehr wahrscheinlich, dass es gutgeht. Es werden hier immer mehr. Es kommen nur noch solche wie er!

M: *Meint ihr damit die jüngsten Generationen?*

ÜB: Genau.

M: *Gibt es etwas, das die älteren Generationen tun können, um ihnen ihre Arbeit zu erleichtern?*

ÜB: Lasst sie kreativ sein! Sie sind viel kreativer als andere Generationen und haben viel größere Vorstellungskräfte. Sie können eine Menge auf diesem Planeten bewirken, aber man muss sie lassen. Das verstehen viele Erwachsene nicht. Sie brauchen Freiraum.

M: *Was können wir ihnen daneben noch mitgeben, um sie zu unterstützen?*

ÜB: Das Erwachen. Wenn sie früher erwachen und wissen, warum sie hier sind, können sie in ihrem Leben besser wählen. Die Menschen müssen umdenken, das verstehen und lehren!

[…]

Schließlich gingen wir zu den körperlichen Themen über. Ich erkundigte mich zunächst nach dem Hintergrund einer Reihe von Zysten, die sich in Toms Unterkörper während einer problematischen Zeit in einer Partnerschaft gebildet hatten.

ÜB: Das war die Unterdrückung seiner Bedürfnisse. Die Unterdrückung des Geschlechtstriebs hatte sich darin niedergelassen. Die Zysten sind immer noch dort, aber nun inaktiv bzw. in einem veränderten Zustand, so dass sie keinerlei Probleme mehr verursachen.

M: Dieser Abschnitt liegt also hinter ihm und wird in Zukunft keine Rolle mehr spielen? (Nein!) *Sehr gut.*

[…]

Das nächste Thema waren häufig auftretende Schlafstörungen, die bei Tom dazu führten, sich schon seit einer Weile morgens nicht mehr regeneriert zu fühlen. Ich fragte das Überbewusstsein, was es damit auf sich hatte.

ÜB: Das ist so, weil er seinen Körper sehr unregelmäßig verlässt, während er schläft. Das Aufwachen erfolgt durch ein zu schnelles Zurückfahren in den Körper. Deswegen fühlt er sich immer leicht elektrisiert, aber das ist an sich nichts Schlimmes.

M: Warum macht er das so?

ÜB: Er ist nachts sehr aktiv, wenn er seinen Körper verlässt – aktiver als früher.

M: Könnt ihr einen kleinen Einblick in seine Aktivitäten geben?

ÜB: Es wäre nicht gut für ihn, das zu wissen. Er braucht sich keine Sorgen darüber zu machen. Wir werden versuchen, ihn besser durchschlafen zu lassen, indem wir ein paar Energiebahnen im Körper ausrichten, damit er schneller wieder im Einklang mit diesem ist.

M: Sehr gut. Dann wird er tagsüber auch mehr Energie zur Verfügung haben, um seine Aufgabe zu erledigen.

ÜB: Er wird in Zukunft immer mehr und mehr Energie haben. Und ihm wird klarwerden, dass er, wenn er mehr meditiert und Stille findet, gar nicht mehr so viel Schlaf brauchen wird. Außerdem hat seine Ernährung Einfluss darauf. Früher hat er viel zu schwer gegessen, weshalb er auch tagsüber sehr müde war. Der Körper braucht weniger Schlaf, wenn man ihm die richtigen Dinge zuführt.

M: Was wäre das zum Beispiel?

ÜB: Frische, lebendige Nahrung. Am besten auch verstärkt Nahrung in flüssiger Form. Tom hat bereits entdeckt, dass er diese sehr gerne mag. Er wird noch weiter in diese Richtung gehen.

M: Was für einen Vorzug hat flüssige Nahrung im Vergleich zu fester?

ÜB: Sie ist viel leichter in das System übertragbar. Der Verdauungsapparat muss bei ihr nicht so viel Arbeit leisten. Wir sprechen hier allerdings von rohköstlicher Nahrung!

[…]

Wir schlossen die körperlichen Themen mit Toms verminderter Sehstärke ab, die ihm in Form von Kurzsichtigkeit seit einigen Jahren das Leben erschwerte. Ich erkundigte mich nach dem Hintergrund.

ÜB: Es ist eine genetische Bedingtheit dieses Körpers. Das ist der Grund, warum sie sich erst so spät entwickelt hat.

M: Ist dieser Zustand also eine Notwendigkeit?

ÜB: Nein, nur eine Eigenheit des Körpers.

M: Dient sie Tom? (Nein) *Gibt es etwas, das getan werden kann, um die Sehkraft wieder herzustellen?*

ÜB: Ja, allerdings nicht von jetzt auf gleich. Das muss graduell passieren. Wir werden uns in den nächsten Wochen darum kümmern, während er schläft.

M: Gibt es etwas, das er tun kann, um das zu unterstützen?

ÜB: Es gibt Übungen, um den Fokus im Auge auszurichten: sich beispielsweise auf einen Punkt konzentrieren und ihn im Geiste immer näher kommen lassen – mit jedem Auge einzeln. Sie müssen wieder lernen, zu arbeiten! Die Sehhilfe ist eine Krücke.

M: Gibt es noch etwas, das ihr ihm gerne mitgeben möchtet in Bezug auf die Gesundheit des physischen Systems?

ÜB: Der Körper ist sehr gesund. Er muss nur den Weg mit der richtigen Ernährung weitergehen und mehr Stille finden durch Meditation.

[…]

Die letzte Frage auf Toms Liste las sich wie folgt: »Wo komme ich her?« Sie ist ein absoluter Klassiker, der viele Klientinnen und Klienten interessiert. Ich vermutete, dass wir direkt am Anfang der Seelenreise bereits einen kleinen Einblick in die Antwort auf diese Frage erhalten hatten. Toms Überbewusstsein bestätigte diese Vermutung, wodurch sich auf wunderbare Weise der Kreis schloss, bevor wir die Sitzung beendeten.

ÜB: Das ist ein Raum, der sehr, sehr weit von hier weg ist. In diesem Raum gibt es ausschließlich Energie, die einfach nur existiert und in potenziellen Formen schwingt. Auf dieser Erde kollabiert diese Energie zu materiellen Dingen. Aber sie stammt aus diesem Raum, in dem nur Energie ist und alles nur in potenziellen Formen existiert.

M: Ist dies der Raum, in dem sich Tom am Anfang seiner heutigen Reise wiedergefunden hatte?

ÜB: Genau. Er hat nichts mit dieser Dimension hier zu tun. Das ist eine andere Dimension.

M: Tom ist direkt von dort hierhergekommen? (Ja) *Sieht er diesen Ort als seine Heimat oder seinen Ursprung an?*

ÜB: Heimat ist nochmal etwas anderes, aber er hat sehr viel Zeit dort verbracht. Was noch dahinter ist, ist die Quelle von allem.

Die Quelle aller Existenz und aller Energie. Das, was man Schöpfer nennt. Das ist sein Ursprung.

[…]

Letzte Worte: »Wir lieben ihn sehr. Daran muss er sich erinnern! Wir sind immer für ihn da. Er kann sich auf uns verlassen. Immer.«

Die eigene Verbindung

Obwohl ich in diesem Buch vor allem Material aus Quantenhypnose-Sitzungen verwende, um einen Einblick in das Potenzial der Zusammenarbeit mit dem Überbewusstsein zu geben, möchte ich betonen, dass keinerlei besondere Modalität dafür notwendig ist! Jeder kann diese hier und heute beginnen – ohne jegliche anderen Personen oder Hilfsmittel. Ich selbst habe die Verbindung zu meinem Überbewusstsein so kultiviert, dass ich dessen Intel mittlerweile in einem wachbewussten Zustand wahrnehmen kann – vorausgesetzt, meine Gedanken sind still genug. Das ist kein Kunststück oder etwa eine spezielle Gabe, sondern einfach nur das Resultat von Offenheit, Vertrauen, Übung sowie der Anwendung der Tipps, die im Laufe der Jahre vom Überbewusstsein in Sitzungen gegeben worden sind. Diese möchte ich an dieser Stelle mit meinen Leserinnen und Lesern teilen, um Inspiration dafür zu stiften, das eigene Überbewusstsein und dessen Potenzial stärker in den Alltag zu integrieren.

Bevor ich eine Sitzung beende, bitte ich das Überbewusstsein stets um Informationen, die es meinen Klientinnen und Klienten zukünftig erleichtern sollen, sich selbst in ihre Höhere Weisheit einzutunen. Es mag nicht geschäftsfördernd sein, aber tatsächlich ist es mein Ziel, nur einmal bei der Herstellung dieser Verbindung assistieren zu müssen. Im Idealfall wissen die Personen, mit denen ich arbeite, nach ihrer Sitzung also, wie es sich anfühlt, mit ihrem Überbewusstsein verbunden zu sein, und wie sie sich selbst wieder bewusst in diesen Zustand begeben können.

Die Kommunikation mit dem eigenen Überbewusstsein kann sich dabei für jeden etwas anders gestalten. Für einige wird sie vor allem visuell erfolgen, für andere hauptsächlich auditiv, kinästhetisch, emotional, oder in Form von Downloads – vielleicht auch über mehrere oder sogar alle diese Kanäle! Wichtig ist zunächst die Intention, die Verbindung überhaupt etablieren, kultivieren und in seinen Alltag integrieren zu wollen. Wie genau sich alles danach entwickelt, hängt von den individuellen Eigenschaften, Ausprägungen und Talenten der Persönlichkeit ab.

Im Folgenden finden Sie Dialogausschnitte aus verschiedenen Seelenreisen, in denen das Überbewusstsein jeweils Empfehlungen für das Einrichten und Fördern dieser dimensionsübergreifenden Kommunikation gibt:

M: Wie kann W_____ euch im Alltag spüren?

ÜB: Im Herzen. Es ist etwas Warmes, Helles, Wohliges. Es ist ein Zustand der absoluten Zufriedenheit. Alles ist da und es fehlt an nichts. Der Moment ist perfekt.

M: Welcher Teil des Körpers verbindet uns mit euch?

ÜB: Das Herz – und dies unabhängig vom Herz-Chakra.

M: Wie können wir unser Herz für diese Verbindung nutzen?

ÜB: Stell dir vor, wie der Herztempel sich öffnet. Gehe hinein. In der Mitte des Herztempels befindet sich eine Sitzgruppe mit sehr bequemen Möbeln. Dort kannst du dich niederlassen. Wenn du nach oben schaust, siehst du eine Öffnung mit hellem Licht, das auf dich herunterstrahlt. In diesem Herztempel bist du in den heiligen Hallen.

M: Was für Voraussetzungen müssen erfüllt sein, damit eine Kommunikation, wie sie gerade erfolgt, möglich ist?

ÜB: Übung macht den Meister! Regelmäßiges Üben und regelmäßige Kommunikation führen zu einer erhöhten Sicherheit und dazu, dass man sich gegenseitig besser versteht – einfach, indem man immer wieder versucht, mit uns Kontakt aufzunehmen. Wir sind immer da. Immer.

M: Welche Blockaden halten uns davon ab, euch wahrzunehmen?

ÜB: Hektik. Und die Meinung, man müsse etwas denken. Wenn man nichts denkt, kann man uns besser hören.

M: Wie können wir euch im Alltag wahrnehmen?

ÜB: Nicht durch Willensanstrengung. Wir wollen noch nicht mal das Wort Intention verwenden, da Intention für viele von euch auch mit einer gewissen Willensanstrengung einhergeht. Letztendlich ist es einfach so, wie wenn ihr zu Hause seid: Schließt ihr euch ein oder lasst ihr die Tür offen? Lasst einfach mal die Türe offen! Und das ist dann das Zeichen für uns, dass wir eingeladen sind, vorbeizuschauen und kurz mal unseren Senf dazuzugeben. Wenn dagegen die Tür verrammelt wird und alle Rollläden heruntergelassen werden, ist natürlich auch für uns von außen erkennbar, dass wir da gar nicht erst zu klopfen brauchen. Also: Einfach nur die mentale Tür offen lassen. Und wenn wir direkt gefragt werden, sind wir natürlich immer da.

M: *Was ist aus eurer Sicht nötig, damit eine Kommunikation wie die heutige erfolgen kann?*

ÜB: Offen sein und einen positiven Stups in die richtige Richtung annehmen können – auch, wenn er auf den ersten Blick eher wie ein Umweg aussieht. Wenn wir jemanden irgendwohin stupsen, dann ist das immer der bestmögliche Weg. Zu einer kindlichen Neugier zurückfinden, in der alles im wahrsten Sinne des Wortes wundervoll ist. Damit anfangen, wieder die Wunder in den Dingen zu sehen. Die scheinbare Trennung zwischen sich und dem Außen aufheben und einsehen, dass das alles ein Spiegel des Selbst ist. Wenn dieses Bewusstsein da ist, ist es viel leichter für uns, gehört zu werden. Und dabei geht es ums Hören und ums Sehen. Es gibt so viele Symbole, Frequenzen und Musik, die man entweder nur nebenbei wahrnehmen kann oder bei denen man sehr bewusst auf die Bedeutung und Worte achten kann, um dann zu merken, wie man emotional in Resonanz geht. Wir bieten ganz viel an und empfehlen offene Augen, offene Ohren und einen offenen Geist.

M: *Wie sieht es mit den Menschen aus, die ein Erlebnis wie dieses hier haben möchten, aber Schwierigkeiten dabei empfinden, dessen Entfaltung zuzulassen?*

ÜB: In solchen Fällen ist es oft der Taschenrechner im Kopf, der dem Supercomputer im Bauch nicht vertraut. Wenn man sich beispielsweise ganz stolz seines Intellektes rühmt, kann man diesen nicht wirklich loslassen und so das Steuer nicht an uns abgeben – auch, wenn es einen interessiert. Es interessiert einen dann aber eher auf einer intellektuellen Ebene, und dementsprechend möchte man das Erlebnis die ganze Zeit über rationalisieren. In solchen Fällen ist es einfach noch nicht an der Zeit. Möglicherweise hat man doch Angst davor, dass etwas herauskommt, wofür man noch nicht bereit ist. Das heißt nicht, dass man es nicht nochmal zu einem anderen Zeitpunkt probieren kann. Viele, bei denen es nicht auf Anhieb klappt, realisieren – und das kriegst du dann gar nicht mehr mit –, wenn sie auf dem Heimweg sind oder abends im Bett liegen und alles noch einmal Revue passieren lassen, dass da bei ihnen doch noch dieser Türstopper drin war. Wir haben aber dann über Nacht den Zugang zu ihnen, so dass auf diesem Weg noch einiges bearbeitet werden kann. Sie wissen das meistens am Morgen nicht mehr, aber es tut sich dann einfach nachträglich ganz viel.

M: Wie kann P_____ euch im Alltag wahrnehmen?

ÜB: Es braucht lediglich die Erwartung, dass wir da sind. Diese wird unsere Präsenz verdeutlichen.

M: Wie kann P_____ die Verbindung zu euch stärken?

ÜB: Durch das Wiederholen des Bewusst-Werdens dieser Tatsache. Abendliche Besinnung mit diesem Ersuchen kann hier helfen.

M: Wie kann F_____ die Verbindung zu euch im Alltag spüren?

ÜB: Über verschiedene körperliche Empfindungen, wie zum Beispiel Gänsehaut. Hören, Spüren und Wissen auf einer anderen Ebene – er kennt das schon seit seiner Kindheit.

M: Welche Voraussetzungen müssen erfüllt werden, damit diese Form der Kommunikation möglich ist?

ÜB: Es muss passen. Es kann – und darf – geschehen, wenn Harmonie und Vertrauen vorhanden sind. Sorgen, Ängste und Eile stören die Felder der Kommunikation.

M: Wie kann K_____ die Verbindung zu euch im Alltag spüren?

ÜB: Sie spürt uns schon, glaubt nur nicht daran. Was heute hier besprochen wurde, wird nichts Neues für sie sein, weil sie uns bereits hört. Sie brauchte aber eine Bestätigung, und die hat sie heute bekommen, denn sie hat unsere Stimme gehört und uns auch im Physischen gespürt – nicht nur auf einer intellektuellen Ebene. Das wird ihr in Zukunft dabei helfen, darauf zu hören.

M: Welche Voraussetzungen müssen aus eurer Sicht erfüllt werden, damit diese Kommunikation möglich ist?

ÜB: Die Kopfstimme ausschalten, die das Leben schwer macht. K_____s Erfahrung mit Meditation hat ihr heute geholfen, auch wenn es ihr am Anfang zunächst schwerfiel, loszulassen und sich dem Ganzen hinzugeben. Nachdem sie die Kopfstimme ausgeschaltet hatte – wobei wir übrigens geholfen haben – lief es.

M: Seid ihr immer mit L_____ verbunden?

ÜB: Wir sind immer da und immer mit ihr verbunden. Sie blockiert das manchmal im Sinne des Spiels, aber wir sind überall.

M: Wie kann sie euch im Alltag spüren?

ÜB: Durch Schauer, die durch ihren Körper gehen. Manchmal auch über Freude aus dem Nirgendwo. Es sind kleine Erinnerungen.

M: Welche Voraussetzungen müssen erfüllt sein, damit eine Kommunikation wie die heutige stattfinden kann?

ÜB: Es muss gewollt, ausgesprochen und akzeptiert werden. Dann ist es so.

M: Seid ihr immer mit A_____ verbunden? (Ja) *Wie kann er euch im Alltag spüren?*

ÜB: Mit seinem Bauchgefühl. Das ist eine der Verbindungen zu uns. Über sie vermitteln wir ihm, wenn wir Gefahren sehen.

M: Welche Voraussetzungen müssen erfüllt sein, damit diese Form der Kommunikation möglich ist?

ÜB: Man muss es wollen, suchen und danach rufen.

M: Wie kann A_____ diese Kommunikation selbst herstellen?

ÜB: Den Zustand, den er im Moment fühlt, kann er in Meditation erreichen. Die heutigen Eingebungen sind für ihn in Meditation ebenfalls möglich.

M: Könnt ihr ihm dabei helfen, sich dieses Gefühl zu merken, damit er diesen Zustand leicht wieder herstellen kann?

ÜB: Ja, damit sind wir einverstanden.

M: Was ist von eurer Perspektive aus betrachtet notwendig, damit diese Form der Kommunikation erfolgen kann?

ÜB: Wir glauben, dass die Modalität, die heute angewandt wurde, dafür wahrhaft vollendet ist. Die Person, die diese Methode geschaffen hat, hat sich da wirklich hineingekniet und das

Verständnis für die verschiedenen Komponenten entwickelt, die als gesamte Technik eine effiziente Arbeit erlauben. Die einzig mögliche Begrenzung dieser Methode liegt in den Personen, die damit in Berührung kommen – sei es der Klient oder auch der Praktiker. Wenn sich eine Person auf einer niedrigen Frequenz befindet oder bestimmte Glaubenssätze mit sich trägt, ist unsere Zusammenarbeit mit ihr limitiert. Ideal ist es, wenn sich alle beteiligten Personen dem Vorgang komplett hingeben, keinerlei Erwartungen haben und nichts erzwingen wollen. Wenn sich sowohl Praktiker als auch Klient einfach dem hingeben, was auch immer in der Sitzung passiert, erleichtert uns dies die freie Kommunikation ungemein, denn dann haben wir diese Hingabe im Körper und im Bewusstsein der Person, was uns wiederum erlaubt, mehr von unserer eigenen Energie einzubringen und entlang der irdischen Möglichkeiten mit der Person zu arbeiten. Haben wir damit deine Frage beantwortet?

M: *Ja, vielen Dank.*

M: *Seid ihr immer mit T_____ verbunden?* (Ja) *Wie kann er euch im Alltag wahrnehmen?*

ÜB: Über körperliche Empfindungen. Er hat sehr feine Kanäle, was das betrifft. Unter bestimmten Bedingungen hat er sie auch schon gespürt, aber nicht immer darauf vertraut. Manchmal kann es einfach eine kleine Eingebung sein oder auch das Gefühl, besonders viel Energie zu haben. Das zeigt ihm, dass er sich auf dem richtigen Weg befindet.

M: *Was ist von eurer Perspektive aus betrachtet nötig, damit eine Kommunikation wie heute für einen Menschen möglich ist?*

ÜB: Dieser muss den freien Wunsch haben, mit uns in Kontakt zu treten. Wenn jemand uns nicht wahrnehmen möchte oder nicht daran glaubt, dann wird er uns in dieser Welt auch nicht finden.

T_____ hat vorhin bereits gespürt, dass wir da sind. Dann ging alles ganz leicht.

M: Gibt es noch andere Parameter, die eine Rolle spielen?

ÜB: Das ist das Wichtigste.

ÜB: O_____ hat sich dieser Möglichkeit hier und heute gegenüber geöffnet und lässt damit Veränderung zu. Die Bereitschaft, sich wieder mit uns zu verbinden, war der wichtige Schritt.

M: Was ist von eurer Perspektive aus betrachtet nötig, damit diese Kommunikation stattfinden kann?

ÜB: O_____ hat in den vergangenen Tagen gespürt, wie sich der Inspirationsfluss anfühlt. Wir sind die gesamte Zeit über mit Eingebungen für sie dagewesen, so dass sie gefühlt hat, wie dieser Fluss zustande kommt. Sie kennt nun den Unterschied. Dies bedeutet, dass sie die Verbindung auch im Alltag stärker annehmen wird.

M: Seid ihr immer mit M_____ verbunden?

ÜB: Ja, wir begleiten sie schon ihr ganzes Leben.

M: Wie kann sie euch im Alltag spüren?

ÜB: Sie kann uns spüren, wenn sie in der Stille ist, wenn sie in der Natur ist. Deshalb liebt sie die Natur. Sie kann die Energie spüren, wenn sie eine Kerze oder ein Räucherstäbchen anzündet. In den kleinen Dingen, die die Menschen so erfüllen.

M: Welche Voraussetzungen müssen erfüllt sein, damit diese Art der Kommunikation möglich ist?

ÜB: In diesem Zustand, in den sie heute geführt wurde, konnte sie ihren Verstand ein wenig ruhen lassen. Diesen Verstand, der so oft voller Hinterfragungen und auch Zweifel ist. Er ist aber auch gut für sie, weil sie ein Querdenker ist. Sie denkt nicht nach der Norm. Deshalb hinterfragt sie alles. Das ist an sich auch gut so, aber wenn wir da sind, braucht sie das nicht zu tun. Wir verurteilen nichts und niemanden. Wir nehmen es an und finden es immer wieder amüsant, wenn wir sie erneut zu uns zurückholen.

M: M_____ hat heute wunderbare Arbeit geleistet.

ÜB: Ja, das hat sie. Wir sind sehr mit Freude erfüllt, dass sie sich so annimmt. Und sie hat es im Laufe der Sequenz immer mehr zugelassen. […] Wir sind immer da und mit ihr verbunden. Und sie wird stärker, wenn sie mit uns in Verbindung ist. […] Sie war auf der Suche nach uns und glaubte, dass sie das nicht schafft, dorthin zu kommen. Das tut sie aber. Trotzdem war diese Sequenz heute wichtig und wir sind sehr dankbar, dass du sie dorthin geführt hast.

M: Seid ihr immer mit D_____ verbunden? (Ja) *Wie kann er euch im Alltag wahrnehmen?*

ÜB: Indem er weiterhin mit uns redet – wie er es bereits jeden Tag tut –, dann aber auch zuhört, was wir ihm zu sagen haben. Wenn er eine Frage stellt, sollte er also auch auf die Antwort warten und sich nicht gleich wieder ablenken … Der Kontakt, vom dem er *uns* immer vorwirft, dass wir ihn nicht zu ihm haben, hat vielmehr *er* nicht! Er redet zwar den ganzen Tag mit uns, stellt uns Fragen, schimpft und lacht, aber letztendlich ist dieser Kontakt immer nur einseitig, weil D_____ dann nicht mehr zuhört. Er geht nicht in diese Ruhe, diese meditative Haltung, hinein, um abzuwarten, was dann kommt. Stattdessen redet und redet und redet er und wartet nicht, weil er schon wieder abgelenkt ist. Da würden wir uns wünschen, dass er genauer hinhört und genauer auf seine Gefühle und seine

Intuition achtet, um differenzieren zu können: Was sagt ihm sein Verstand und was sagen wir ihm?

M: *Was ist hier auf unserer Seite nötig, damit eine Kommunikation, wie sie heute erfolgt ist, generell möglich ist?*

ÜB: Es gibt hier keine allgemeingültige Wahrheit, denn jeder »tickt« aufgrund seines Unterbewusstseins etwas anders und glaubt an andere Dinge. [...] Was verallgemeinert werden kann, ist, dass es wichtig ist, der Führung des Höheren Aspekts zu vertrauen, sich dem hinzugeben und damit in Kontakt zu gehen. Das Höhere Selbst kann nur agieren, indem es die Person in bestimmte Richtungen lenkt. Es ist der beste Ratgeber, da es letztendlich der höchsten Führung durch Gott, durch die Quelle, entspricht. Es geht darum, dem zuzuhören, was kommt, wenn man leise ist; wenn man sich in einer ruhigen Atmosphäre befindet und möglichst wenig Gedanken hat. Im hektischen Alltag ist keine Kommunikation möglich. Es sind die ruhigen Momente.

M: *Seid ihr immer mit J____ verbunden?* (Ja) *Wie kommuniziert ihr mit ihr?*

ÜB: Wir senden ihr Zeichen. Von außen. Sie muss sie nur wahrnehmen.

M: *Gibt es bestimmte Zeichen, auf die ihr gerne zurückgreift, um sie zu erreichen?*

ÜB: Ja. Wenn sie sich mit Dingen oder Themen beschäftigt, trifft sie auf Menschen, die sie durch das, was sie sagen, beeinflussen – sowohl positiv als auch negativ. Negativ, um sie von etwas fernzuhalten oder um zu testen, ob sie Abstand halten kann. Mit Positivem erhält sie eine Bestätigung für das, womit sie sich gerade beschäftigt. Sie wird das dann überall hören und die entsprechenden Menschen geschickt bekommen.

M: *Wie kann J_____ die Wahrnehmung ihrer Verbindung zu euch stärken?*

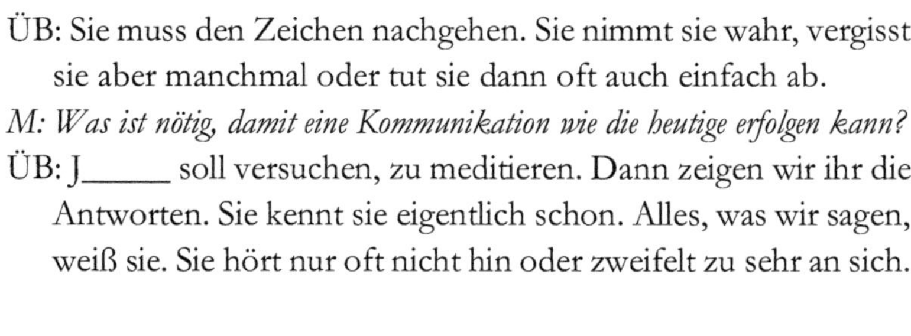

ÜB: Sie muss den Zeichen nachgehen. Sie nimmt sie wahr, vergisst sie aber manchmal oder tut sie dann oft auch einfach ab.

M: Was ist nötig, damit eine Kommunikation wie die heutige erfolgen kann?

ÜB: J_____ soll versuchen, zu meditieren. Dann zeigen wir ihr die Antworten. Sie kennt sie eigentlich schon. Alles, was wir sagen, weiß sie. Sie hört nur oft nicht hin oder zweifelt zu sehr an sich.

ÜB: Erinnert euch bitte immer daran, dass ihr alle direkten Zugriff auf uns habt. Alles, was ihr tun müsst, ist, euch an uns zu wenden, und dann ein wenig Raum in euch zu schaffen, damit wir euch dabei helfen können, euch wieder in harmonische Ausrichtung zu bringen.

Es lässt sich zusammenfassen: Eine bewusste Verbindung zum Überbewusstsein erfordert neben der Entscheidung dafür vor allem das Vertrauen in die Existenz dieses Teils des Selbst sowie in die eigenen Fähigkeiten. Zudem einen ruhigen Geist und ein offenes Herz, um die Kommunikation im Alltag wahrnehmen zu können. Was ist alles möglich, wenn man die Zusammenarbeit mit seinem Überbewusstsein beginnt und kultiviert? Ich drehe die Frage um: Was ist damit *nicht* möglich? Hat man erst einmal die Zusammenarbeit initiiert, bestehen die einzigen begrenzenden Faktoren aus den eigenen Überzeugungen, Ängsten und Zweifeln.

Das Potenzial dieser Verbindung ist also für jeden so groß wie das Ausmaß seiner Vorstellungskraft: Wenn man es zulässt, kann man sich Antworten auf jegliche Fragen geben, Verständnis für Situationen und Konstellationen erlangen, Lösungen für akute Probleme finden, andere Leben erforschen sowie körperliche Leiden untersuchen und gegebenenfalls korrigieren. Zudem lässt sich mithilfe des Überbewusstseins wunderbar die intuitive Entscheidungsfähigkeit stärken, die empathische Verbindung zu anderen Menschen intensivieren und die nächtliche Arbeit in der Traumwelt besser verstehen. Dies sind nur einige der Möglichkeiten, die jedem inkarnierten Menschen zur Verfügung stehen.

Viele meiner Klientinnen und Klienten bringen im Anschluss an ihre Seelenreisen zum Ausdruck, dass sie überrascht davon sind, wie natürlich und vertraut sich die Kommunikation mit ihrem Überbewusstsein anfühlt. Das leuchtet ein, denn diese Verbindung besteht für uns alle konstant seit unserer Geburt. Es ist ein untrennbarer Teil unseres Selbst, der immer für uns da ist. Allerdings hören wir nicht immer hin. Die meisten Menschen wissen noch nicht einmal, dass sie überhaupt so etwas wie ein Überbewusstsein haben. Wenn sie dann von dessen Existenz erfahren und sich bewusst damit verbinden möchten, gehen viele davon aus, dass sich seine Präsenz irgendwie fremd, spektakulär oder überwältigend anfühlen müsse. Da das Höhere Selbst jedoch von Geburt an für uns dagewesen ist und ständig über diverse Kanäle versucht, uns Informationen zukommen zu lassen, kennen wir im Grunde das Gefühl dieser internen Kommunikation, ohne uns ihrer wirklich bewusst zu sein.

Das nichtsdestotrotz gelegentlich fast magisch anmutende Überbewusstsein hat jedoch noch keinen Platz im betont rationalen Selbstverständnis unserer westlichen Kultur gefunden, während allgemein hin anerkannt ist, dass wir Menschen ein Wach- und ein Unterbewusstsein haben. Oftmals verkümmert daher nach der Geburt die Beziehung zu ihm wie ein Muskel, der zwar existiert, aber nicht trainiert wird. Zum Glück lässt sich dieser Muskel jederzeit neu stimulieren und stärken. Er mag nach jahrzehntelanger Inaktivität zunächst schwach sein, ist aber nie komplett verschwunden. Er gehört zu uns und steht uns zur Verfügung, sobald wir bereit sind. Ich empfehle Ihnen daher: Nutzen Sie ihn! Bewegen Sie ihn! Trainieren und nähren Sie ihn! Er ist mächtig und kann Ihnen Ihr Leben extrem erleichtern.

Der wichtigste Schritt ist wie bei so vielem im Leben der allererste. Wenn Sie nicht wissen, wie dieser genau aussehen soll, hier ein wenig Inspiration: Nehmen Sie sich einfach einen ruhigen Moment und legen oder setzen Sie sich hin. Schließen Sie die Augen und atmen Sie mehrmals tief und langsam ein und aus. Legen Sie die Hand auf Ihr Herz und spüren Sie Ihren Herzschlag. Spüren Sie, wie Sie mit jedem Schlag mehr und mehr entspannen. Stellen Sie sich dann vor, wie Ihre Atmung durch Ihr Herz fließt. Atmen Sie mehrere Male gefühlt durch Ihr Herz. Auf diese Art und Weise synchronisieren Sie Ihren Geist mit Ihrem Herzen und tunen sich so in Ihr Höheres Selbst ein. Und wenn Sie das Gefühl haben, dass die zwei Aspekte miteinander verbunden sind, eröffnen Sie einfach die Kommunikation. Begrüßen Sie Ihr Überbewusstsein! Sprechen Sie es an – ohne Eile, ohne Druck, ohne Aufregung und ohne jegliche Erwartungen. Auf diese Art stärke ich oft die Verbindung zu meiner Höheren Weisheit, und vielen meiner Klientinnen und Klienten hilft dieses kleine Ritual ebenfalls. Führen Sie es regelmäßig durch und es wird nicht lange dauern, bis das Abenteuer – *Ihr* Abenteuer – beginnt!

Auf ein Wiedersehen

Unser gemeinsames Abenteuer kommt an dieser Stelle zum Ende. Oder hat es gerade erst angefangen? Wenn Sie möchten, können Sie zusammen mit meinen Klientinnen, meinen Klienten und mir erneut auf Reisen gehen. Weitere *SOUL JOURNEYS*-Bände sind bereits in Planung. Sie werden einen Einblick in Seelenreisen geben, die sowohl nicht-menschliche als auch nicht-irdische Existenzen beinhalten. Es gibt also noch einiges zu entdecken und viel mehr zu erfahren über die Mysterien des Lebens und die Mechanismen, die das Universum und unsere physische Realität beeinflussen und am Laufen halten.

Wir haben auf unserer bisherigen Reise gesehen, wie sich die diversen menschlichen Inkarnationen einer Seele gegenseitig beeinflussen und welche Überlegungen hinter der Gestaltung eines Lebensplans stecken können. Wir konnten zudem erleben, welchen Effekt Seelenvereinbarungen, die vor der Inkarnation getroffen worden sind, auf den Verlauf eines Lebens haben und was für eine Rolle Karma dabei spielt. Und nicht zuletzt haben wir erfahren, was diversen körperlichen Leiden zugrunde liegen kann, mit denen wir uns als physische Wesen auf diesem Planeten auseinandersetzen.

Was meine Leserinnen und Leser letztendlich für sich aus dem Material mitnehmen, wird sehr individuell sein. Und selbst, wenn die Lektüre dieses Buches für einige nichts als fiktive Unterhaltung anhand von interessanten Fantasiegeschichten gewesen ist, freut es mich, dass ich sie damit unterhalten konnte und in dieser Form ein Stück auf ihrer Reise begleiten durfte.

Hoffentlich hat das Material in jedem Fall das Bewusstsein dafür stärken können, dass wir alle hier auf dieser Erde Teilnehmerinnen und Teilnehmer desselben großen Spiels sind. Wir alle versuchen, unser Bestes dabei zu geben, unsere Rolle zu erfüllen und unsere Herausforderungen zu meistern – für uns selbst und für alle anderen. Das ist nicht immer leicht, und manchmal benötigt man für etwas besonders Schwieriges mehrere Anläufe. Durch meine Arbeit werde ich ständig daran erinnert, und das ermöglicht es mir im Alltag, für meine Mitmenschen – und auch für mich selbst – mehr Verständnis und Empathie aufzubringen. Wir alle sind hier, um anhand von Erfahrungen zu lernen. Es gehört also automatisch zum Mensch-Sein dazu, auch »Fehler« zu machen. Auch sie haben einen Sinn, der vielleicht erst nach einiger Zeit oder auch erst im Gesamtkontext mehrerer Leben zu erkennen ist.

Immer und immer wieder vernehme ich daher in Sitzungen die Botschaft vom Überbewusstsein an meine Klientinnen und Klienten: Mitgefühl ist neben bedingungsloser Liebe eine der mächtigsten Schwingungen, die wir als inkarnierte Menschen erreichen und sowohl für uns als auch für andere halten können. Mitgefühl birgt die Kraft, die Energie jeder noch so unangenehmen Situation von einem Augenblick auf den anderen komplett zu transformieren. Wer das versteht, trägt zu jeder Zeit einen magischen Schlüssel mit sich im Herzen, der es möglich macht, jede Lebenssituation für die eigene Weiterentwicklung zu nutzen und gleichzeitig auch alle anderen Individuen auf ihrer Reise bestmöglich zu unterstützen. Entwicklung ist in unserem niedrigdimensionalen System der Dualität eng mit dem Lösen von Konflikten verbunden. Die damit einhergehenden Lernkurven laufen in der Regel auf das Erreichen der sehr hohen Schwingungen Verständnis, Vergebung und Liebe hinaus. Authentisches Mitgefühl stellt hier eine direkte Verbindung zum Endpunkt dar, indem es die eigene Schwingung unmittelbar entsprechend anhebt.

Mit einer ebenfalls sehr hohen Schwingung im Herzen bedanke ich mich an dieser Stelle für Ihr Interesse und hoffe, dass Sie sich nach dieser Lektüre um das Wissen bereichert fühlen, sich nicht alleine auf Ihrem Weg zu befinden. Sie wissen nun: Als inkarnierte Persönlichkeit sind Sie ein Teil einer noch viel größeren Gestalt;

Ihrer Seele. Diese hat Ihnen mit Ihrem Überbewusstsein ein Team zur Seite gestellt, das sich konsequent um Sie kümmert, solange sie inkarniert sind. Es lässt Ihnen stets die Informationen zukommen, die Sie brauchen, um mithilfe von Entscheidungen und den daraus resultierenden Erfahrungen das zu schaffen, was Sie sich für diese Inkarnation vorgenommen haben – was auch immer das sein mag.

Da wir aufgrund der Spielregeln, die für physische Inkarnationen auf diesem Planeten gelten, in der Regel nicht konkret wissen, was das gewesen ist, erscheint es ziemlich absurd, über andere Menschen zu mutmaßen oder deren Handlungen zu verurteilen. Wir alle haben unsere eigenen, privaten Ziele, Aufgaben, Missionen, Lektionen und Herausforderungen, die sich unter Umständen stark voneinander unterscheiden können. Je mehr wir also über den eigenen Tellerrand hinausblicken, desto mehr finden wir, was wir am meisten brauchen: einander. Auf ein Wiedersehen beim nächsten Mal!

Begriffserklärungen

Wachbewusstsein	Der Teil der Psyche, der sich mit der Persönlichkeit identifiziert und im Wachzustand mit der Außenwelt interagiert. Das Wachbewusstsein hat einen stark diskriminierenden, selektiven Fokus und eine begrenzte Aufnahme- und Speicherfähigkeit für Information.
Unterbewusstsein	Der Teil der Psyche, der sämtliche Erfahrungen speichert, Glaubenssätze verwaltet und automatisierte körperliche sowie geistige Vorgänge initiiert. Das Unterbewusstsein hat keinen diskriminierenden Fokus und registriert dadurch mehr als das Wachbewusstsein.
Überbewusstsein	Die Schnittstelle der drei Ebenen Körper, Geist und Seele. Das Überbewusstsein ist direkt mit der Seele verbunden und hat Zugriff auf Körper und Psyche. Es weiß also mehr als Wachbewusstsein und Unterbewusstsein zusammen. Als »Außendienstmanager« der Seele unterstützt es die mit freiem Willen ausgestattete Persönlichkeit in ihrer Inkarnation.

Persönlichkeit	Die temporäre Identität, die für den Verlauf einer Inkarnation angenommen und in dieser entwickelt wird.
Inkarnation	Eine Existenz der Seele in körperlicher – »fleischgewordener« – Form. Sie beginnt mit der Geburt des Körpers und endet mit dessen Tod.
Psyche/Geist	Das mentale, nicht-körperliche Bewusstseinsfeld einer inkarnierten Persönlichkeit; ähnlich einem elektromagnetischen Feld.
Quelle (*Source*)	Der Ursprung von allem, was ist. Pure Energie und reines Bewusstsein, ewig und unendlich. Alles Existierende, ob körperlich oder nicht, besteht aus Quellenenergie bzw. *Source energy*. Die Quelle – auch »Gott« genannt – kann aus sich selbst heraus Bewusstseinseinheiten formen.
Seele/Kernwesen	Eine aus der Quelle geformte Energie- und Bewusstseinseinheit, die Teile von sich auf der physischen Ebene manifestieren kann, um körperliche Erfahrungen zu machen. Die Seele ist die unantastbare, unsterbliche Essenz ihrer diversen temporär inkarnierten Persönlichkeiten.

Quellenangaben

https://www.hypnose–fachverband.de/info/arten–der–hypnose

https://hypnose.de/blog/was–ist–hypnose/

https://dolorescannon.com/press–kit/

https://azcapitoltimes.com/news/2011/01/04/hi–jolly–the–camel–man/

https://www.mediathek.at/staatsvertrag/besatzung/befreiung–und–besetzung/

https://deacademic.com/dic.nsf/dewiki/507205

https://www.timeshighereducation.com/blog/first-women-university-remembering-london-nine

https://br.de/wissen/spanische-grippe-influenza-virus-pandemie-100.html

https://outhere–music.com/en/posts/the–poikilorgue–explained–by–jerome–lejeune–a–guide–to–musical–instruments–ii

Five Lives Remembered, Dolores Cannon, Ozark Mountain Publishing, 2009.

Fünf Leben gelebt, Dolores Cannon, Ozark Mountain Publishing, 2019.

Convoluted Universe Books 1–5, Dolores Cannon, Ozark Mountain Publishing, 2001–2015.

Auf der Suche nach verborgenem Geheimwissen, Dolores Cannon, Ozark Mountain Publishing, 2019.

The Three Waves of Volunteers and the New Earth, Dolores Cannon, Ozark Mountain Publishing, 2011.

Zum Autor

Mario Radinger wurde 1983 in Frankfurt am Main geboren und begann als Kind zunächst eine langjährige und erfolgreiche Karriere als professioneller Tänzer, während der er das Potenzial seines Körpers erforschen und entwickeln konnte. Ein nachfolgendes Studium der Kulturanthropologie begründete für ihn die Phase des Geistes. In dieser erwachte der leidenschaftliche Forscher in ihm und Mario erkannte, dass seine Begabung darin liegt, Dingen auf den Grund zu gehen, was ihn zunächst in den freien Journalismus führte. Im Jahre 2014 fand ihn die Quantenhypnose, mit der schließlich auch die Seele ihre Integration in sein Wirken gefunden hatte – und Mario seine Berufung. Was Dolores Cannon mit QHHT® begann, führt er als einer der erfahrensten Experten im deutschsprachigen Raum gemeinsam mit einer neuen Generation von Praktikerinnen und Praktikern in das nächste Zeitalter.

Mario unterstützt Klientinnen und Klienten aus der ganzen Welt dabei, sich mit ihrem Überbewusstsein zu verbinden, um die Antworten auf ihre Lebensfragen und Heilung in sich selbst zu finden. Er praktiziert in Frankfurt am Main und auf der spanischen Mittelmeerinsel Mallorca sowie weltweit online.

Informationen, Anfragen & Buchungen:
www.thesouljourneys.com
info@thesouljourneys.com